Robert Hartmann

Die Inanspruchnahme ausländischer Leistungserbringer

Die gesetzliche Krankenversicherung im europäischen Kontext

AF734026

PETER LANG
Europäischer Verlag der Wissenschaften

Die Deutsche Bibliothek - CIP-Einheitsaufnahme

Hartmann, Robert:

Die Inanspruchnahme ausländischer Leistungserbringer : die gesetzliche Krankenversicherung im europäischen Kontext / Robert Hartmann. - Frankfurt am Main ; Berlin ; Bern ; Bruxelles ; New York ; Oxford ; Wien : Lang, 2002
(Europäische Hochschulschriften : Reihe 2, Rechtswissenschaft ; Bd. 3314)
Zugl.: Heidelberg, Univ., Diss., 2001
ISBN 3-631-38469-6

D 16
ISSN 0531-7312
ISBN 3-631-38469-6

© Peter Lang GmbH
Europäischer Verlag der Wissenschaften
Frankfurt am Main 2002
Alle Rechte vorbehalten.

Das Werk einschließlich aller seiner Teile ist urheberrechtlich geschützt. Jede Verwertung außerhalb der engen Grenzen des Urheberrechtsgesetzes ist ohne Zustimmung des Verlages unzulässig und strafbar. Das gilt insbesondere für Vervielfältigungen, Übersetzungen, Mikroverfilmungen und die Einspeicherung und Verarbeitung in elektronischen Systemen.

www.peterlang.de

meinen Eltern

Danksagung

Die vorliegende Arbeit ist meinen Eltern gewidmet. Ihnen gebührt mein Dank für die Ermöglichung meiner juristischen Ausbildung. Sowohl durch ihre finanzielle Unterstützung, wie auch durch ihre zahllosen wertvollen Ratschläge haben Sie mich in die Lage versetzt, zügig meine Ausbildung zu beenden.
Auch bei der Erstellung dieser Arbeit standen sie mir stets mit Rat und Tat zur Seite.

Weiter bedanke ich mich bei Herrn Prof. Dr. G. Haverkate für dessen kritische und engagierte Betreuung, mit der er die Abfassung der Arbeit begleitete.
Für die Bereitschaft zur Übernahme und die sehr zügige Erstellung des Zweitgutachtens gilt mein Dank Herrn Prof. Dr. G. v. Hoyningen-Huene.

Desweiteren habe ich mich bei den Rechtsanwälten Gerald Gaßmann und Jürgen Schmitt für deren intensive und lehrreiche Betreuung im Rahmen meiner promotionsbegleitenden anwaltlichen Tätigkeit zu bedanken.

Nicht zuletzt gilt mein Dank meiner Lebensgefährtin Tanja Altmann für das Korrekturlesen der Arbeit und ihre konstruktive Kritik.

Robert Hartmann, im August 2001

INHALTSVERZEICHNIS

Einleitung

a) Das Gemeinschaftsrecht läßt die Befugnis der Mitgliedstaaten der Europäischen Gemeinschaft zur inhaltlichen Ausgestaltung ihrer Systeme der sozialen Sicherheit unberührt !
Dieser eherne Grundsatz, den der Gerichtshof der Europäischen Gemeinschaften (EuGH) in seiner Entscheidung in der Rechtssache Duphar[1] ausgesprochen hat, besagt, daß es den jeweiligen einzelstaatlichen Gesetzgebern obliegt, zu bestimmen, unter welchen Voraussetzungen, welche Personen in den Genuß welcher sozialrechtlicher Ansprüche gelangen.
Ohne ausdrückliche Kompetenzzuweisungen ist es den Gemeinschaftsorganen nicht möglich, aktiv in die Gestaltung der nationalstaatlichen Sozialsysteme einzugreifen[2].

Aufgrund des Gestaltungsrechts der einzelnen Mitgliedstaaten wäre speziell im Bereich der sozialen Sicherheit daran zu denken, daß auf diesem Gebiet die weiteren Bestimmungen des EG – Vertrages, insbesondere die der Grundfreiheiten, wie etwa die Rechte auf freien Waren – und Dienstleistungsverkehr, nicht zur Anwendung gelangen. Das hätte beispielsweise für die deutsche gesetzliche Krankenversicherung (GKV) zur Folge, daß diejenigen Regelungen des SGB V, die Leistungen bei grenzüberschreitenden Tatbeständen betreffen, nicht anhand der o.g. Grundfreiheiten einer Überprüfung auf Ihre Vereinbarkeit mit dem Gemeinschaftsrecht zu unterziehen wären.
Damit bliebe den Mitgliedstaaten die freie Entscheidung darüber überlassen, unter welchen Bedingungen ihr Sozialsystem Leistungen nach dem eigenen Leistungsrecht in Fällen mit Auslandsbezug zu erbringen hat.

b) Mit zwei Urteilen vom 28.04.1998 hat der Europäische Gerichtshof Bewegung in die Diskussion um die Frage der Rechte der Krankenversicherten im EG – Ausland gebracht.
Dabei ging es um die Klagen zweier luxemburgischer Staatsangehöriger, die Herren Decker und Kohll, gegen ihre jeweilige luxemburgische Krankenversicherung.
In der Rechtssache Decker[3] hatte Herr Decker von seinem luxemburgischen Arzt eine Brille verschrieben bekommen. Ohne eine entsprechende Genehmigung seiner Krankenkasse einzuholen, begab er sich sodann nach Belgien, erwarb dort eine Brille und beantragte dann bei seiner Kasse die Erstattung der Kosten in Höhe der luxemburgischen Tarife. Diese lehnte den Antrag unter

---

[1] EuGH Rs. 236/82 (Duphar) Slg. 1984, 523
[2] Bleckmann, Europarecht, Rdnr. 1846
[3] EuGH Rs. C – 120/95 (Nicolas Decker/ Caisse de maladie des employes prives) Slg. 1998, I - 1831

Hinweis auf eine nationale Regelung, der zufolge die Kostenerstattungspflicht nur im Falle einer vorherig erteilten Genehmigung besteht, ab.
In der Rechtssache Kohll[4] hatte ein in Luxemburg niedergelassener Arzt bei der zuständigen luxemburgischen Krankenkasse die Genehmigung einer Zahnbehandlung in Deutschland für die Tochter des Herrn Kohll beantragt. Der Antrag wurde mit der Begründung abgelehnt, die Anforderungen an eine derartige Genehmigung seien nach luxemburgischem Recht nicht erfüllt. Zum einen sei die Behandlung nicht dringend und zum anderen könne sie auch in Luxemburg durchgeführt werden.

In beiden Angelegenheiten erkannte der EuGH einen Verstoß gegen Art. 28, 30 EGV nach dem Vertrag von Amsterdam[5], bzw. Art. 49, 50 EGV durch das nationalgesetzliche Genehmigungserfordernis. Dies hatte zur Folge, daß sich die luxemburgischen Krankenkassen nicht mehr auf diese gesetzlichen Bestimmungen berufen konnten, um das Kostenerstattungsbegehren der Kläger von sich zu weisen.
Der Gerichtshof hat daher mit diesen Entscheidungen nicht nur die Anwendbarkeit der Grundfreiheiten im Bereich der sozialen Sicherheit bejaht, sondern auch einen Verstoß gegen diese Rechte durch die territorial einschränkenden nationalen Rechtsvorschriften erkannt.

Die Reaktionen auf diese beiden Urteile reichen vom einen zum anderen Extrem. Während der damalige Bundesgesundheitsminister Horst Seehofer die Entscheidungen spontan als Gefährdung des bundesdeutschen Krankenversicherungssystems im Falle der Übertragung auf die GKV beurteilte [6], wurden sie von anderer Seite als überfälliger Beitrag zur Realisierung des Binnenmarkts nachdrücklich begrüßt.

Nun betreffen die Entscheidungen in den Rechtssachen Decker und Kohll ausschließlich das luxemburgische Krankenversicherungswesen. Daher stellt sich die Frage, welche Auswirkungen diese Urteile auf die Inanspruchnahme EG–ausländischer Leistungserbringer [7] durch die Versicherten der deutschen GKV haben, bzw. welcher Ausgang in vergleichbaren Verfahren zu erwarten ist, wenn Versicherte der GKV entsprechende Erstattungsansprüche für Auslandsleistungen gegen ihre deutschen Krankenversicherungsträger geltend machen. Dabei interessiert hier stellvertretend ausschließlich die Fallkonstellation, bei der – ent-

---

[4] EuGH Rs. C – 158/96 (Raymond Kohll/Union des caisses de maladie) Slg. 1998, I - 1931
[5] Der mittlerweile in Kraft getretene Vertrag von Amsterdam vom 02.10.1997 hat neben etlichen Streichungen zu einer vollständigen Umnummerierung der einzelnen Artikel des EG – Vertrages geführt. Im folgenden wird lediglich die konsolidierte Nummerierung wiedergegeben.
[6] FAZ vom 29.04.1998, S. 17f. ; ZBW 6/1998, 42 f.
[7] Im folgenden sind mit „ausländischen Leistungserbringern" solche gemeint, die ihre Niederlassung im EG – Ausland haben.

sprechend den vom EuGH entschiedenen Fällen – der Versicherte allein anläßlich der Behandlung ins Ausland gereist ist.

In diesem Zusammenhang wird zu berücksichtigen sein, daß nicht nur ein Rückgriff auf die Vorbehalte der §§ 16, 18 SGB V in Betracht kommt, sondern weiter die Genehmigungserfordernisse der VO (EG) Nr. 1408/71 [8] miteinbezogen werden müssen.

Gem. § 11 SGB V haben Versicherte nach Maßgabe der weiteren Vorschriften Anspruch auf Leistungen zur Verhütung, Früherkennung und Behandlung von Krankheiten. Diese Ansprüche ruhen nach § 16 I Nr. 1 SGB V grundsätzlich, solange sich der Versicherte im Ausland aufhält. Lediglich die §§ 17 und 18 SGB V gewähren in eng begrenzten Fällen Ansprüche auf Auslandsbehandlungen.
Darüber hinaus bestimmt das europäische Sekundärrecht in den Art. 19 ff. VO 1408/71, daß Arbeitnehmern und Selbständigen, die weder Grenzgänger sind, noch ihren Wohnort im Ausland haben, Ansprüche im Ausland nur dann erwachsen, wenn die Leistungen im Ausland unverzüglich erforderlich sind oder deren Inanspruchnahme vom zuständigen Krankenversicherungsträger genehmigt wurde.
Zwar hat sich der EuGH auf den Standpunkt gestellt, daß das europäische Sekundärrecht nicht zur Anwendung gelangt, wenn lediglich eine Kostenübernahme in Höhe der inländischen Preise begehrt wird[9], eine abschließende Klärung des Verhältnisses von Primär- und Sekundärrecht auf dem Gebiet der sozialen Sicherheit ist damit aber nicht erfolgt.
Auch hierzu möchte die vorliegende Untersuchung versuchen, einen Beitrag zu leisten.

Insbesondere anläßlich der jüngsten Entscheidungen des EuGH steht nun zur Prüfung an, ob angesichts der Reichweite der Warenverkehrs- und der Dienstleistungsfreiheit die in § 11 SGB V begründeten Ansprüche durch die weiteren Vorschriften des SGB V oder durch solche der VO (EG) Nr. 1408/71 wirksam beschränkt oder ausgeschlossen werden können.
In Anlehnung an die zitierten Entscheide soll zunächst untersucht werde, ob die Versicherten der GKV – wie diejenigen in Luxemburg – eine Kostenübernahme in Höhe der inländischen Tarife verlangen können. Dafür gilt es vorab die Frage nach der Anwendbarkeit der Grundfreiheiten im Bereich der sozialen Sicherheit zu klären. Darüber hinaus ist zu beachten, daß in Luxemburg die Leistungen ausschließlich nach dem Kostenerstattungsprinzip erbracht werden, während die

---

[8] VO (EG) Nr. 1408/71 des Rates vom 14. Juni 1971 zur Anwendung der Systeme sozialer Sicherheit auf Arbeitnehmer und deren Familienangehörige, die innerhalb der Gemeinschaft zu – und abwandern, ABl. EG Nr. L 149/2 ; hierzu Textausgabe: Schulte, Soziale Sicherheit in der EG

[9] Rs. Decker, a.a.O., Rdnr. 29 ; Rs. Kohll, a.a.O., Rdnr. 27

GKV ein Mischsystem mit überwiegenden Sachleistungselementen vorsieht. Insoweit ist deshalb eine differenzierende Betrachtungsweise geboten.
Da nicht sämtliche Mitgliedstaaten ihr Gesundheitswesen im Wege einer Krankenversicherung abwickeln, ist im weiteren Verlauf der Frage nachzugehen, inwieweit die bisherigen Ergebnisse auch für Mitgliedstaaten, die ihr Gesundheitswesen mit Hilfe eines nationalen Gesundheitsdienstes betreiben, Geltung erlangen und ob Möglichkeiten bestehen, zu einem europaweit einheitlichen Anspruchssystem zu gelangen.
Die um diese Fragestellungen kreisende Untersuchung ist im weiteren Verlauf, u.a. aufgrund verschiedener neuerer Urteile des EuGH [10], um einen zusätzlichen Aspekt zu erweitern, und es ist das Problem aufzuwerfen, ob sich auch insbesondere aus Art. 7 II VO 1612/68 [11] Ansprüche der Versicherten gegen ihre Krankenversicherung nicht nur auf Übernahme der Kosten in Höhe der inländischen Preise, sondern in vollem Umfang ergeben[12].

---

[10] so u.a. EuGH Rs. C – 315/94 (de Vos) Slg. 1996, I – 1417 ; Rs. C – 160/ 96 (Molenaar) Slg. 1998, I - 843

[11] VO (EG) Nr. 1612/68 vom 15. Oktober 1968 über die Freizügigkeit der Arbeitnehmer innerhalb der Gemeinschaft, ABl. EG Nr. L 257/2

[12] vgl. vorab nur *Huster*, „Grundfragen der Exportpflicht im europäischen Sozialrecht", in: NZS 1999,10 ; *Gassner*, „Pflegeversicherung und Freizügigkeit" , in: NZS 1998, 313 ; *Schirp*, „Pflegeversicherung und Freizügigkeit der Arbeitnehmer", in: NJW 1996, 1582

Teil A : Ansprüche auf Kostenerstattung in Höhe der inländischen Kosten

1. Kapitel: Einführung in die Problemstruktur

I. Der Untersuchungsgegenstand

1. Inlandsleistungen

Nach § 2 II 1 SGB V werden Leistungen grundsätzlich als Sach– und Dienstleistungen erbracht. Eine andere Verfahrensmethode gilt nur dann, wenn dieses Gesetz Abweichungen vorsieht.
Gem. § 13 SGB V ist in den gesetzlich bestimmten Fällen auch eine Kostenerstattung möglich. Die bis 31.12.1998 geltende Fassung des Abs. 2 dieser Vorschrift eröffnete allen Versicherten die Möglichkeit, anstelle der Sachleistung die Kostenerstattung zu wählen. Damit konnte sich das Kostenerstattungsprinzip auf alle Leistungen erstrecken. Diese Regelung wurde eingeführt, um das Prinzip der Eigenverantwortlichkeit zu stärken. Desweiteren erhoffte man sich eine Steigerung des Kostenbewußtseins der Versicherten, um so auf ein kostengünstigeres Konsumentenverhalten hinzuarbeiten[13].
Die vor dem 01.07.1997 geltende Fassung beinhaltete lediglich für freiwillig Versicherte das Wahlrecht der Kostenerstattung. Es gehörte zu den ersten Unternehmungen des neuen Gesetzgebers im Jahre 1998 dieses Wahlrecht wieder allein auf die freiwillig Versicherten zurückzuführen[14].

Jedoch findet sich in § 13 III SGB V eine weiterhin allen Versicherten zustehende Option, für sämtliche Sach– und Dienstleistungen der Krankenkassen das Kostenerstattungsprinzip zur Anwendung zu bringen. Das ist dann der Fall, wenn die Kasse eine unaufschiebbare Leistung nicht erbringen kann oder eine Leistung zu Unrecht ablehnt. Dann sind dem Versicherten die für die notwendige Selbstbeschaffung entstandenen Kosten zu erstatten.
Weitere Vorschriften, die eine Kostenerstattung vorsehen, finden sich in den §§ 29, 30 SGB V a.F. Die ehemals dort vorgesehenen Kostenerstattungen bei kieferorthopädischen Behandlungen und Zahnersatz wurden ebenfalls vom neuen Gesetzgeber in das Sachleistungsverfahren zurückgeführt[15].

---

[13] BT – Ds. 13/ 6087
[14] BT – Ds. 14/ 24 ; hierzu *Knuppe*, „Ist die gesetzliche Krankenversicherung für Europa gerüstet ?", in : BKK 1999, 8 ff. , der diese Maßnahme als Rückschritt ansieht.
[15] vgl. Fn. 14

An § 13 III SGB V erinnern letztlich die §§ 37 IV und 38 IV SGB V. Diesen zufolge sind Versicherten die Kosten für eine selbstbeschaffte Kraft für häusliche Krankenpflege und Haushaltshilfe dann zu erstatten, wenn die Krankenkasse nicht in der Lage war, eine solche zu stellen.

Somit zeichnet sich ab, daß die Sach- und Dienstleistungen im Inland maßgeblich nach dem Sachleistungsprinzip abgewickelt werden. Auf der anderen Seite ist dieses Verfahrensprinzip von einigen Ausnahmefällen durchsetzt, die zur Anwendung des Kostenerstattungsprinzips führen.

2. Auslandsleistungen

Die Kosten für Waren und Dienstleistungen, auf die die Versicherten nach § 11 SGB V Anspruch haben, werden bei Inanspruchnahme im Ausland nur unter bestimmten Umständen von den Krankenkassen getragen.

a) § 16 I Nr.1 SGB V zufolge ruht der Anspruch auf Versicherungsleistungen grundsätzlich, solange Versicherte sich im Ausland aufhalten, es sei denn, dieses Gesetzbuch bestimmt etwas Abweichendes.
Nun regelt § 18 III 3 SGB V ausdrücklich, daß eine Kostenübernahme nicht zulässig ist, wenn Versicherte sich zur Behandlung ins Ausland begeben. Damit besteht nach nationalem Recht ein vollständiger Ausschluß aller Ansprüche immer dann, wenn ein Versicherter allein deshalb einen anderen Mitgliedstaat aufsucht, um dort medizinische Dienstleistungen oder Waren zu erhalten.
Eine Ausnahme hiervon besteht lediglich nach § 18 I 1 SGB V. Diese Vorschrift sieht vor, daß die Krankenkassen die Kosten übernehmen können, die durch Behandlungen entstehen, die nach dem allgemeinen Stand der medizinischen Erkenntnisse nur im Ausland möglich sind. Hierzu gehören gewisse Behandlungen der Hochleistungsmedizin, wie etwa bestimmte Augen- und Herzoperationen. Die Kosten werden nur bis zur Höhe der entsprechenden Inlandskosten und nur für sechs Wochen im Kalenderjahr übernommen. Eine solche Kostenübernahme kommt auch dann in Betracht, wenn die erforderliche Behandlung zwar prinzipiell im Inland möglich wäre, wegen Auslastung der Inlandskapazitäten aber mit Wartezeiten, die den Behandlungserfolg gefährden, zu rechnen ist[16]. Zu beachten ist, daß den Kassen hier ein Ermessen zusteht. Dieses reduziert sich jedoch für medizinisch indizierte Auslandsbehandlungen auf Null[17].
Nach § 275 II Nr. 3 SGB V haben die Krankenkassen bei der Kostenübernahme einer Auslandsbehandlung durch den Medizinischen Dienst prüfen zu lassen, ob die Behandlung einer Krankheit nur im Ausland möglich ist. Sie sind zwar nicht

---

[16] vgl. BT - Ds. 11/2237, S. 166
[17] BSG v. 28.6.1983 - 8 RK 22 /81

an das Ergebnis dieser Prüfung gebunden, dennoch ist es in die Ermessensentscheidung einzubeziehen[18].
Die Regelung des § 18 I 1 SGB V stellt damit nach nationalem Recht den einzigen Fall dar, der - in Abweichung von dem generellen Leistungsausschluß des § 18 III 3 SGB V - eine Kostenübernahme für Sach- und Dienstleistungen gewährt, wenn der Patient allein aus Anlaß der Behandlung ins Ausland reist. Obwohl dabei nicht ausdrücklich von einer Genehmigung die Rede ist, folgt aus der Formulierung, wonach die Krankenkasse die Kosten übernehmen „kann" , daß die Erstattung unter Genehmigungsvorbehalt steht[19].
Daher gestaltet sich das Verhältnis des § 18 III 3 SGB V zu § 18 III 1 SGB V dergestalt, daß grundsätzlich ein Ausschluß für Auslandsleistungen dann besteht, wenn der Versicherte sich ausschließlich zum Zwecke der Behandlung ins Ausland begibt. In diesem Fall besteht jedoch unter den Voraussetzungen des § 18 III 1 SGB V die Möglichkeit der Genehmigung dieser Leistungen. Im Falle der Ermessensreduktion auf Null ist die Genehmigung zu erteilen und die Kosten zu übernehmen.

b) Auswirkungen auf die Ansprüche der Versicherten können sich auch aus gemeinschaftsrechtlichen Bestimmungen ergeben.
Hierzu ist der Blick insbesondere auf das Sekundärrecht, in concreto auf die VO (EG) Nr. 1408/71 zu richten. Deren persönlicher Geltungsbereich umfaßt heute nach ihrem Art. 2 Arbeitnehmer und Selbständige, die Staatsangehörige eines Mitgliedstaates sind, sowie deren Familienangehörige und Hinterbliebene.
Nach Art. 1 a) VO 1408/71 sind Arbeitnehmer oder Selbständige grundsätzlich Personen, die gegen ein Risiko, das von einem Zweig eines Systems der sozialen Sicherheit erfaßt wird, pflichtversichert oder freiwillig weiterversichert sind.
Welche nationale Sozialordnung auf einen Arbeitnehmer anzuwenden ist, bestimmt sich nach den Art. 13 ff. VO 1408/71. Hierbei handelt es sich um echte Kollisionsnormen[20]. Demnach ist der Schwerpunkt des Sozialverhältnisses ausschlaggebend, der in der Regel im Ort der Beschäftigung zu finden ist[21].

Den hier zur Untersuchung anstehenden Fall regelt Art. 22 I c) VO 1408/71 in der Weise, daß die Kosten solcher Behandlungen, die für den Versicherten der Anlaß war, sich ins Ausland zu begeben, von dem zuständigen Krankenversicherungsträger nur dann getragen werden, wenn dieser zuvor eine entsprechende Genehmigung erteilt hat.
Zuständiger Träger ist dabei nach Art. 1 o) VO 1408/71 derjenige, bei dem der Arbeitnehmer versichert ist. Für dessen Rechnung wird die Sach– oder Dienst-

---

[18] *Schulin*, § 6, Rdnr. 149
[19] *Schulte*, „Europäische Marktfreiheiten und nationales Krankenversicherungsrecht", in: ZfSH/SGB 1999, 269, 274
[20] EuGH Rs. 60/85 (Luijten/Raad van Arbeid) Slg. 1986, 2368 ; Rs. 227/81 (Aubin/UNEDIC und ASSEDIC) Slg. 1982, 1991
[21] GTE/*Willms*, Art. 51, Rdnr. 64 ; *Rabanser*, S. 28 ; *Schulte*, in: v. Maydell/ Ruland, Sozialrechtshandbuch, D. 32, Rdnr. 50 ff.

leistung vom Träger des jeweiligen Aufenthaltsstaates nach den für ihn geltenden Rechtsvorschriften erbracht. Der Patient wird damit so behandelt, als sei er bei diesem Träger versichert (Art. 19 I a) VO 1408/71). Da bei dieser Sachleistungsaushilfe allein die gesetzlichen Bestimmungen des Aufenthaltsstaates einschlägig sind, richtet sich der maßgebliche Leistungskatalog ausschließlich nach diesen Vorschriften, was je nach Einzelfall für den Betroffenen lukrativer, aber auch ungünstiger sein kann[22]. Aus der Sicht des zuständigen Trägers kann der Fall eintreten, daß er für Leistungen aufkommen muß, die nach seinem System gar nicht oder nicht in diesem Umfang vorgesehen sind, wohl aber nach dem des Trägers des Aufenthaltsstaates[23].
Die für die Kostenübernahme erforderliche Genehmigung darf nicht verweigert werden, wenn die betreffende Behandlung im Wohnstaat nicht innerhalb des dort üblichen Zeitraums vorgenommen werden kann[24].
Nach der Auffassung des EuGH darf die Genehmigung auch dann nicht verweigert werden, wenn der zuständige Träger anerkennt, daß die begehrte Auslandsbehandlung schon eine erforderliche und wirksame Behandlung der Krankheit oder des Leidens des Arbeitnehmers darstellt[25].
Diese Genehmigungspflicht wurde in der Vergangenheit von den deutschen Krankenversicherungsträgern, vor allem auf dem Gebiet der Hochleistungsmedizin, großzügig gehandhabt.

Die vorstehend dargestellten Vorschriften können die Erstattungspflicht der Krankenkassen ausschließen und kommen daher als Beschränkungen des freien Waren– und Dienstleistungsverkehrs in Betracht. Dies setzt jedoch zunächst voraus, daß diese Grundfreiheiten im Bereich der sozialen Sicherheit überhaupt anwendbar sind. Nur wenn dies – trotz der Regelungskompetenz der Mitgliedstaaten bei der Ausgestaltung ihrer Sozialsysteme – möglich sein sollte, kann der Frage nachgegangen werden, welche Auswirkungen sich aus ihnen auf die genannten Bestimmungen bei der Weigerung der Krankenversicherungsträger zur Kostenerstattung in einem gerichtlichen Verfahren ergeben.

---

[22] *Schulte*, in: v. Maydell/ Ruland, D. 32, Rdnr. 60

[23] *Neumann – Duesberg*, in: Schmähl, Soziale Sicherheit im EG – Binnenmarkt, S.112

[24] Insoweit wurde die ursprüngliche Fassung des Art. 22 II 2 VO 1408/71 abgeändert. Diese gewährte einen Anspruch auf die Genehmigung nur, wenn die Behandlung im Wohnstaat überhaupt nicht erhalten werden konnte.

[25] EuGH Rs. 117/77 (Pierik I) Slg. 1978, 825; Rs. 182/ 78 (Pierik II) Slg. 1979, 1977; vgl. dazu auch *Plute*, „ Dienstleistungsfreiheit und Leistungserbringer im EU – Binnenmarkt ", in: DOK 1994, 421, 424, demzufolge die Genehmigung auch nicht mit der Begründung verweigert werden darf, daß im eigenen Land ausreichende Heilungsmöglichkeiten vorhanden sind.

II. Die prozeßuale Ausgangssituation

1. Das innerstaatliche Verfahren

Wie kann nun ein möglicher Anspruch der Versicherten der deutschen GKV auf Übernahme der Kosten für Auslandsbehandlungen ohne diesbezügliche Genehmigung zur gerichtlichen Überprüfung gelangen ?

- In der Regel wird sich der Sachverhalt in vergleichbarer Weise wie in der Rechtssache Decker darstellen:

Ein Mitglied einer deutschen Krankenversicherung benötigt eine bestimmte Gesundheitsleistung. Im Falle der Verschreibungspflicht läßt er sie sich von seinem deutschen Vertragsarzt verschreiben. Daraufhin begibt er sich in einen anderen Mitgliedstaat, nimmt die begehrte Leistung in Empfang und bezahlt die angefallenen Kosten vor Ort selbst. Nach seiner Rückkehr beantragt er bei seiner Kasse die Erstattung dieser Kosten in der Höhe, in der sie auch im Inland entstanden wären. Die Kasse lehnt mit Hinweis auf die Möglichkeit einer Inlandsbehandlung ab.
Nach erfolglosem Widerspruchsverfahren gem. §§ 62 SGB X, 78 SGG steht sodann der Klageweg zu den Sozialgerichten offen[26]. Nach § 51 I SGG entscheiden die Gerichte der Sozialgerichtsbarkeit u.a. über öffentlich – rechtliche Streitigkeiten in Angelegenheiten der Sozialversicherung. Dazu gehören auch Rechtsstreite um Erstattungsansprüche[27]. In der Sache handelt es sich um eine kombinierte Anfechtungs– und Leistungsklage, die in § 54 IV SGG normiert ist. Angefochten wird der den Antrag auf Erstattung ablehnende Bescheid bei gleichzeitigem Zahlungsbegehren.

Im Verfahren stehen sich folglich regelmäßig der Versicherte und die für ihn zuständige Krankenkasse gegenüber. Nach den Regeln über die Beweisverteilung hat auch im sozialgerichtlichen Verfahren jede Partei diejenigen Tatsachen darzulegen und nachzuweisen, die ihre Behauptungen in rechtlicher Hinsicht stützen[28].
Nun wird das Versicherungsmitglied seinen Anspruch aus § 11 I 1 Nr.4 SGB V herleiten und gegebenenfalls unter Vorlage eines ärztlichen Attestes darlegen, daß es sich um eine notwendige Leistung handelte.
Im Gegenzug weist sodann der Krankenversicherungsträger, der die Auslagen aus Kostengründen nicht übernehmen will, darauf hin, daß weder die Voraussetzungen der §§ 16 I Nr.1, 18 III 3, I 1 SGB V gegeben sind, noch die nach Art.

---

[26] *Schaaf*, Das sozialrechtliche Verwaltungsverfahren, Rdnr. 175 ff. ; zum Verhältnis von SGB X und VwVfG vgl. *Bielefeld*, Das soziale Verfahrensrecht des SGB X
[27] *Jens Meyer - Ladewig*, Sozialgerichtsgesetz, § 51, Rdnr. 24
[28] *Niesel*, Der Sozialgerichtsprozeß, Rdnr. 42

22 I c) VO 1408/71 erforderliche Genehmigung vorliegt, bzw. nicht einmal beantragt wurde.

Begehrt der Versicherte nun den Kostenersatz lediglich in Höhe der inländischen Kosten, so sind von seiner Seite im Hinblick auf die Einwendungen der Kassen zweierlei Argumentationsschienen denkbar.
Zum einen kann darauf abgestellt werden, daß sowohl die erwähnten nationalen, wie auch die Vorschriften der VO (EG) Nr. 1408/71 in letzter Konsequenz mit den Bestimmungen des EG– Vertrages unvereinbar sind.
Zum anderen kann diese Rechtsfolge auch allein in Bezug auf die Regeln des SGB V behauptet und hinsichtlich der VO (EG) Nr. 1408/71 argumentiert werden, daß sie für diesen Fall keinen Genehmigungsvorbehalt statuiert. Dies deshalb nicht, weil sie lediglich eine Kostenübernahme in voller Höhe vorsieht und demnach nur bei darauf gerichtetem Begehren eine Genehmigung einzuholen sei. Aus diesem Grund wären dann nur die nationalen Bestimmungen einschlägig, mit der Folge, daß nur diese an den Anforderungen des EG – Vertrages zu messen sind.

Diesen Einwendungen können jedoch lediglich dann Aussichten auf Erfolg zugesprochen werden, wenn zuvor festgestellt werden kann, daß die Grundfreiheiten im Bereich der sozialen Sicherheit überhaupt anwendbar sind. Dem könnte - wie bereits angesprochen - die Kompetenz der Mitgliedstaaten zur inhaltlichen Ausgestaltung ihrer Sozialordnungen entgegenstehen[29].

In den Prozeß würden diese Erwägungen dergestalt eingebracht werden, daß in erster Linie darauf abzustellen wäre, daß nur die §§ 16, 18 SGB V den Sachverhalt erfassen und hilfsweise behauptet würde, auch Art. 22 I c) VO 1408/71 verstoße gegen die europäischen Freizügigkeitsrechte.
Dementsprechend gestaltet sich sodann die rechtliche Prüfung.

2. Das Verfahren vor dem EuGH

Nach diesen Einlassungen ist in der Regel der Verfahrensstand erreicht, an dem der Europäische Gerichtshof erstmals in Erscheinung tritt.
Dem nationalen Richter drängen sich nämlich folgende Fragen auf:

(1) Verstoßen die territorialen Beschränkungen der Leistungserbringung des SGB V gegen Gemeinschaftsrecht ? Dies beinhaltet die Frage nach der Anwendbarkeit der europäischen Grundfreiheiten.

(2) Ist die VO (EG) Nr. 1408/71 anwendbar ?

---

[29] vgl. oben Einleitung, S.1

(3) Falls ja, verstößt deren Genehmigungsvorbehalt in diesem Fall gegen höherrangiges Gemeinschaftsrecht ?

Der Richter hat nun gem. Art. 234 EGV die Möglichkeit, diese Rechtsfragen dem EuGH zur Klärung vorzulegen. Ist gegen das Urteil des nationalen Gerichts kein Rechtsmittel mehr möglich, so ist es nach Abs. 3 dieser Vorschrift zur Vorlage verpflichtet. Die Vorlagepflicht entfällt lediglich dann, wenn der EuGH über eine gleiche Frage bereits eine Entscheidung getroffen hat[30], von einer gesicherten Rechtsprechung ausgegangen werden kann[31] oder eine Auslegungsfrage deshalb nicht besteht, weil die Anwendung des Gemeinschaftsrechts so eindeutig ist, daß nur eine Auslegung in diesem Sinne möglich ist[32].
Da bislang hinsichtlich des hier vorliegenden Untersuchungsgegenstands weder Entscheidungen speziell zum deutschen Krankenversicherungsrecht noch allgemein zu Gesundheitssystemen, die teilweise oder überwiegend vom Sachleistungprinzip dominiert werden, ergangen sind, kann nicht vom Entfallen der Vorlagepflicht ausgegangen werden.

Bei den Fragen (1) und (2) handelt es sich um Auslegungsfragen, während die Frage (3) eine Gültigkeitsfrage i.S.d. Art. 234 EGV darstellt. Durch letztere soll nämlich die Wirksamkeit des Art. 22 I c) VO 1408/71 als eine Handlung des europäischen Rates angesichts eines möglichen Verstoßes gegen Art. 28,49 EGV geklärt werden. Dabei besteht prinzipiell für jedes nationale Gericht und damit auch für die Instanzgerichte die Vorlagepflicht, wenn es eine Handlung eines Gemeinschaftsorganes als gemeinschaftswidrig ansehen möchte[33].

Zu beachten ist, daß der EuGH lediglich das Gemeinschaftsrecht, nicht aber die nationalen Rechtsvorschriften auslegen oder gar anwenden darf[34]. Auch die Feststellung des Sachverhalts ist grundsätzlich Sache des Gerichts des Ausgangsverfahrens mit der Folge, daß der Gerichtshof weitgehend nur den bereits festgestellten Sachverhalt einer Bewertung unterziehen darf[35].

Die an den Gerichtshof gerichteten Fragen könnten für das vorliegend in Betracht zu ziehende Vorabentscheidungsersuchen wie folgt formuliert werden:

„1. Ist mit dem Gemeinschaftsrecht eine Vorschrift des nationalen Rechts vereinbar, die den Mitgliedern einer gesetzlichen Krankenversicherung lediglich im Falle des Vorliegens einer der nachfolgenden Bedingungen einen Kostenübernahmeanspruch gegen den zuständigen Krankenversicherungsträger gewährt:

---

[30] EuGH Rs. 28-30/ 62 (da Costa/ Niederländische Finanzverwaltung) Slg. 1963, 63
[31] *GTE/ Krück*, Art. 177, Rdnr. 69
[32] EuGH Rs. 283/ 81 (CILFIT/ Ministero della Sanita) Slg. 1982, 3415
[33] *Geiger*, Art. 177, Rdnr. 17
[34] EuGH Rs. 180/ 83 (Moser/ Land Baden-Württemberg) Slg. 1984, 2539 ; Rs. 296/84 (Sinatra/ Fonds national de retraite des ouvriers mineurs) Slg. 1986, 1056
[35] EuGH Rs. 107/ 83 (Klopp) Slg. 1984, 2971

a) Eine dem allgemein anerkannten Stand der medizinischen Erkenntnisse entsprechende Behandlung einer Krankheit ist nur im Ausland möglich.
b) Das Versicherungsmitglied hat sich nicht zum Zwecke der Behandlung in das Ausland begeben und es war ihm wegen einer Vorerkrankung oder seines Lebensalters nicht möglich, eine private Auslandskrankenversicherung abzuschließen.

2. Ist Art. 22 I c) VO 1408/71 auch anwendbar, wenn das Versicherungsmitglied die Kostenerstattung lediglich in der Höhe begehrt, in der die Kosten bei einer entsprechenden Behandlung im Inland entstanden wären ?

3. Soweit Frage 2 zu bejahen ist, ist Art. 22 I c) VO 1408/71 in diesem Fall mit höherrangigem Gemeinschaftsrecht vereinbar?"

Die Aufarbeitung dieser, in einem hypothetischen Vorabentscheidungsverfahren zu klärenden Fragen soll Gegenstand der nachfolgenden Untersuchung sein.
Bevor jedoch die entscheidenden Vorschriften des SGB V anhand der primärrechtlichen Freizügigkeitsrechte einer eingehenden Prüfung unterzogen werden können, ist bereits an dieser Stelle vorab der Problematik nachzugehen, ob und welche Auswirkungen die VO (EG) Nr. 1408/71 auf Erstattungsansprüche in Höhe der inländischen Kosten hat. Vor allem ist hier aber zu klären, ob die Anwendbarkeit der Grundfreiheiten im Sozialrecht durch die Erstreckung des nationalen Kompetenzbereichs der Mitgliedstaaten auf ihre Systeme der sozialen Sicherheit, ausgeschlossen ist. Die Beschäftigung mit dieser Vorfrage drängt sich auf, da sie maßgeblich für die Beurteilung des Prüfungsmaßstabs ist.
Daneben ist in diesem Zusammenhang von Interesse, ob die nationalen Regelungen auch an der Verordnung zu messen sind und ob diese selbst schon hier einer Freizügigkeitskontrolle zu unterziehen ist.

III. Die Auswirkungen der VO (EG) Nr. 1408/71

1. Der Standpunkt des EuGH

Wie bereits angeklungen, könnte sich in einem gerichtlichen Verfahren der beklagte Krankenversicherungsträger nicht nur darauf berufen, daß die Voraussetzungen des § 18 I SGB V nicht vorliegen, sondern auch auf das Fehlen einer Genehmigung nach Art. 22 VO 1408/71 hinweisen. Schon deshalb ist zu klären, ob eine solche Genehmigung auch dann Anspruchsvoraussetzung ist, wenn lediglich die Kosten erstattet werden sollen, die auch bei entsprechender Inlandsbehandlung entstanden wären.
Im Gegenzug kann sich das klagende Versicherungsmitglied auf den Standpunkt stellen, § 18 I SGB V verstoße schon gegen Art. 22 I c) VO 1408/71, weil die dort vorgesehene Genehmigung an weniger strenge Bedingungen geknüpft ist. Im übrigen könnte diese sekundärgemeinschaftsrechtliche Bestimmung ihrerseits mit dem Primärrecht unvereinbar sein.
Letztlich ist auch daran zu denken, diese Verordnung selbst als Anspruchsgrundlage für Erstattungsansprüche in Höhe der inländischen Kosten heranzuziehen.
Diese Erwägungen zeigen, welches Gewicht der Frage nach der Anwendbarkeit der VO (EG) Nr. 1408/71 in diesem Zusammenhang zuzusprechen ist.

Seit den Urteilen in den Rechtssachen Decker und Kohll wird auch im deutschen Schrifttum wieder mit steigender Intensität über den Genehmigungsvorbehalt dieser Verordnung diskutiert. Dabei wird er meist als freizügigkeitswidrig angesehen, mit der Folge, daß Arbeitnehmer auch ohne Genehmigung EG- weit Gesundheitsleistungen in Anspruch nehmen und für die verauslagten Kosten eine Erstattung zumindest in Höhe der inländischen Preise verlangen können müßten[36].
Ob dies jedoch zwingende Rechtsfolgen sind, erscheint derzeit noch zweifelhaft. Ein dogmatischer Nachweis hierfür ist bislang noch nicht erbracht worden.
Deshalb gilt es die Zusammenhänge zwischen Erstattungsansprüchen nach den Tarifen des Versicherungsstaates und den Ansprüchen der VO (EG) Nr. 1408/71, die das Leistungsrecht des Aufenthaltsstaates zur Geltung bringt, näher zu durchleuchten.

---

[36] dazu beispielhaft *Zechel*, Die territorial begrenzte Leistungserbringung der Krankenkassen im Lichte des EG - Vertrags, S. 60 ff. ; *Godry*, „Krankenbehandlung ohne Grenzen“, in: ZfSH/SGB 1997, 416 ; *Novak*, „EG – Grundfreiheiten und Europäisches Sozialrecht“, in: EuZW 1998, 336

Zu dieser Problematik hat der EuGH lapidar ausgeführt[37] :

„Bei zweckgerichteter Auslegung regelt Art. 22 Verordnung (EWG) Nr. 1408/71 hingegen nicht den Fall, daß die Kosten für eine in einem anderen Staat ohne vorherige Genehmigung erbrachte Behandlung zu den Sätzen erstattet werden, die im Versicherungsstaat gelten, und hindert die Mitgliedstaaten daher nicht an einer solchen Erstattung."

Damit hat sich der Gerichtshof ohne nähere Begründung auf den Standpunkt gestellt, Art. 22 VO 1408/71 finde keine Anwendung, wenn eine Kostenerstattung nach den inländischen Tarifen im Raume steht.
Anlaß, überhaupt zu dieser Problematik Stellung zu nehmen, war für den EuGH die Auffassung der luxemburgischen Regierung und des beklagten luxemburgischen Krankenversicherungsträgers, wonach die in Erfüllung des in Art. 42 EGV statuierten Koordinierungsauftrags erlassenen sekundärgemeinschaftsrechtlichen Normen, zu denen insbesondere die VO (EG) Nr. 1408/71 zu zählen ist, für den Bereich der sozialen Sicherheit eine in sich geschlossene und nach außen abschließende Regelung darstelle. Infolge dessen seien die Freizügigkeitsrechte auf Sachverhalte, die vom Regelungsgehalt dieses Sekundärrechts erfaßt sind, nicht mehr anwendbar[38]. Für die Beurteilung der Freizügigkeit auf dem Gebiet der sozialen Sicherheit sei deshalb vor allem Art. 42 EGV und das dazu ergangene sekundäre Gemeinschaftsrecht von Bedeutung[39]. Dies wiederum habe zur Folge, daß eine nationale Krankenkasse wegen Art. 22 VO 1408/71 selbst dann zum Ersatz der Kosten für eine Auslandsbehandlung in voller Höhe verpflichtet sei, wenn der Versicherte lediglich Erstattung in Höhe der inländischen Kosten verlangt[40].
Aus diesem Grunde könne die Krankenkasse – wegen der Überlagerung der nationalen Vorschriften durch das Gemeinschaftsrecht – die Kosten immer nur nach dem Tarif erstatten, der im Staat der Leistung gelte.

Mit der hier zitierten Einlassung des EuGH hat dieser das „Verdrängungsargument" ausgehebelt und so den Weg zur nationalstaatlichen Anspruchsgrundlage wieder freigemacht. Damit vermied der Gerichtshof eine Entscheidung über die Vertragskonformität des Genehmigungserfordernisses der VO (EG) Nr. 1408/71. Er konnte die Verordnung unberücksichtigt lassen und allein unter Heranziehung der Grundfreiheiten urteilen. Damit stellt sich das Gericht auf den Standpunkt, daß der Umstand, wonach dem Sekundärrecht keine Angaben zur Frage, unter welchen Voraussetzungen eine nur eingeschränkte Kostentragung

---

[37] Rs. Decker,a.a.O., Rdnr. 29 ; Rs. Kohll,a.a.O., Rdnr. 27
[38] so die luxemburgische, belgische, französische und britische Regierung, in: EuGH, Rechtssache Decker, a.a.O., Rdnr. 18 ; luxemburgische, griechische und britische Regierung, in: EuGH, Rechtssache Kohll, a.a.O., Rdnr. 13, 16
[39] vgl. dazu *v. Maydell*, in: v. Maydell/ Schnapp, S. 29
[40] so die luxemburgische Regierung, in: EuGH, Rechtssache Kohll, a.a.O., Rdnr. 22

vorgenommen werden kann, zu entnehmen sind, zur Unanwendbarkeit der Verordnung führt[41].
Ob diesem „Kniff" im Ergebnis gefolgt werden kann, bedarf noch eingehender Untersuchung. Allein um der Argumentation der luxemburgischen Regierung und der Krankenkassen entgegenzutreten, wäre er jedoch nicht notwendig gewesen.

2. Verdrängung der Grundfreiheiten im Bereich der sozialen Sicherheit ?

a) Wie dargestellt, haben sich einzelne Mitgliedstaaten auf den Standpunkt gestellt, der Bereich der sozialen Sicherheit sei durch Art. 42 EGV und die Wanderarbeitnehmerverordnung abschließend geregelt. Auch im Schrifttum wird diese Auffassung teilweise geteilt[42]. Dabei wird wesentlich darauf abgestellt, daß die soziale Sicherheit lediglich in diesen Regelungswerken ausdrücklich erwähnt ist und darüber hinaus auch der EuGH bestätigt habe, daß durch die VO (EG) Nr. 1408/71 der Koordinierungsauftrag vollumfänglich erfüllt sei[43].

Um sich den Hintergrund dieser Argumentation und damit den Ausgangspunkt für die Problematik der Geltung der Grundfreiheiten im Bereich der sozialen Sicherheit erschließen zu können, ist zunächst die Entstehungsgeschichte und die Motivation des europäischen Normgebers bei der Schaffung des heutigen „Koordinierungsrechts" zu durchleuchten.

b) Die Vorstellungen innerhalb der Gemeinschaft, inwieweit und auf welche Art die einzelnen Gesundheitssysteme aufeinander abgestimmt und angepaßt werden sollen, haben sich im Laufe der Zeit unter dem Einfluß wachsender Erkenntnisse über die Eigenheiten und das Zusammenspiel dieser Systeme deutlich gewandelt.

Geprägt wurden sie insbesondere durch die eigentliche Zielsetzung, einen einheitlichen Wirtschaftsraum zu schaffen und infolge dessen dafür Sorge zu tragen, daß die Freizügigkeit der Arbeitnehmer nicht aufgrund von sektoralen Differenzen in den jeweiligen Sozialordnungen Beschränkungen ausgesetzt wird[44].
Diese Ausgangssituation spiegelt sich in der Aufgabenstellung des Art. 2 EGV, deren Bewältigung die Motivation der Mitgliedstaaten für die Gründung der Gemeinschaft darstellt, wider. So soll u.a. eine harmonische und ausgewogene Entwicklung des Wirtschaftslebens, ein hoher Grad an Konvergenz der Wirtschaftsleistungen, ein hohes Maß an sozialem Schutz, sowie die Anhebung des

---

[41] *Becker*, „Brillen aus Luxemburg und Zahnbehandlung in Brüssel – Die Gesetzliche Krankenversicherung im europäischen Binnenmarkt", in: NZS 1998, 359
[42] *Neumann – Duesberg*, in: Schulte/ Barwig, S. 91 ff.
[43] EuGH Rs. C – 160/ 96 (Molenaar) Slg. 1998, I - 843
[44] vgl. Präambel des EG - Vertrages

sozialen Zusammenhalts und der Solidarität zwischen den Mitgliedstaaten erreicht werden.
Bereits daraus wird deutlich, daß die Hervorhebung des Bereichs der sozialen Sicherheit Ausdruck und Folge der vorbenannten wirtschaftlichen Erwägungen war[45].

Auf dieser Grundlage wurde zu Anfangszeiten der Europäischen Gemeinschaft angenommen, daß die Realisierung der Freizügigkeit aus sozialpolitischer Sicht am effektivsten dadurch zu erreichen ist, daß die unterschiedlichen Systeme sozialer Sicherheit inhaltlich nach und nach angeglichen werden, und auf diese Weise letztenendes ein einheitliches Sozialsystem entsteht[46]. Im Wege dieser Harmonisierung sollten nach Möglichkeit jegliche Unterschiede aufgehoben und somit für alle Mitgliedstaaten gleiche Startbedingungen in die EG geschaffen werden[47].
Man war überwiegend der Ansicht, daß die hochgesteckten Ziele mit dieser Vorgehensweise optimal zu erreichen sind, denn ansonsten würden die bestehenden Sozialbarrieren die Mobilität der Arbeitnehmer unterbinden und zugleich kontraproduktive Auswirkungen auf die erstrebte Binnengemeinschaft mit sich bringen[48]. Im Ergebnis wurde als Optimallösung die Anhebung auf das höchste vorhandene Sozialleistungsniveau angesehen, um dadurch EG- weit ein Höchstmaß an sozialer Sicherheit zu gewährleisten[49].

Vereinzelt wurde in diesem Zusammenhang vertreten, daß Art. 117 f. EGV a.F. (Art. 136 EGV n.F.) [50] eine Rechtsgrundlage, und darüber hinaus sogar eine an die Gemeinschaftsorgane gerichtete Rechtspflicht zur Harmonisierung der Sozialsysteme, statuiert[51].

---

[45] *Lell*, Soziale Harmonisierung der europäischen Wirtschaftsgemeinschaft und ihre wirtschaftlichen Auswirkungen, S. 21
[46] *Bye'*, Erklärung in: Soziale Aspekte der europäischen wirtschaftlichen Zusammenarbeit, S. 149,155
[47] *Veillon/Coppa*, Leistungen der sozialen Sicherheit - zusammenfassender Bericht über die Möglichkeiten einer Harmonisierung, in: Europäische Konferenz über die Soziale Sicherheit - Thema 3, S. 29 ff.
[48] *Ramadier*, „Die europäische Integration - sozialpolitisch gesehen", in: Sozialer Fortschritt 1954, 8
[49] *Heise*, „Sozialpolitik in der EWG aus gewerkschaftlicher Sicht", in: Sozialer Fortschritt 1963, 36 ff.
[50] z.T. auch i.V.m. der Präambel des EG - Vertrages, die davon spricht, den wirtschaftlichen und sozialen Fortschritt ihrer Mitgliedstaaten zu sichern, indem sie die Europa trennenden Schranken beseitigen, sowie die Volkswirtschaften einigen, deren harmonische Entwicklung fördern und indem sie den Abstand zwischen einzelnen Gebieten und den Rückstand weniger begünstigter Gebiete verringern.
Insbesondere aus der Präambel kann jedoch keine Rechtsgrundlage konstruiert werden, da sie bloße Absichtserklärungen beinhaltet und keine Kompetenzen statuiert.
[51] *Canella*, Leistungen der sozialen Sicherheit - zusammenfassender Bericht über die Möglichkeiten einer Harmonisierung, in: Europäische Konferenz über die Soziale Sicherheit - Thema 3, S. 62

Auch wenn die h.M. diese Rechtsauffassung nicht teilte, so war man sich im wesentlichen darüber einig, daß die Harmonisierung jedenfalls der richtige Weg sei und dieser auch - evtl. nach einer Vertragsanpassung - beschritten werden sollte[52].
Als Begründung hierfür wurde auch vorgetragen, daß die Harmonisierung schon erforderlich sei, um zu gewährleisten, daß Länder mit höheren Gesundheitsleistungsstandards in ihrem Niveau nicht automatisch absinken. Dies würde nämlich ansonsten als Folge von Immigrationen, Kapitalverlust und Überversorgung mit billigen Gütern unweigerlich geschehen[53].

Da sich jedoch diese Befürchtung seit Abschluß des EWG - Vertrages im Jahre 1957 nicht realisiert hat, ist dieser - die Harmonisierung fordernden - Argumentation mittlerweile die Grundlage entzogen.

Auch wurde im Verlauf der weiteren Entwicklung erkannt, daß die augenscheinlich für eine Harmonisierung sprechenden Argumentationen letztlich nicht durchgreifen können.
Dies beruht zum einen auf der fehlenden Praktikabilität, wie zum anderen auf der Erkenntnis, daß eine Harmonisierung im Sinne einer inhaltlichen Angleichung der Sozialsysteme auch nicht erforderlich erscheint.

Entgegen der Ansicht, eine Harmonisierung führe zu gleichen Wettbewerbsbedingungen und stünde damit in Einklang mit den Zielen des EG - Vertrags, ist festzustellen, daß alle harmonisierenden Maßnahmen eher zu Wettbewerbsverzerrungen führen würden. Diese wären bedingt durch die Verlagerung der durch die Anhebung des Leistungsniveaus entstehenden Mehrkosten auf andere Bereiche, wie auch durch sonstige Abwälzungsmöglichkeiten[54].

Weiter ist zu beachten, daß unter den Mitgliedstaaten keine Einigkeit darüber besteht, wie das einheitliche Sozialsystem nun denn auszusehen habe, bzw. welches bereits bestehende nationale System für eine Vereinheitlichung geeignet wäre[55]. Dieser fehlende Konsens ist auf die extremen Divergenzen der einzelnen Sozialordnungen hinsichtlich Finanzierung, Preisniveau und Organisation zurückzuführen, was eine Angleichung zusätzlich als unrealistisch erscheinen läßt.

---

52 *Sprung*, in: Wohlfahrt/Everling/Glaesner/Sprung, Die Europäische Wirtschaftsgemeinschaft - Kommentar zum Vertrag, Vorb. Art. 117, Anm. 1 ff.; *Knolle*, „Gemeinsame Sozialpolitik - Nahziel oder Fernziel“ , in: Sozialer Fortschritt 1963, 31
53 *Canella*, a.a.O. , S. 62
54 dazu ausführlich *Schmähl*, in: Schmähl, Soziale Sicherung im EG - Binnenmarkt, S. 27
55 *Neumann - Duesberg*, „Sozialrechtliche Aspekte des Europäischen Binnenmarktes – aus der Sicht der Krankenversicherung“, in: BKK 1991, 124

Wenn sich auch der Anteil der Sozialleistungen am Bruttosozialprodukt der einzelnen Mitgliedstaaten insgesamt etwas angenähert hat[56], so ist dies für die Vergleichbarkeit der Systeme wenig aussagekräftig, zumal in der Tat ganz gravierende Unterschiede zu beobachten sind[57] :

(1) Preise der Gesundheitsleistungen

Wie noch auszuführen sein wird[58], variieren die Kosten der einzelnen Leistungen beträchtlich, was auch mitursächlich für die extrem unterschiedliche Höhe der Gesundheitsausgaben in den einzelnen Ländern ist.

(2) Finanzierung der Systeme

Hier sind insbesondere drei Variationen festzustellen.
Teile der Mitgliedstaaten[59] finanzieren ihre Gesundheitssysteme fast ausschließlich aus Steuermitteln[60].
In Italien werden dagegen lediglich ca. 55 % der Kosten aus allgemeinen Haushaltsmitteln aufgebracht[61].
Letztlich existiert auch ein Umlageverfahren[62], das jedoch selbst wieder von Staat zu Staat unterschiedlich ausgestaltet ist. So beträgt beispielsweise der Arbeitgeberanteil in Deutschland 50 % , während er sich in Frankreich auf etwa 66 % beläuft[63].

(3) Mitgliederkreis

Auch in diesem Bereich finden sich ganz unterschiedliche Regelungen.
So sind in der Bundesrepublik ca. 90 % der Bevölkerung Mitglied der Gesetzlichen Krankenversicherung. Diese setzt sich zusammen aus pflichtversicherten Arbeitnehmern, Rentnern, Arbeitslosen, Studenten, freiwillig und Familienversicherten[64].
In Frankreich sind es gar 99 % der Bevölkerung. Das liegt daran, daß - anders als in Deutschland - Personen, die den Voraussetzungen der Pflichtversicherung nicht mehr gerecht werden, automatisch weiter versichert werden[65] .

---

[56] w.N. bei *Döring*, Soziale Sicherheit im Alter, S. 67; *Rehfeld/Lankes/Grütz*, „Die Europäische Wirtschafts - und Währungsunion - Auswirkungen auf die Rentenversicherung", in: DRV 1996, 799, 814 ff. ; *Hauser*, in: Schmähl, S.168
[57] hierzu auch BASYS - Untersuchung, a.a.O. ; *Weber*, „Europäische Gesundheitssysteme – Vergleich und Perspektiven", in: BKK 1990, 623
[58] vgl. unten 2. Kapitel, III.2.c)
[59] so z.B. Großbritannien, Griechenland, Irland, Portugal und Dänemark
[60] *Alber/Bernhardi - Schenkluhn*, S. 570
[61] Fn. 60, S. 474
[62] so in der Bundesrepublik, Frankreich, Belgien, Luxemburg und Niederlande
[63] Fn. 60, S. 625
[64] Fn. 60, S. 68 f.
[65] Fn. 60, S. 350

Zu nennen ist auch das System Großbritanniens. Hier erhalten Geldleistungen nur diejenigen, die der Beitragspflicht unterliegen. Andererseits werden aber medizinische Sachleistungen ohne Rücksicht auf weitere Kriterien allen Personen zugestanden, die im Inland wohnhaft sind[66].

(4)

Als letztes Beispiel für die erheblichen Divergenzen zwischen den europäischen Gesundheitswesen sei an dieser Stelle noch auf die verschiedenen Ausprägungen der Zuzahlungsregelungen hingewiesen[67].

Schon aus dieser Aufstellung läßt sich entnehmen, daß sich eine „Vereinheitlichung von oben" aufgrund der zahllosen gewachsenen und auf den Besonderheiten der jeweiligen Mitgliedstaaten beruhenden Unterschiede, kaum realisierbar ist.
Die Divergenzen sind so gravierend, daß eine Harmonisierung auch gleichzeitig eine Angleichung des Transfer- und Steuersystems erforderlich machen würde[68].

In diesem Zusammenhang ist auch schon berechnet worden, daß eine Aufstokkung des Gesundheitsniveaus aller Mitgliedstaaten auf den deutschen Standard Mehrkosten i.H.v. ca. 1000 Mrd. DM mit sich bringen würde.
Auch sind weitere Veränderungen des Preisniveaus im einzelnen noch gar nicht absehbar, so daß auch von dieser Seite her noch nicht abschätzbare Risiken bestehen[69].

Im Ergebnis herrscht daher heute zu Recht weitgehend Einigkeit darüber, daß eine Harmonisierung der Sozialsysteme nicht die von ihr erhoffte mobilitätsfördernde Wirkung hätte und deshalb auch nicht mehr angestrebt wird[70].

Mittlerweile ist anerkannt, daß zur Verbesserung der Mobilität innerhalb der Gemeinschaft kein einheitliches europäisches Sozialsystem erforderlich ist, sondern dafür koordinierende Regelungen unter Belassung der nationalen Gesundheitsordnungen voll ausreichend sind[71]. Da die Mobilität der Arbeitnehmer aus

---

[66] Fn. 60, S. 571

[67] hierzu *Leienbach*, „Das Gesundheitswesen im Europäischen Binnenmarkt", in: BKK 1993, 36, 38

[68] vgl. *Schmähl*, Soziale Sicherung im EG - Binnenmarkt, S.33, Fn. 41

[69] *Bieback*, „EG – Sozialrecht: Grundlagen und Geltung sowie die Wirkung des EG– Gleichbehandlungsrechts auf das nationale Sozialrecht", in: DRV 1994, 20, 22

[70] *Clever*, „Soziale Sicherheit in der Europäischen Union", in: ZfSH/SGB 1996,337, 342 ; *Ruland*, „Der Euro und die deutsche und europäische Sozialpolitik", in: NZS 1998, 209, 216 - jeweils m.w.N.

[71] *Steinmeyer*, „Reformpläne zur Alterssicherung im internationalen Vergleich", in: DRV 1997, 474 ff. ; *Hanika*, „Europäische Gesundheitspolitik", in: MedR 1998, 193; *Neumann - Duesberg*, in: Schulte/Zacher, S. 83 ff. ; *Oldiges*, Gesetzliche Krankenversicherung, in: Gesellschaft für Versicherungswissenschaft und - gestaltung (Hrsg.), Entwicklung der Systeme

sozialversicherungsrechtlicher Sicht lediglich von der grenzübergreifenden Leistungsgewährung, nicht aber etwa von Aufbau und Organisation des Sozialsystems beeinflußt wird, besteht keine Notwendigkeit, die einzelnen Systeme in allen Bereichen anzupassen. Vielmehr genügt es, die Erbringung der einzelnen Sozialleistungen für Fälle mit Auslandsberührung so zu koordinieren, daß sie nach gleichem Muster abgewickelt werden können.
Dadurch kann gewährleistet werden, daß durch die Sicherstellung des geregelten Leistungsbezugs im Ausland keine Nachteile infolge des Auslandsaufenthalts entstehen.
Aus diesem Grunde haben unterschiedlich ausgestaltete Sozialordnungen auf den Wettbewerb weniger Einfluß als divergierende Leistungsniveaus[72].

Darüber hinaus sei auch angemerkt, daß die vielen verschiedenen nationalen Systeme sozialer Sicherung als Ausdruck der in den Mitgliedstaaten herrschenden Vielfalt der sozialen und kulturellen Entwicklung und Tradition durchaus erhaltenswürdig sind[73].

Eine Annäherung der Systeme ist daher allenfalls auf dem Wege möglich, daß die einzelnen Mitgliedstaaten infolge eines andauernden sozialpolitischen Entwicklungsprozeßes ihre Sozialordnungen freiwillig schrittweise, also im Wege der nationalen Gesetzgebung, aneinander angleichen[74]. Dieser Vorgang, der auch als schrittweise Konvergenz bezeichnet wird, ist auch die Vorgehensweise, die von der Europäischen Kommission in Sachen Angleichung der Sozialsysteme mittlerweile bevorzugt wird[75].

Folglich steht somit fest, daß die innerhalb der EG geltenden Freizügigkeitsrechte keine Harmonisierung, sondern lediglich eine Koordinierung der Sozialsysteme erfordern. Als deren begrüßenswerte Folge kann eine schrittweise Konvergenz in Erscheinung treten.

c) Da somit im Ergebnis eine aktive inhaltliche Angleichung der einzelnen nationalen Gesundheitssysteme durch die Gemeinschaftsorgane nicht zu erfolgen hat, bleibt deren Ausgestaltung den Mitgliedstaaten vorbehalten. Soweit eine Abstimmung zu erfolgen hat, soll dies lediglich im Rahmen der oben dargestellten Koordinierung erfolgen Dies soll erforderlich, zugleich aber auch aus-

---

der sozialen Sicherheit im europäischen Binnenmarkt ; *Schmähl*, Soziale Sicherung im EG - Binnenmarkt, S. 29 f.

[72] *Rehfeld/Lankes/Grütz*, „Die Europäische Wirtschafts – und Währungsunion – Auswirkungen auf die Rentenversicherung“, in: DRV 1996, 799, 817

[73] *Clever*, „Soziale Sicherheit in der Europäischen Union – Gemeinschaftsrecht, Vorgaben und Ausblick“, in: DRV 1996, 283 ff.; *Schulte*, in: SDSRV 36 - Europäisches Sozialrecht, S. 41

[74] *Clever*, in: DRV 1996, 283, 288

[75] *Europäische Kommission*, „Europäische Sozialpolitik - Ein zukunftsweisender Weg für die Union“ , in: ZfSH/SGB 1995, 28, 31

reichend sein, um den in Art. 42 EGV und in die auf dieser Vorschrift beruhenden Verordnungen eingeflossenen Wertungen und Zielsetzungen der Grundfreiheiten Rechnung zu tragen.
Die oben skizzierte Entwicklungsgeschichte und die daraus resultierende Kompetenz der Mitgliedstaaten zur Regelung ihrer Sozialversicherungssysteme könnte der Anwendung der Grundfreiheiten in diesem Bereich entgegenstehen[76]. Die soziale Sicherheit soll – so wird vertreten – mangels einer Verschiebung der diesbezüglichen Kompetenzen zugunsten der Gemeinschaft durch Art. 42 EGV und die VO (EG) Nr. 1408/71 als Spezialvorschrift abschließend geregelt sein[77].

Aus diesem Grund stellt sich die Frage, ob dem EuGH mit seinen Feststellungen in den Rechtssachen Decker und Kohll, wonach der EG – Vertrag auch im Bereich der sozialen Sicherheit zur Anwendung gelangt und die Bestimmungen über die Warenverkehrs – und Dienstleistungsfreiheit zu beachten sind, gefolgt werden kann und ob es sich hierbei um eine Abweichung von seiner bisherigen Rechtsprechung handelt.

d) In Bezug auf die Anwendbarkeit der Grundfreiheiten ist zunächst festzustellen, daß die Entstehungsgeschichte des Koordinierungsrechts nicht zwingend einen Ausschluß begründet. Vielmehr ist ihr zu entnehmen, daß die primärrechtlichen Freizügigkeitsrechte nach wie vor ihre Geltung behalten sollen[78].

Der Normgeber hatte ursprünglich nicht die Verbesserung von sozialen Rechten, sondern die der wirtschaftlichen Mobilität vor Augen. Es war ihm allein daran gelegen, im Hinblick auf die Freizügigkeit bestehende Hindernisse abzubauen, die sich aus den unterschiedlichen Sozialsystemen der Mitgliedstaaten ergeben haben[79]. Daß die Koordinierungsvorschriften nicht der Herbeiführung der europaweiten sozialen Gerechtigkeit dienen sollen, ergibt sich aus dem Umstand, daß sie die Ausgestaltung der einzelnen Systeme unangetastet lassen und lediglich Bestimmungen für den Fall der Grenzüberschreitung treffen[80].
Deshalb regelt Art. 42 EGV und das dazu ergangene Sekundärrecht nicht nur den Bereich der sozialen Sicherheit, sondern dient in erster Linie der Verwirkli-

---

[76] *Eichenhofer*, in: Sieveking, Soziale Sicherung bei Pflegebedürftigkeit in der Europäischen Union, S. 130
[77] *Neumann - Duesberg*, in: Schulte/ Barwig, S. 92 f.
[78] *Schulte*, „Zur Kur nach Abano Therme, zum Zahnarzt nach Antwerpen ? – Europäische Marktfreiheiten und nationales Krankenversicherungsrecht", in: ZfSH/SGB 1999, 269, 275
[79] *Bokeloh*, „Koordinierung der Sozialrechtssysteme in der Europäischen Gemeinschaft unter dem Gesichtspunkt der Freizügigkeit", in: DAngVers 1995, 100, 102
[80] *Becker*, „Brillen aus Luxemburg und Zahnbehandlung in Brüssel – Die Gesetzliche Krankenversicherung im europäischen Binnenmarkt", in: NZS 1998, 359 ; *Berg*, „Grenzüberschreitende Krankenversicherungsleistungen in der EU" , in: EuZW 1999, 587,588, Fn. 11

chung der Freizügigkeit und soll dabei Hindernisse sozialer Natur aus dem Weg räumen[81].
Die Leitmotive bleiben infolge dessen wirtschaftlicher Natur.
Daraus folgt, daß die Grundfreiheiten auch bei Sachverhalten mit Bezug zur sozialen Sicherheit zu berücksichtigen sind. Auch Art. 42 EGV gestattet nämlich nicht, daß das Sekundärrecht über das Ziel gehoben wird, zu dessen Erreichung es geschaffen wurde, nämlich zur Förderung der Freizügigkeit der Arbeitnehmer[82].

Für dieses Ergebnis spricht auch eine Betrachtung der Wertigkeiten der unterschiedlichen gemeinschaftsrechtlichen Regelungen.
Sekundärrecht ergeht aufgrund des Primärrechts und stellt daher im Verhältnis dazu nachrangiges Gemeinschaftsrecht dar.
Folglich hat sich auch das zu Art. 42 EGV ergangene Sekundärrecht als niederrangiges Recht am gesamten EG – Vertrag messen zu lassen. Dies hat zur Folge, daß sich aus den Grundfreiheiten weitergehende Rechte und Ansprüche ergeben können[83]. In Verfolgung dieses Grundsatzes hat der EuGH in der Vergangenheit wiederholt Vorschriften der VO (EG) Nr. 1408/71 als gegen Primärrecht verstoßend beurteilt und deshalb für unwirksam erklärt[84]. Auch hat es aus denselben Gründen entschieden, daß eine nationale Maßnahme, die mit dem Sekundärrecht in Einklang steht, dennoch an den Bestimmungen des EG – Vertrages zu messen ist[85].

Daher kann der durch Koordinierungsvorschriften normierte Bereich der sozialen Sicherheit nicht losgelöst von den Freizügigkeitsrechten betrachtet werden und das Koordinierungsrecht nicht als abschließende Regelung angesehen werden[86].

e) Schließlich bleibt auch darauf hinzuweisen, daß der Normzweck des Koordinierungsrechts einerseits und die Pflicht zur Vereinbarkeit des nationalen Rechts mit den Vorschriften des EG – Vertrages andererseits als zwei voneinander zu unterscheidende Gesichtspunkte anzusehen sind.
Während das Koordinierungsrecht in Fällen grenzüberschreitender Sozialleistungen die Bestimmung des maßgeblichen nationalen Leistungsrechts vornimmt und damit für das Verhältnis der nationalen Sozialsysteme zueinander

---

[81] *Bieback*, „Grundlagen und Geltung sowie die Wirkung des EG – Gleichbehandlungsrechts auf das nationale Sozialrecht“, in: DRV 1994, 20, 26
[82] EuGH, Rechtssache Decker, a.a.O., Rdnr. 23 ff. ; Rs. 238/82 (Duphar) Slg. 1984, 523 ; *GTE/Willms*, Art. 51, Rdnr. 8 ; *Bieback*, in: SDSRV 36, S. 53 ; *Novak*, „EG – Grundfreiheiten und Europäisches Sozialrecht“, in: EuZW 1998, 366
[83] EuGH Rs. 48/75 (Royer) Slg. 1976, 497 ; Rs. 205/84 (Kommission/ Bundesrepublik) Slg. 1986, 3755, 3812
[84] EuGH Rs. 20/85 (Roviello) Slg. 1988, 2805 ; Rs. 41/84 (Pinna I) Slg. 1986, 1
[85] EuGH, Rechtssache Kohll, a.a.O., Rdnr. 25
[86] *Leingärtner*, in: Schulte/ Barwig, S. 118

von Bedeutung ist, betreffen die Grundfreiheiten das Verhältnis der nationalen Rechtsordnungen zum Gemeinschaftsrecht. Der Umstand, daß nationales Recht auch im Bereich der sozialen Sicherheit nicht gegen das Gemeinschaftsrecht verstoßen darf, bewirkt keinen Kompetenzverlust oder gar eine Kompetenzübertragung von den nationalen auf den gemeinschaftsrechtlichen Normgeber[87].

Daher stellt die Überprüfung einzelstaatlicher Rechtsvorschriften anhand der Grundfreiheiten keine Koordinierung i.S.d. Art. 42 EGV dar. Infolge dessen bleiben sie auch im Bereich der sozialen Sicherheit anwendbar[88].
Somit hat der Gerichtshof in seinen beiden Urteilen vom 28.04.1998 zu Recht erkannt, daß die Anwendung des EG – Vertrages in diesem Bereich nicht ausgeschlossen ist und die Vorschriften über den freien Warenkauf und freien Dienstleistungsverkehr zu beachten sind.

f) Diese Feststellungen des EuGH stehen auch nicht in Widerspruch zu seiner bisherigen Rechtsprechung.
Zwar hatte er bereits entschieden, daß das Gemeinschaftsrecht die Befugnis der Mitgliedstaaten, ihre Systeme der sozialen Sicherheit auszugestalten, unberührt läßt[89] und daß nach seiner Auffassung mit der VO (EG) Nr. 1408/71 der Koordinierungsauftrag des Art. 42 EGV als erfüllt anzusehen ist[90], dies beinhaltet jedoch keine Aussage über einen etwaigen Ausschluß der Grundfreiheiten. Wie oben ausgeführt, ist das Koordinierungsrecht von der Frage nach der Gemeinschaftrechtskonformität einzelner nationaler Bestimmungen zu unterscheiden. Eine Entscheidung dahingehend, daß das Recht zur Ausgestaltung des eigenen Sozialsystems die Mitgliedstaaten von der Verpflichtung zur Gewährleistung der Vorschriften des EG – Vertrages befreit, wurde vom Gerichtshof nicht gefällt. Vielmehr hat er bereits zu erkennen gegeben, daß auch der Bereich der sozialen Sicherheit keinen „gemeinschaftsrechtsfreien Raum" darstellt[91].

Folglich stellen auch die jüngsten Urteile keine Abweichung von der Rechtsprechung des EuGH dar.

---

[87] *Hirsch*, „Einfluß der EG auf nationale Gesundheitssysteme", in: MedR 2000, 586, 588 f.
[88] *Schulte*, „Europäische Marktfreiheiten und nationales Krankenversicherungsrecht", in: ZfSH/SGB 1999, 269, 275
[89] EuGH Rs. 236/82 (Duphar) Slg. 1984, 523
[90] EuGH Rs. C – 160/96 (Molenaar) Slg. 1998, I - 843
[91] EuGH Rs. C – 70/95 (Sodemare) Slg. 1997, I - 3395

3. Ausschluß nationaler Vorschriften durch die VO (EG) Nr. 1408/71 ?

Wie eingangs angesprochen, hat sich in der Rechtssache Kohll u.a. die luxemburgische Regierung auf den Standpunkt gestellt, daß aufgrund der von ihr behaupteten Spezialität der Wanderarbeitnehmerverordnung Art. 22 VO 1408/71 dazu führen soll, daß lediglich die Rechtsfolgen dieser Vorschrift, nämlich ein Kostenersatz in voller Höhe zur Geltung gelangt. Deshalb sollen die nationalen Vorschriften in der Weise verdrängt werden, daß entweder ein Anspruch auf Erstattung der vollen angefallenen Kosten anzunehmen sei oder gar kein Anspruch bestehen soll[92].

Hierzu ist auszuführen, daß der grundsätzliche Vorrang von gemeinschaftsrechtlichen Verordnungen gegenüber einzelstaatlichen Gesetzen heute nicht mehr ernsthaft in Zweifel gezogen werden kann.
Schon § 6 SGB IV bestimmt für alle Versicherungszweige[93], daß Regelungen des über– und zwischenstaatlichen Rechts unberührt bleiben und damit vorgehen. Mit dieser Vorschrift läuft der inhaltsgleiche § 30 II SGB I , der Wirkung für alle Bereiche des Sozialgesetzbuches entfaltet, konform.
Folglich hat bereits der nationale Gesetzgeber entschieden, daß in den genannten Rechtsgebieten im Zweifel die europarechtlichen Vorschriften gelten.
Gleiches gilt nach den Bestimmungen des EG – Vertrages und der dazu ergangenen Rechtsprechung.
Gem. Art. 249 EGV haben Verordnungen allgemeine Geltung. Sie sind in allen ihren Teilen verbindlich und gelten unmittelbar in jedem Mitgliedstaat. Dabei ist die allgemeine Geltung der Verordnungen dahingehend zu verstehen, daß sie alle darin objektiv bezeichneten Sachverhalte erfassen und Bindungen für allgemein und abstrakt dargestellte Personengruppen entfalten[94]. Die Geltung erstreckt sich auch auf das ganze Gemeinschaftsgebiet und ist nicht auf eine bestimmte Anzahl von Sachverhalten beschränkt[95]. Die unmittelbare Wirkung bedeutet, daß die einzelnen nationalen Legislativorgane nicht mitzuwirken haben und die Verordnungen dennoch die staatlichen Hoheitsträger genauso binden wie die Bürger der Mitgliedstaaten, die von ihrem Tatbestand erfaßt werden[96]. Damit verdrängen Verordnungen innerstaatliche Rechtsvorschriften[97].

Im weiteren Verlauf hat der EuGH zur Begründung dieses Vorrangs weiter ausgeführt, daß die Mitgliedstaaten selbst einen Teil ihrer Rechtsetzungsbefugnisse und ihrer Souveränität auf die Gemeinschaftsorgane übertragen[98] und damit eine

---

[92] Rs. Kohll, a.a.O., Rdnr. 22
[93] Diese sind in § 1 I SGB IV dargestellt.
[94] EuGH Rs. 242/81 (Roquette Freres) Slg. 1982, 3213
[95] *Rabanser*, S. 41
[96] *Beutler/Bieber/Pipkorn/Streil*, Anm. 6.2.5.2
[97] EuGH Rs. 26/62 (van Gend & Loos) Slg. 1963, 1
[98] Nach dem EuGH (Rs. C-11/70 (Internationale Handelsgesellschaft) Slg. 1970, 1125) geht das Gemeinschaftsrecht auch dem Verfassungsrecht der einzelnen Mitgliedstaaten vor. In

neue eigenständige Rechtsordnung geschaffen haben[99]. Diese bindet zum einen alle Organe der Gemeinschaft und überlagert zum anderen in der beschriebenen Art und Weise die nationalen Rechtsvorschriften[100].

Damit steht fest, daß im Falle der Kollision des Anwendungsbereichs einer nationalen Regelung mit dem einer EG – Verordnung dem Gemeinschaftsrecht grundsätzlich der Vorrang einzuräumen ist[101].
Da nun aber Verordnungen, insbesondere in Angelegenheiten der sozialen Sicherheit, der Verbesserung der Situation von Arbeitnehmern dienen sollen, können Verordnungsregelungen dann keine Gültigkeit erlangen, wenn sie bestehende Rechte beeinträchtigen oder gar abschneiden. Es können nur darüber hinausgehende Rechtspositionen geschaffen werden[102]. Insoweit kommt folglich die für den Arbeitnehmer günstigere Bestimmung zum Zuge.

Aus alledem ergibt sich, daß, falls die VO (EG) Nr. 1408/71 – entgegen der Auffassung des EuGH – bei dem hier zu untersuchenden Anspruchsbegehren zur Anwendung gelangen, aber keinen Anspruch gewähren sollte, weil sie nur eine Kostenübernahme nach den Tarifen des Behandlungsstaates vorsieht, dann jedenfalls wieder die nationale Vorschrift auflebt und auf diese Weise wieder zumindest ein Anspruch auf Erstattung der Behandlungskosten nach den Sätzen des Versicherungsstaates in Betracht kommt.
Deshalb ist die Möglichkeit der Erstattung nach den inländischen Tarifen nicht von der Anwendbarkeit der Verordnung abhängig.

Wie aber schon eingangs erwähnt, ist ihre Einschlägigkeit für die Festlegung des hier anzulegenden Prüfungsmaßstabs von Bedeutung.

---

seinem Solange II – Beschluß (BVerfGE 89, 155) hat das BVerfG diese Ansicht geteilt, da es anerkannte, daß das Gemeinschaftsrecht und der EuGH den Schutz der Grundrechte des Grundgesetzes in erforderlichem Maße gewährleistet; vgl. dazu auch *v. Maydell*, in: Schulin, § 64, Rdnr. 33

[99] EuGH Rs. C – 6/74 (Costa/E.N.E.L.) Slg. 1964, 1251

[100] *Bleckmann*, Europarecht, S. 306; zur unmittelbaren Geltung von Normen des EG – Vertrages vgl. EuGH Rs. 26/62 (van Gend & Loos) Slg. 1963,1; Rs. 28/67 (Molkerei – Zentrale / Lippe/ Hauptzollamt Paderborn) Slg. 1968, 216; Rs. 94/77 (Zerbone/Amministrazione delle Finanze dello Stato) Slg. 1978, 99; *Streil*, in: Lichtenberg, Sozialpolitik in der EG, S. 97 ff.; zur Frage der unmittelbaren Anwendbarkeit von sonstigem Sekundärrecht vgl. *Bleckmann*, S. 347 ff m.w.N.

[101] *Schulte*, in: v. Maydell/ Ruland, S. 1528 ; *Everling*, „Auswirkungen des europäischen Rechts auf die deutsche GKV", in: DOK 1993, 584, 587

[102] *Wiegand*, Das europäische Gemeinschaftsrecht in der Sozialversicherung, Rdnr. 62 f., 114

4. Anwendbarkeit der VO (EG) Nr. 1408/71 ?

a) Die Feststellung des EuGH, wonach die VO (EG) Nr. 1408/71 nicht den Fall der Erstattung der Kosten einer Behandlung im Ausland nach den Sätzen des Versicherungsstaates regelt, hat in der Literatur zu unterschiedlichen Reaktionen geführt.
So wird z.T. mit Unverständnis darauf hingewiesen, daß der streitbefangene luxemburgische nationalgesetzliche Genehmigungsvorbehalt inhaltlich dem der Verordnung entspricht - der luxemburgische Krankenversicherungsträger somit das Gemeinschaftsrecht angewendet habe -, aber der Gerichtshof diese Vorgehensweise dennoch als falsch, da mit den Grundfreiheiten unvereinbar, erachtet habe. Dies führe zu einem doppelten System, nämlich zu dem gehabten der VO (EG) Nr. 1408/71 und daneben nun zu dem System der Kostenerstattung zu den inländischen Tarifen ohne vorherige Genehmigung[103].

Dabei wird jedoch teilweise übersehen, daß der EuGH in den Rechtssachen Decker und Kohll besagte Verordnung gerade nicht anhand der Bestimmungen des freien Waren– und Dienstleistungsverkehrs geprüft, sondern bei der rechtlichen Bewertung eben gänzlich außer acht gelassen hat[104].

Weiter wird diesem eher kritischen Standpunkt zu Recht entgegengehalten, daß auch dann, wenn ein nationales Genehmigungserfordernis in seinen Voraussetzungen weitgehend mit den diesbezüglichen Bestimmungen des Sekundärrechts übereinstimmt, dies nicht automatisch zur Vereinbarkeit mit den primärrechtlichen Grundfreiheiten führt. Die Existenz der VO (EG) Nr. 1408/71 bewirkt insoweit keine Präklusion[105]. Das Nebeneinander von einzelstaatlicher und sekundärgemeinschaftsrechtlicher Norm hat nicht zwingend zur Folge, daß beide Vorschriften im Lichte der Freizügigkeitsrechte mit demselben Ergebnis zu bewerten sind. Dies gilt um so mehr, wenn – wie hier – diese Vorschriften unterschiedliche Ansprüche zusprechen.
Schließlich ist zu berücksichtigen, daß auch der Umstand, daß das Gemeinschaftsrecht den Mitgliedstaaten die Befugnis zur inhaltlichen Ausgestaltung ihrer Sozialsysteme beläßt[106], nicht die Unanwendbarkeit des EG – Vertrages auf diese nationalen Vorschriften mit sich bringt[107].

---

[103] *Eichenhofer*, Vortrag auf der wissenschaftlichen Tagung des Instituts für Sozialrecht und Sozialpolitik in Europa der Universität Kiel und der AOK Schleswig – Holstein am 26. und 27.11.1998 in Kiel, zusammengefaßt von Becker/ Devetzi/Stähler, „Europäische Union und gesetzliche Krankenversicherung – Status und Perspektiven der Gesundheitspolitik in der EU", in: ZSR 1999, 38, 40
[104] *Steinmeyer*, Vortrag auf o.g. Tagung, a.a.O., S.41
[105] *Schulte*, „Europäische Marktfreiheiten und nationales Krankenversicherungsrecht", in: ZfSH/SGB 1999, 274 f.
[106] EuGH Rs. 236/ 82 (Duphar) Slg. 1984, 523
[107] EuGH Rs. C – 70/ 95 (Sodemare) Slg. 1997, I – 3395 ; vgl. auch oben III.2.

Die bislang geäußerten Stellungnahmen betreffen ersichtlich in erster Linie die Folgen, die sich aus dem Standpunkt des EuGH ergeben, ohne diesen jedoch einer dogmatisch – rechtlichen Untersuchung zu unterziehen.
Eine solche steht infolgedessen noch aus.

b) Um sich dieser Problemstellung anzunähern, empfiehlt es sich, im Vorfeld die Regelungsziele der VO (EG) Nr. 1408/71 näher vor Augen zu führen. Aus ihnen können sich Hinweise dahingehend ableiten, ob sie auch die Anwendung der Tarife des Versicherungsstaates einschließen[108].
Die koordinierenden Maßnahmen der Gemeinschaftsorgane beruhen auf Art. 42 EGV. Auf dessen Grundlage ist die VO (EG) Nr. 1408/71 und deren Ausführungsverordnung, die VO (EG) Nr. 574/72 ergangen. Sie sollten dazu dienen, der dem Rat zugewiesenen Pflicht zur Schaffung eines die Sozialordnungen der Mitgliedstaaten koordinierenden Systems genüge zu tun. Damit sollen die Arbeitnehmer vor Nachteilen bewahrt werden, die daraus entstehen, daß deren Wanderbewegungen Unklarheiten hinsichtlich der geltenden Sozialordnung oder ein Unterfallen unter mehrere Systeme hervorrufen könnten[109]. Es soll folglich gewährleistet werden, daß Arbeitnehmer ihre Rechte zur Freizügigkeit in Anspruch nehmen können, ohne daß ihnen dadurch sozialrechtliche Nachteile - insbesondere finanzieller Natur - entstehen[110].

Um diese Effekte zu erreichen, sollen die nationalen Sozialsysteme nicht inhaltlich verändert, sondern es soll eine Entscheidung darüber getroffen werden, welches, nach welcher Maßgabe, zur Anwendung gelangt[111]. Dagegen bleibt es - vorbehaltlich der Vereinbarkeit mit dem Primärrecht - Sache der nationalen Gesetzgeber, die Voraussetzungen für Ansprüche nach dem eigenen Leistungskatalog zu bestimmen[112].
Es ist also festzuhalten, daß die VO (EG) Nr. 1408/71 das Ziel, nämlich die Gewährleistung der Freizügigkeit ohne Nachteile in sozialrechtlicher Hinsicht zu erreichen versucht, indem sie, bei von ihr festgelegten Sachverhalten, die Anwendung einer anderen Sozialordnung als die des Versicherungsstaates bestimmt. Bei der Erbringung von Sach– und Dienstleistungen wird deshalb nach dem Sachleistungsaushilfeverfahren vorgegangen. Das bedeutet, daß nicht die Sach– und Dienstleistungen des Versicherungsstaates ins Ausland exportiert werden, sondern die Leistungen des Katalogs des Aufenthaltsstaates von dessen

---

108 zur Auslegung EG – rechtlicher Bestimmungen vgl. *Ewert*, Der Beitrag des Gerichtshofs der Europäischen Gemeinschaften zur Entwicklung eines Europäischen Sozialrechts, S. 48 ff., 142 ff., 185 f.

109 *Geiger*, Art. 51, Rdnr. 1

110 *Steinmeyer*, „Die Osterweiterung der europäischen Union – Voraussetzungen und Folgen für die Systeme der sozialen Sicherung", in: Die Sozialversicherung 1999, 40 f.

111 *Klang*, Soziale Sicherheit und Freizügigkeit im EWG – Vertrag, S. 191

112 *Willms*, Soziale Sicherung durch Europäische Integration, S. 33 ; *Bokeloh*, „Koordinierung der Sozialrechtssysteme in der Europäischen Gemeinschaft unter dem Gesichtspunkt der Freizügigkeit", in: NZS 1995, 100, 105

Krankenversicherungsträger erbracht, und diese dann in vollem Umfang der zuständigen Krankenkasse in Rechnung gestellt werden.

c) Mit diesen Feststellungen ist bei systemgerechter Fortführung auch einem weiteren denkbaren Einwand gegen den Standpunkt des EuGH zu begegnen.

(1) Diesem könnte nämlich entgegengehalten werden, daß sich die Anwendbarkeit bzw. Einschlägigkeit einer Norm nicht aus ihren vorgesehenen Rechtsfolgen, sondern aus ihrem Tatbestand ergibt. Erstreckt sich dieser auf den zu regelnden Sachverhalt, dann ist die Vorschrift zunächst anzuwenden. Ob sie die erwünschte Rechtsfolge enthält, ist eine andere Frage. Davon getrennt zu untersuchen ist das Problem, ob der Tatbestand der Norm den Anspruch an Voraussetzungen knüpft, die höherrangigem Recht entsprechen.
Hier geht es um Auslandsbehandlungen, die weder unverzüglich erforderlich, noch vom zuständigen Krankenversicherungsträger genehmigt worden sind. Die VO (EG) Nr. 1408/71 regelt solche Leistungen dahingehend, daß dafür ein Anspruch auf Kostenübernahme nicht besteht. Und zwar weder in voller, noch in Höhe der inländischen Kosten.
Folglich ist der Sachverhalt geregelt, wenn auch mit der Rechtsfolge, daß eine Kostenübernahme nicht möglich ist.

Zwar könne sich aus den Grundfreiheiten ergeben, daß dieses Ergebnis nicht dem Primärrecht entspricht, das ändert jedoch nichts daran, daß vorab ein möglicher Anspruch aus der Verordnung zu prüfen und danach zu untersuchen ist, welche Auswirkungen ein mit dem EG – Vertrag unvereinbares Resultat auf die Rechtslage hat.
Es könnte daher gegen den EuGH vorgebracht werde, daß es unsachgemäß erscheint, die VO (EG) Nr. 1408/71 völlig unberücksichtigt zu lassen, zumal sie gerade den Fall der grenzüberschreitenden Leistungserbringung behandelt.

Weiter könnte argumentiert werden, daß das Abstellen auf zwei unterschiedliche Anspruchsziele als ausschlaggebende Kriterien für die Anwendbarkeit des Sekundärrechts auch deshalb nicht zu befürworten sei, weil die in der Verordnung festgeschriebene Rechtsfolge volle Kostenübernahme gewährt und somit weiter geht als das Begehren nach Erstattung des inländischen Anteils.
Wenn schon von der Rechtsfolge her die theoretische Möglichkeit besteht, durch Anwendung der VO (EG) Nr. 1408/71 die vollen Kosten getragen zu bekommen, so sei nicht einzusehen, weshalb diese Option nicht vorab anhand der Verordnung geprüft werden sollte.

(2) Diesen Erwägungen ist entgegenzuhalten, daß sie verkennen, daß es sich um unterschiedliche Sachverhalte handelt, wenn einmal Ersatz der vollen Auslandskosten begehrt wird, und einmal nur die Kosten erstattet werden sollen, die im Inland angefallen wären.

Bei dem erstgenannten Anspruch soll das Leistungsrecht des Aufenthaltsstaates zur Anwendung gebracht werden, während das zweite Begehren auf Befriedigung nach dem Leistungsrecht des zuständigen Staates gerichtet ist[113].
Da die VO (EG) Nr. 1408/71 nun aber lediglich der Verknüpfung der europäischen Sozialsysteme dient, kann sie bei den hier in Rede stehenden Fallkonstellationen niemals zur Anwendung der Tarife des Versicherungsstaates führen[114].

Das Sachleistungsaushilfeverfahren ist zu unterscheiden vom Sachleistungsexport.
Bei der Aushilfe bestimmt der Katalog des Aufenthaltsstaates, welche Leistungen zu welchen Preisen im einzelnen zu erbringen sind. Hier begehrt der Versicherte eine Leistung des Trägers des aushelfenden Staates. Der zuständige Krankenversicherungsträger wird gegenüber seinem Versicherungsmitglied bereits durch diese Leistung von seiner Verpflichtung frei.
Der Leistungsexport dagegen ist dadurch gekennzeichnet, daß die Leistungen des Versicherungsstaates im Ausland erbracht werden. Deshalb ist auch dessen Leistungskatalog maßgebend. Folglich geht es hier um eine Leistung des zuständigen Trägers. Erst durch Erbringung derselben durch ihn, bzw. durch die Erstattung der angefallenen Kosten an den Versicherten, hat er seine Schuldigkeit aus den §§ 11 ff. SGB V getan.
Eine Kostenerstattung für Auslandsbehandlungen, die sich nur auf solche Leistungen erstreckt, die auch der inländische Katalog vorsieht und der Höhe nach ebenfalls durch die inländischen Sätze begrenzt ist, stellt folglich ein Surrogat für die Sach– und Dienstleistungen des zuständigen Trägers dar.
Da nach der VO (EG) Nr. 1408/71 in Krankheitsfällen gem. deren Art. 19 I b), 22 I Ziff. ii) nur Geld –, nicht aber Sach– und Dienstleistungen ins Ausland exportiert werden, betrifft sie nicht den Fall des Exports der inländischen Sach– und Dienstleistungen.

Wie aufgezeigt, liegt dieser Fall aber bei einem Kostenerstattungsbegehren in Höhe der inländischen Tarife vor.
Dagegen kann nicht vorgebracht werden, auch bei der Kostenerstattung handele es sich um Geldzahlungen, und somit um Geldleistungen, die ebenfalls nach dem Sekundärrecht zu exportieren wären, mit der Folge, daß die Verordnung doch greife.
Die Rechtsprechung des EuGH hierzu ist eindeutig. Demnach ist für die Klassifizierung nicht ausschlaggebend, ob nach dem äußeren Erscheinungsbild Geld bezahlt oder Dienstleistungen vorgenommen werden. Vielmehr ist darauf abzustellen, welchen Zweck die Geldzahlung verfolgt.
Dies ist insbesondere wieder an der Entscheidung in der Rechtssache Molenaar plastisch geworden[115]. Zur Klärung stand die Frage an, ob das nach dem SGB XI

---

[113] *AIM*, „Auswirkungen der jüngsten Rechtsprechung über die Koordinierung der Systeme zum Schutz gegen das Krankheitsrisiko“, in: BKK 2000, 403 f.
[114] vgl. *Steinmeyer*, a.a.O., S. 41

vorgesehene Pflegegeld eine Geld– oder eine Sachleistung darstellt. Nur in ersterem Fall kommt ein Export nach der Wanderarbeitnehmerverordnung in Betracht. Der Gerichtshof entschied entgegen den Auffassungen der Bundesregierung und des deutschen Krankenversicherungsträgers, daß hier eine Geldleistung vorliegt[116]. Dies aber nicht aufgrund der bloßen Zahlung als solche, sondern weil die typischen Merkmale einer Geldleistung, wie periodische Gewährung ohne Nachweis für entstandene Kosten dem Grunde und der Höhe nach, sowie das Recht des Versicherten, über das Pflegegeld nach seinem Ermessen zu verfügen, gegeben sind.

Da dies bei der Kostenerstattung gerade nicht der Fall ist, sondern die Ausgaben bereits getätigt und im einzelnen nachgewiesen sein müssen, ist sie nach der Rechtsprechung des EuGH als Sachleistung zu bewerten[117].
Der Sachleistungsexport ist jedoch von der VO (EG) Nr. 1408/71 nicht erfaßt. Deshalb ist sie nicht anwendbar, wenn der Versicherte Erstattung seiner Kosten nach den inländischen Tarifen verlangt. Folglich haben die Entscheidungen in den Rechtssachen Decker und Kohll keinen Einfluß auf den Bestand und die Rechtswirkungen der Wanderarbeitnehmerverordnung. Vielmehr gesellen sich die darin manifestierten Ansprüche selbständig neben die des nationalen Rechts, bei denen die europäischen Grundfreiheiten lediglich die Unwirksamkeit der territorialen Einschränkungen bewirken können[118].
In diesem Sinne sind auch die im Abschnitt II.2. aufgeworfenen Fragen 2 und 3 zu beantworten.

---

[115] EuGH Rs. C – 160/ 96 (Molenaar) Slg. 1998. I - 843

[116] Die mit diesem Urteil einhergegangenen Befürchtungen, es sei nun mit jährlich ca. 3.500 Anträgen auf Pflegegeldzahlung ins Ausland mit einem Volumen von ca. 60 Mio. DM zu rechnen, haben sich mittlerweile als deutlich überzogen herausgestellt, vgl. *Spiethoff*, „Die Exportpflicht des Pflegegeldes“, in: BKK 1999, 136, 140

[117] *Huster*, „Grundfragen der Exportpflicht im europäischen Sozialrecht“, in: NZS 1999, 10

[118] *Schulte*, „Zur Kritik des europäischen koordinierten Sozialrechts“, in: ZfSH/SGB 1999, 653, 656 ; so im Ergebnis auch *Neumann – Duesberg*, in: Schulte/ Barwig, S.95, der feststellt, daß die VO (EG) Nr. 1408/71 aufgrund ihrer weitergehenden Ansprüche zu den innerstaatlichen Ansprüchen in Anspruchskonkurrenz steht ; *Godry*, in: Schulte/ Barwig, S. 115, der ebenfalls zu dem Ergebnis kommt, daß nach den Urteilen in den Rechtssachen Decker und Kohll den Versicherten ein Wahlrecht dahingehend zusteht, ob sie genehmigte Leistungen nach der Wanderarbeitnehmerverordnung in Anspruch nehmen oder die Erstattung der Kosten zu den Inlandssätzen präferieren.
Diese beiden nun bestehenden Alternativen erkennt auch *Schulz – Weidner*, in: Schulte/ Barwig, S. 333 f., deutet aber die Entscheidung des EuGH in der Weise, daß Art. 22 VO 1408/71 teilweise für rechtswidrig erklärt worden sein soll. Dabei übersieht er jedoch, daß es sich bei dem Erstattungsanspruch zu Inlandssätzen um ein eigenes System handelt, das losgelöst von der VO (EG) Nr. 1408/71 zu betrachten ist. Darauf weist auch *Langer*, „Grenzüberschreitende Behandlungsleistungen – Reformbedarf für die Verordnung 1408/71 ?“,in: NZS 1999, 537, 541 hin und stellt überzeugend dar, daß die EuGH – Urteile deshalb auch keine Verpflichtung zur Änderung des Art. 22 VO 1408/71 nach sich ziehen.

Im Ergebnis ist im Einklang mit dem EuGH davon auszugehen, daß bei derartigem Anspruchsbegehren die VO (EG) Nr. 1408/71 unberücksichtigt bleiben kann, und daß die sich aus den nationalen Vorschriften ergebenden Ansprüche und ihre Beschränkungen allein an den Grundfreiheiten des EG – Vertrages zu messen sind.

2. Kapitel : Die Beeinträchtigungen des freien Warenverkehrs durch die territorial eingeschränkte Erbringung von Leistungen, die im Inland nach dem Kostenerstattungs-Prinzip abgewickelt werden

Die Versicherten der GKV haben nach den §§ 11, 27 ff. SGB V umfassende Ansprüche auf Krankenbehandlungen. Diese werden für den Fall der Inanspruchnahme im Ausland sowohl durch den Ausschluß der §§ 16, 18 SGB V, wie auch durch den Genehmigungsvorbehalt der VO (EG) Nr. 1408/71 stark eingeschränkt.
Begehrt das Versicherungsmitglied lediglich Ersatz der Behandlungskosten in Höhe der inländischen Tarife, so entfällt das gemeinschaftsrechtliche Genehmigungserfordernis. Der innerstaatliche Leistungsausschluß bleibt jedoch zunächst unberührt. Er könnte aber – entsprechend den beiden vom EuGH entschiedenen Fällen – gegen die europäischen Freizügigkeitsrechte verstoßen, so daß er nicht zur Anwendung gelangt, und die begehrten Erstattungsansprüche gegeben wären. Wie sich herausgestellt hat, bleiben die Grundfreiheiten auch im Bereich der sozialen Sicherheit anwendbar[119].

Da das luxemburgische Krankenversicherungssystem Leistungen lediglich im Wege der Kostenerstattung erbringt, können aus den Rechtssachen Decker und Kohll in erster Linie nur Parallelen zu solchen Leistungen der GKV gezogen werden, die ebenfalls nach diesem System abgewickelt werden[120]. Das deutsche Leistungsrecht kennt jedoch beide Leistungsprinzipien. Deshalb ist vorab – um den direkten Vergleich zu ermöglichen – auf die nach dem Kostenerstattungsprinzip erbrachten Gesundheitsleistungen einzugehen. Anschließend gilt es zu untersuchen, ob das Sachleistungsprinzip zu abweichenden Ergebnissen führt.

Weiter ist innerhalb der jeweiligen Abwicklungsart zwischen Waren und Dienstleistungen zu unterscheiden, weil das Gemeinschaftsrecht insoweit z.T. divergierende Anforderungen an die Tatbestände der Beschränkungen und Rechtfertigungsgründe stellt.
Gemäß diesem Muster soll daher zu Beginn auf die „Gesundheitswaren" abgestellt werden, die die Versicherten im Inland im Wege der Kostenerstattung in Anspruch nehmen können[121].

---

[119] vgl. oben 1. Kapitel, III.2.
[120] *Berg*, „Grenzüberschreitende Krankenversicherungsleistungen in der EU", in: EuZW 1999, 587 f. ,der jedoch darauf hinweist, daß aufgrund der engen Formulierung der EuGH – Urteile davon auszugehen ist, daß sich der Gerichtshof im Falle anderer Leistungen oder Modalitäten der Erbringung die Entscheidung hinsichtlich der Kostenerstattungspflicht offen halten wollte.
[121] vgl. hierzu oben 1. Kapitel, I.1.

Der EuGH hat hierzu in der Rechtssache Decker ein nationales Genehmigungserfordernis für den Kauf einer Brille im Ausland als Verstoß gegen den freien Warenverkehr angesehen.

I. Der Anwendungsbereich der Warenverkehrsfreiheit

Die Vorschriften über den freien Warenverkehr gliedern sich auf in die Regeln über die Zollunion und in die Bestimmungen zur Beseitigung der mengenmäßigen Beschränkungen zwischen den Mitgliedstaaten.
Obwohl die Normen beider Kapitel den Zweck verfolgen, den ungehinderten Warenfluß zwischen den Mitgliedstaaten zu ermöglichen und auf diese Weise die wirtschaftliche Integration zu fördern[122], sind für die Frage nach der krankenversicherungsrechtlichen Behandlung von Gesundheitsleistungen in erster Linie die Vorschriften über die Beseitigung mengenmäßiger Einfuhrbeschränkungen, also die Art. 28 ff. EGV von Interesse. Diese bestimmen in ihren Art. 28, 29 EGV, daß mengenmäßige Ein– und Ausfuhrbestimmungen, sowie alle Maßnahmen gleicher Wirkung verboten sind. Wie der EuGH in der Rechtssache Decker zu Recht festgestellt hat, ist die Anwendbarkeit der Warenverkehrsfreiheit im Krankenversicherungsrecht als Teil der sozialen Sicherheit durch die Bestimmungen des Koordinierungsrechts nicht ausgeschlossen[123].

Für die weitere Prüfung ist maßgebend, ob und welche Gesundheitsleistungen als Waren i.S.d. Normen angesehen werden können.
Der EuGH definiert Waren als Erzeugnisse, die einen Geldwert haben und deshalb Gegenstand von Handelsgeschäften sein können[124]. Auf dem Gesundheitssektor kommen als Waren insbesondere Arznei -, Heil – und Hilfsmittel in Betracht. Sie können im Ausland in Apotheken oder im Rahmen von ärztlichen Behandlungen in Krankenhäusern oder Arztpraxen erworben werden. Deshalb kann ihr Wert betragsmäßig festgesetzt werden und sie können auch im Wege von Handelsgeschäften erstanden werden.
Infolge dessen werden sie auch seitens des EuGH als Waren angesehen[125].

Zuweilen wird nun in der Literatur aber nach dem Schwerpunkt der Tätigkeit des Leistungserbringers unterschieden. Liegt dieser in der Herstellung oder Bearbeitung des Arznei– oder Hilfsmittels, so soll es sich nicht um eine Ware, sondern um eine Dienstleistung handeln, während im Falle des bloßen Verkaufs die Warenverkehrsfreiheit einschlägig sein soll[126]. Demzufolge sollen Brillen, Hörgeräte und Prothesen keine Waren darstellen, weil deren Einsetzen, Her– und Einstellen länger dauert als der Verkauf. Bei Leistungen von Apotheken soll aus denselben Gründen entscheidend sein, ob die Arzneimittel vom Apotheker selbst hergestellt oder nur verkauft werden.

---

[122] *GTE/Müller - Graff*, Vorb. zu Art. 30 – 37, Rdnr.2
[123] vgl. oben 1. Kapitel, III.2.
[124] EuGH Rs. 7/68 (Kommission/Italien) Slg. 1968, 633; EuGH (Sacchi) Slg. 1974, 409
[125] EuGH Rs. C – 159/90 NJW 1993, 776; Rs. 286/82 und Rs. 26/83 NJW 1984, 1288; so auch EuGH NJW 1998, 1769
[126] *Zechel*, S. 35 ff.; in diesem Sinne auch *Beutler/Bieber/Pipkorn/Streil*, Anm. 9.6.3; *GTE/Troberg* , Art. 60, Rdnr. 16

Dieser Auffassung kann – in Übereinstimmung mit dem EuGH – nicht gefolgt werden.
Einerseits stellen auch Arznei– und Hilfsmittel nach der Definition des EuGH, die durchgehend Zustimmung gefunden hat, Waren dar, und andererseits ist zu beachten, daß auch die Herstellung von sonstigen Gütern, wie z.B. Kraftfahrzeugen, die für den Verkauf bestimmt sind, i.d.R. mehr Zeit als der Verkauf in Anspruch nimmt. Dazu kommen oft noch Beratungsleistungen in erheblichem Umfang. Dennoch zweifelt niemand daran, daß es sich auch bei diesen Gütern um Waren i.S.d. Art. 29 EGV handelt, obwohl auch da Herstellung, Beratung und Verkauf oft von derselben (juristischen) Person vorgenommen wird. Weshalb dies bei Gesundheitsleistungen anders zu bewerten sein soll, ist nicht einzusehen.
Infolge dessen hat auch der EuGH bei der Beurteilung von Einfuhrbeschränkungen für rezeptfreie Arzneimittel[127] und von Negativlisten für Arzneimittel[128] ausschließlich auf die Vorschriften über die Warenverkehrsfreiheit abgestellt.

Somit sind Arznei - , Heil - und Hilfsmittel weiterhin als Waren i.S.d. Art. 29 EGV anzusehen und deren Anwendungsbereich ist insoweit eröffnet[129].

---

[127] EuGH Rs. 215/87 (Schumacher) Slg. 1989, 617
[128] EuGH Rs. 238/82 (Duphar) Slg. 1984, 523
[129] *v. Maydell*, in: Schulin, §64, Rdnr. 98

II. Die Beschränkung

1. Der Prüfungsgegenstand

Die in den §§ 11, 27 ff. SGB V begründeten Ansprüche werden für den Fall der Inanspruchnahme im Ausland durch die §§ 16 I Nr.1, 18 SGB V eingeschränkt. Nach § 18 I, III 3 SGB V kommt eine Kostenübernahme dann nicht in Betracht, wenn sich der Versicherte zur Behandlung ins Ausland begibt, obwohl diese Behandlung, nach dem allgemein anerkannten Stand der medizinischen Erkenntnisse, auch im Inland möglich wäre. Andernfalls kann die Behandlung genehmigt und die Kosten ganz oder teilweise übernommen werden.
Deshalb ist gemäß der in Kapitel 1, II.2. aufgeworfenen Frage I zu untersuchen, ob die Regelungen des SGB V, die die Kostenerstattung für Auslandsbehandlungen bis auf die soeben skizzierte Ausnahme ausschließen, mit dem Gemeinschaftsrecht vereinbar sind.
Dabei ist zu beachten, daß sich die Vorschriften des SGB V von denen des luxemburgischen Krankenversicherungsrechts insoweit unterscheiden, als nach den deutschen Regeln eine Genehmigung von Auslandsleistungen u.a. nur möglich ist, wenn sie auch im Inland erbracht werden könnten. Ansonsten kommt nach den §§ 16 I Nr. 1, 18 III SGB V eine Genehmigung überhaupt nicht in Betracht. Das bedeutet, es ist den Krankenkassen gesetzlich untersagt, weitergehende Leistungen zu genehmigen und zu bezahlen. Nach den luxemburgischen Bestimmungen stand es weitgehend im Ermessen der zuständigen Träger, Auslandsbehandlungen zu genehmigen.

Infolge dessen ist hier kein Genehmigungsvorbehalt i.e.S. an den Freizügigkeitsrechten zu messen, sondern der generelle Ausschluß der Kostenübernahme, wenn sich Versicherte zur Behandlung ins Ausland begeben.
Sollte diese Regelung mit dem Gemeinschaftsrecht unvereinbar sein, so stünde den Versicherten das Recht zur unbeschränkten Inanspruchnahme im Ausland zu und sie könnten Kostenerstattung in Höhe der inländischen Sätze verlangen.

2. Die Rechtsprechung des EuGH

Art. 28 EGV verbietet mengenmäßige Einfuhrbeschränkungen und alle Maßnahmen gleicher Wirkung. Art. 29 EGV erweitert dieses Verbot auf Ausfuhrbeschränkungen.
Die Auslegung des Begriffs der Beschränkung des freien Warenverkehrs unterlag infolge der Rechtsprechung des EuGH mannigfaltigen Modifizierungen.

a) Die Dassonville - Rechtsprechung

Der EuGH hatte bei dieser Entscheidung[130] den Fall zu beurteilen, daß die Großhandelsfirma Dassonville echten „Scotch – Whisky" nach Belgien einführte, den sie zuvor in Frankreich im freien Verkehr gekauft hatte. Nach einer belgischen Vorschrift war es aber unter Strafe verboten, Branntwein mit einer Ursprungsbezeichnung wie „Scotch – Whisky" ohne amtlichen Belegschein dafür einzuführen, daß diese Bezeichnung zu Recht geführt wird. Solche Bescheinigungen können jedoch bei im freien Handel befindlichen Waren nur sehr viel schwerer beschafft werden als im Erzeugerland.
Hierzu entschied der Gerichtshof, daß das Verlangen der Echtheitsbescheinigung eine mit dem EG – Vertrag unvereinbare Maßnahme darstellt und deshalb europarechtswidrig ist.
Zur Begründung wurde ausgeführt, daß zur Prüfung alle Maßnahmen der Mitgliedstaaten anstehen, die geeignet sind, den Gebrauch einer der Grundfreiheiten zu behindern oder weniger attraktiv zu machen. Eine Beschränkung ist in jeder Handlungsweise zu sehen, „die geeignet ist, den innergemeinschaftlichen Handel unmittelbar oder mittelbar, tatsächlich oder potentiell zu behindern".

In späteren Urteilen wurde diese Definition weiter erläutert.
Demnach ist eine Behinderung des Handels bei jeder negativen Beeinflußung anzunehmen. Das ist bei Einfuhren dann der Fall, wenn sie gänzlich verboten[131] oder durch eine Maßnahme erschwert oder verteuert werden[132].
Entscheidend dabei ist, daß die objektive Eignung zur Beschränkung ausreicht. Eines Nachweises für die handelsbeeinträchtigende Wirkung der Maßnahme bedarf es nicht[133].

Damit hatte sich der EuGH für einen sehr weiten Beschränkungsbegriff entschieden. Das Abstellen auf die Geeignetheit zur Behinderung bewirkte, daß nunmehr extrem viele nationale Handelsregelungen eine Beschränkung des Warenverkehrs darstellten und deshalb einer Rechtfertigung bedurften.

---

[130] EuGH Rs. 8/74 (Dassonville) Slg. 1974, 837
[131] EuGH Rs. 118/78 (Meijer) Slg. 1979, 1387
[132] EuGH Rs. 124/85 (Kommission/Griechenland) Slg. 1986, 3946
[133] EuGH Rs. 12/74 (Kommission/Deutschland) Slg. 1975, 181

Dabei unterschied die Rechtsprechung oftmals wegen derselben Rechtsfolge nicht mehr zwischen Ein– und Ausfuhrbeschränkungen einerseits und Maßnahmen gleicher Wirkung andererseits[134].
Als mengenmäßige Beschränkung sind alle Maßnahmen der Mitgliedstaaten zu beurteilen, die eine negative Auswirkung auf die Menge oder den Wert der ein– oder auszuführenden Ware haben[135]. Durch das Verbot von Maßnahmen gleicher Wirkung soll verhindert werden, daß die Mitgliedstaaten versuchen, ihren innerstaatlichen Markt von ausländischen Waren durch verschleierte Maßnahmen freizuhalten[136].

Die Eignung dieses umfassenden Beschränkungsbegriffs zur sachgerechten Erfassung von nationalen Handelsregelungen geriet mehr und mehr in die Diskussion und es stellte sich bald die Frage nach dessen Einschränkung[137].

b) Die Cassis - de - Dijon - Rechtsprechung

Eine Änderung der Dassonville – Rechtsprechung wurde durch das Cassis - de - Dijon - Urteil eingeleitet[138].
In dieser Rechtssache wollten die Kläger einen Fruchtsaftlikör namens Cassis – de – Dijon von Frankreich nach Deutschland einführen. Die Einfuhrgenehmigung wurde jedoch mit Hinweis auf eine nationale Regelung verweigert, nach der für diese Art von Getränken ein Mindestweingeistgehalt erforderlich ist.
Der EuGH entschied, daß auch eine solche Regelung vom Verbot der Maßnahmen gleicher Wirkung umfaßt wird. Es sind nämlich nur diejenigen Handelsvorschriften von Art. 28 EGV ausgeschlossen, die „notwendig sind, um zwingenden Erfordernissen gerecht zu werden, insbesondere den Erfordernissen einer wirksamen steuerlichen Kontrolle, des Schutzes der öffentlichen Gesundheit, der Lauterbarkeit des Handelsverkehrs und des Verbraucherschutzes“. Eine Behinderung des freien Warenverkehrs ist demnach dann hinzunehmen, „wenn die territoriale Begrenzung des Leistungsrechts eine unterschiedslos anwendbare Regelung ist, keine abschließende Gemeinschaftsregelung besteht und sie sich als notwendig erweist, zwingende Erfordernisse zu sichern“.

---

[134] EuGH Rs. 51-54/71 (International Fruit) Slg. 1971, 1107 ; Rs. 53/76 (Bouhelier) Slg. 1977, 197

[135] *GTE/Müller-Graff*, Art. 30, Rdnr. 6 ; *Beutler/Bieber/Pipkorn/Streil*, Anm. 8.6.2

[136] *Pipkorn*, „Das Verbot von Maßnahmen gleicher Wirkung wie mengenmäßige Beschränkungen“, in: Fuß, Der Beitrag des Gerichtshofs der Europäischen Gemeinschaft zur Verwirklichung des Gemeinsamen Marktes, S. 9

[137] *Ehlermann*, „Das Verbot der Maßnahmen gleicher Wirkung in der Rechtsprechung des Gerichtshofs“ , in: Festschrift für Ipsen, S. 579, 589 ff. ; *GTE/Müller – Graff*, Art. 30, Rdnr. 74 f.

[138] EuGH Rs. 120/78 (Cassis – de – Dijon) Slg. 1979, 649

Aus der Voraussetzung der „unterschiedslos anwendbaren Regelung“ ist ersichtlich, daß die weiteren Anforderungen nur für nationale Vorschriften gelten, die keine diskriminierende Wirkung haben, also In– und Ausländer gleich behandeln.
Das war in dem zur Entscheidung anstehenden Sachverhalt der Fall, da der Mindestweingeistgehalt für aus– und inländische Spirituosen gleichermaßen vorgeschrieben war[139].
Für diskriminierende Regelungen ist folglich weiterhin die Dassonville – Rechtsprechung maßgebend[140]. Die Anforderungen an das Vorliegen einer Beschränkung bei nicht diskriminierenden Bestimmungen werden dagegen angehoben[141].

Nun wird in der Literatur z.T. die Auffassung vertreten, mit der Cassis – de – Dijon – Formel habe der EuGH nicht den Begriff der Beschränkung und damit den Anwendungsbereich des Art. 28 EGV eingeengt, sondern einen zusätzlichen ungeschriebenen Rechtfertigungsgrund geschaffen, der erst im Rahmen des Art. 30 EGV auf der Ebene der Rechtfertigung zu prüfen sei[142]. Anhaltspunkt für die Annahme eines Rechtfertigungsgrundes sei, daß auch der EuGH von „gerecht werden“ spricht und die „zwingenden Erfordernisse“ methodisch wie die Rechtfertigungsgründe einer Beschränkung aufgebaut seien. Außerdem prüfe der Gerichtshof den Bereich des Gesundheitsschutzes ausschließlich auf der Ebene des Art. 30 EGV.

Mit diesen Erwägung kann insoweit d'accord gegangen werden, wie darauf abgestellt wird, daß der EuGH die im Zusammenhang mit den zwingenden Erfordernissen dargestellte „öffentliche Gesundheit“ noch nicht als eigenständigen Tatbestand im Rahmen der Beschränkung des freien Warenverkehrs ansieht und keine entsprechende Subsumtion vornimmt[143].
Aus dieser bislang unklaren Trennung zwischen „öffentlicher Gesundheit“ und „Schutz der Gesundheit“ kann jedoch - so die h.M. - nicht gefolgert werden, daß die in der Cassis – de – Dijon – Entscheidung aufgestellten Anforderungen Rechtfertigungsgründe darstellen sollen. Dies deshalb nicht, weil der EuGH in seiner Praxis lediglich im Bereich des Gesundheitsschutzes dem geschriebenen Rechtfertigungsgrund des Art. 30 EGV den Vorrang einräumt, da diese Vor-

---

[139] zur Problematik der Positiv – und Negativlisten und deren Vereinbarkeit mit dem Gemeinschaftsrecht vgl. *Plute*, „Arzneimittelmarkt und freier Warenverkehr“ , in: NZS 1993, 526
[140] dazu EuGH Rs. 58/80 (Dansk Supermarked) Slg. 1981, 181 ; Rs. 220/81 (Robertson) Slg. 1982, 2349
[141] gegen die Cassis – de – Dijon – Rechtsprechung aus neuerer Zeit *Füller*, Grundlagen und inhaltliche Reichweite der Warenverkehrsfreiheiten nach dem EG – Vertrag, S. 53 ff.
[142] *Novak*, „Ungleichbehandlung von ausländischen Produkten oder Dienstleistungen – Einheitliche Rechtfertigungstatbestände im EG – Vertrag“, in: DB 1997, 2589; *Matthies*, „Art. 30 EG – Vertrag nach Keck“, in: Festschrift für Everling, S.803 ff. ; *Füßer*, Kurzbeitrag, in: JZ 1997, 835
[143] *Geiger*, Art. 30, Rdnr. 17

schrift nur in diesem Bereich bereits den Verbraucherschutz gewährleistet[144], ansonsten aber die zwingenden Erfordernisse schon auf der Ebene der Beschränkung, also in Art. 28 EGV prüft[145]. Deshalb geht die Majorität im Schrifttum weiter davon aus, daß Maßnahmen, die wegen zwingenden Erfordernissen notwendig sind, keine Beschränkungen darstellen und folglich auch keine Rechtfertigung mehr benötigen[146].

Die besseren Argumente sprechen vorliegend für die h.M.
Mit der Cassis – de – Dijon – Formel sollte die weite Auslegung des Beschränkungsbegriffs der Dassonville – Rechtsprechung eingeengt werden, weil dadurch nahezu jede Handelsregelung eine Beschränkung darstellte. Sie erging als Reaktion auf die berechtigte Kritik an der ursprünglich zu umfassenden Definition. Lediglich bei diskriminierenden Maßnahmen der Mitgliedstaaten erachtet der EuGH zu Recht ein Festhalten an „Dassonville“ für gerechtfertigt.
Die zwingenden Erfordernisse entsprechen im übrigen auch der Zielsetzung des Art. 28 EGV. Es würde nämlich nicht der Sicherung des freien Warenverkehrs dienen, wenn man den Mitgliedstaaten die Möglichkeit nähme, Maßnahmen zu erlassen, die noch nicht gemeinschaftsrechtlich geregelt sind, die aber mit den Zielen und Schutzinteressen der Gemeinschaft konform gehen[147].

Im Ergebnis stellen die Anforderungen aus der Cassis – de – Dijon – Entscheidung keine Rechtfertigungsgründe, sondern, im Bereich von nicht diskriminierenden Maßnahmen, immanente Voraussetzungen des Art. 28 EGV an den Beschränkungsbegriff dar. Soweit es um diskriminierende Maßnahmen geht, bleibt es bei der Dassonville – Formel.

c) Die Keck - Rechtsprechung

Die bisherige Rechtsprechung wurde durch das Keck - Urteil[148] für einen bestimmten Bereich nochmals novelliert.
Dabei ging es um die Zulässigkeit einer französischen Regelung, die den Weiterverkauf von Waren in unverändertem Zustand zu unter ihrem Einkaufspreis liegenden Preisen (Verlustpreisen) unter Strafe stellte.
Der EuGH kam nach Auslegung des Art. 28 EGV zu dem Ergebnis, daß diese Vorschrift auf die vorbezeichnete nationale Regelung nicht anwendbar ist, mithin eine Beschränkung nicht vorliegt. Dies sei nämlich immer dann anzunehmen, wenn eine Bestimmung für alle betroffenen Wirtschaftsteilnehmer Geltung hat, die ihre Tätigkeit im Inland ausüben, sofern sie vom Absatz der inländi-

---

144 EuGH Rs. 113/80 (Kommission/Irland) Slg. 1981, 1625
145 *Geiger*, a.a.O. ; *GTE/Müller – Graff*, Art. 30, Rdnr. 88 ; *Bleckmann*, Europarecht, S. 178 ;. *Heinemann*, S. 88, Fn. 456
146 *Oppermann*, Rdnr. 1164 ; *Hailbronner*, in: Handkommentar, Art. 30, Rdnr. 13b
147 in diesem Sinne auch *Beutler/Bieber/Pipkorn/Streil*, Anm. 8.6.3
148 EuGH Rs. C – 267/91 (Keck) Slg. 1993, 6097

schen Erzeugnisse und der Erzeugnisse aus anderen Mitgliedstaaten rechtlich und tatsächlich in gleicher Weise berührt werden.

Damit ist nach einhelliger Auffassung für bestimmte nicht diskriminierende Regelungen, im Bezug auf Verkaufsmodalitäten, der Beschränkungsbegriff weiter eingeengt worden[149].
Dieser Ansicht ist zuzustimmen. Der Gerichtshof wollte mit seiner Entscheidung erkennbar diejenigen Maßnahmen aus dem Anwendungsbereich des Art. 28 EGV herausnehmen, die deshalb nicht freizügigkeitshemmend sind, weil sie als ungeeignet zu bewerten sind, „den Marktzugang zu versperren oder stärker zu behindern, als sie dies für inländische Erzeugnisse tun“ [150].

3. Anwendung auf den Prüfungsgegenstand

Es sei vorab nochmals daran erinnert, daß hier zur Prüfung die Frage ansteht, ob der weitgehende Ausschluß der Kostenübernahme für im Ausland beschaffte Arznei-, Heil- und Hilfsmittel durch die zuständige Krankenkasse Beschränkungen i.S.d. Art. 28 EGV darstellen. Dabei kommt in der Praxis insbesondere der Erwerb von Sehhilfen, Hörgeräten und Prothesen in Betracht.

Nach der Rechtsprechung des EuGH gilt es dafür an erster Stelle zu bestimmen, ob eine solche Maßnahme diskriminierenden Charakter hat oder nicht. Sollte ersteres der Fall sein, dann ist die Dassonville – Rechtsprechung anzuwenden, wonach es für eine Beschränkung ausreicht, daß die Regelung geeignet ist, den innergemeinschaftlichen Handel unmittelbar oder mittelbar, tatsächlich oder potentiell zu behindern[151].
In diesem Sinne ist zu beachten, daß durch besagte Regelungen der zuständige Krankenversicherungsträger im Falle des Nichtvorliegens der näher bezeichneten Voraussetzungen die Kosten für im Ausland erworbene Arznei -, Heil – und Hilfsmittel nicht trägt. Werden sie im Inland erworben, so kommt er stets für sie auf.
Daraus ist ersichtlich, daß Waren, die im Inland und Ausland erstanden werden, nicht einheitlich behandelt werden und deshalb keine „unterschiedslos anwendbare Regelung“ gemäß der Cassis – de – Dijon – Rechtsprechung vorliegt. Folglich besteht hier eine Ungleichbehandlung im Sinne einer Diskriminierung von im Ausland erworbenen Waren gegenüber solchen, die im Inland erstanden wurden.
Daher sind die Kriterien der Dassonville – Rechtsprechung einschlägig.

---

[149] *Heinemann*, S. 88, Fn. 455 ; *Ress*, „Abschied von Cassis de Dijon und Dassonville ?“, in: EuZW 1993, 745
[150] EuGH Rs. C – 268/91 (Mithouard) Slg. 1993, 6097
[151] EuGH Rs. 8/74 (Dassonville) Slg. 1974, 837

Zu diesem Ergebnis kam auch der EuGH in seinem Urteil vom 28.04.1998 in der Rechtssache Decker[152].
Der EuGH bejahte das Vorliegen einer Beschränkung durch die nationale Vorschrift und stellte unter wortlautgetreuer Zitierung der Dassonville – Formel entscheidend darauf ab, daß die dort vorgesehene Genehmigungspflicht geeignet ist, den Wareneinkauf im anderen Mitgliedstaat zu behindern.

Das Abstellen auf die Dassonville – Formel steht also mit der bisherigen Rechtsprechung des EuGH in Einklang[153].
Auch bei der vorzunehmenden Subsumtion ist dem Gerichtshof zu folgen.
Zwar stellten sich die Mitgliedstaaten, die in diesem Verfahren Erklärungen abgegeben haben, auf den Standpunkt, eine Beschränkung werde weder bezweckt noch bewirkt. Lediglich würden die Bedingungen für eine Kostenerstattung geregelt. Ein Einfuhrverbot für Brillen läge dadurch nicht vor, und diese könnten auch grundsätzlich im Ausland erworben werden[154].
Wie der EuGH demgegenüber jedoch korrekt feststellte, stellen die streitbefangenen Regelungen mittelbare Beschränkungen des freien Warenverkehrs dar. Aufgrund dessen, daß der Wareneinkauf im Ausland unter Genehmigungsvorbehalt steht, wovon die Kostenerstattung abhängig ist, und im Inland nicht, werden Versicherte, die keine Genehmigung beantragt oder erhalten haben, davon abgehalten, die begehrten Sachmittel im anderen Mitgliedstaat zu erwerben.

Somit können am Vorliegen einer mittelbaren Behinderung keine durchgreifenden Zweifel erhoben werden und das Genehmigungserfordernis stellt eine Beschränkung i.S.d. Art. 28 EGV dar.

Gleiches gilt erst recht für den vollständigen Ausschluß der Übernahme von Kosten für im Ausland erworbene Waren, wenn diese Anschaffungen den Anlaß für die Reise ins Ausland darstellen. Werden die damit verbundenen Aufwendungen nicht erstattet, so werden die Versicherten davon absehen, diese Waren im Ausland einzukaufen.
Daher stellen auch die diesbezüglichen Vorschriften des SGB V eine Beschränkung des freien Warenverkehrs in Form einer mittelbaren Behinderung dar.

---

[152] zustimmend *Sodan*, Anmerkungen zu den Rechtssachen Decker und Kohll, in: JZ 1998, 1168, 1170
[153] vgl. auch *Becker*, in:NZS 1998, 359, 361
[154] in: EuGH Rs. Decker, a.a.O., Rdnr. 33

III. Die Rechtfertigung

1. Grundsätzliches

Beschränkungen des freien Warenverkehrs können gerechtfertigt sein. Dafür enthält Art. 30 EGV einen Katalog von in Betracht kommenden Rechtfertigungsgründen. Dieser ist als abschließend anzusehen[155]. Dabei ist bei dem hier zur Prüfung anstehenden Bereich der Krankenversicherung der Augenmerk insbesondere auf die Rechtfertigung „zum Schutz der Gesundheit und des Lebens von Menschen" zu richten[156]. Insoweit ist dieser Teilbereich der ordre – public – Klausel als speziell anzusehen, so daß daran die Vorschriften, die das Gesundheitssystem betreffen, zu messen sind[157]. Er ist jedoch – wie auch die Begriffe der öffentlichen Sicherheit und Ordnung – eng auszulegen, wobei jedoch eine tatsächliche und nicht ganz unerhebliche Gefährdung zu fordern ist[158].
Nicht übersehen werden darf, daß Art. 30 EGV über seinen Wortlaut hinaus auch geeignet ist, Maßnahmen gleicher Wirkung i.S.d. Art. 28, 29 EGV zu rechtfertigen. Dies ist zwingend aus Normzweck und -systematik abzuleiten[159].

Eine Rechtfertigung aus einem der in Art. 30 EGV genannten Gründen ist nach der Rechtsprechung des EuGH und der einhelligen Auffassung im Schrifttum immer dann anzunehmen, wenn keine weniger einschränkende als die streitbefangene Regelung in Betracht kommt. Sie darf also nicht nur nützlich, sondern muß auch notwendig sein[160].
Das bedeutet im Ergebnis, daß die Maßnahme einer Verhältnismäßigkeitsprüfung zu unterziehen ist, im Rahmen derer es zu untersuchen gilt, ob sie zur Erreichung eines einzelstaatlich gesetzten Schutzziels, das zum Bereich des Schutzes von Gesundheit und Leben zu zählen ist, als geeignet und erforderlich und damit als am wenigsten eingreifend anzusehen ist[161].
Bei der Bestimmung dieser Schutzziele, die der Rechtfertigung dienen können, ist den Mitgliedstaaten ein weites Ermessen zuzugestehen[162].

Im vorliegenden Fall steht daher die Frage zur Prüfung an, ob die beschränkenden Regelungen des Ausschlusses der Kostenübernahme für sächliche Aus-

---

155 EuGH (Leclerc) Slg. 1985, 1
156 vgl. zur öffentlichen Ordnung EuGH Rs. 36/75 (Rutili) Slg. 1975, 1219 ; Rs. 30/77 (Bouchereau) Slg. 1977, 1999 ; *Lichtenberg*, S. 132 ; zur öffentlichen Sicherheit EuGH Rs. 72/83 (Campus Oil) Slg. 1984, 2727
157 *Geiger*, Art. 36, Rdnr. 8
158 EuGH Rs. 30/77 (Bouchereau) Slg. 1977, 2013
159 EuGH Rs. 32/80 (Kortmann) Slg. 1981, 251
160 EuGH Rs. 35/76 (Simmenthal) Slg. 1976, 1871 ; Rs. 124/81 (Kommission/Vereinigtes Königreich) Slg. 1988, 547 ; *Oppermann*, Rdnr. 1168 ; *GTE/Müller – Graff*, Art. 36, Rdnr. 70
161 EuGH Rs. 104/75 (de Peijper) Slg. 1976, 613
162 EuGH Rs. 53/80 (Eyssen) Slg. 1981, 409

landsleistungen im Hinblick auf die damit verfolgten Zielsetzungen tatsächlich erforderlich sind oder ob eine Kostentragung für alle Gesundheitsleistungen im Ausland ohne die genannten Einschränkungen die mit dem Ausschluß in legitimer Weise bezweckten Wirkungen gefährdet. Sollte dies nicht der Fall sein, so wäre eine Rechtfertigung für die o.g. beschränkenden Regelungen nicht anzuerkennen.

In diesem Zusammenhang wird vor allem vorgebracht, die angeführten Voraussetzungen für die Leistungsgewährung seien unerläßlich, um das finanzielle Gleichgewicht der nationalen Sozialversicherungssysteme nicht zu gefährden. Außerdem könne nur auf diese Weise im Interesse der Versicherten die Qualität der Leistungen, eine umfassende Gesundheitsversorgung und damit die Gesundheit der Bürger gewährleistet werden. Weiter sei die praktizierte Regelung erforderlich, um nationale Kostendämpfungsmaßnahmen nicht auszuhebeln und verpuffen zu lassen.

Diese Schutzziele können jedoch nach dem oben Gesagten dann nicht der Rechtfertigung dienen, wenn sie durch die mildere Regelung nicht gefährdet werden.

Den zur Rechtfertigung der Beschränkung des freien Warenverkehrs vorgebrachten, Erwägungen stehen die klagenden Versicherungsmitglieder – im Einklang mit der wohl h.M.[163] – naturgemäß ablehnend gegenüber. Den einzelnen als Rechtfertigungsgrund in Betracht kommenden Argumentationsschienen wird vor allem der Hinweis, daß sie an der Problematik vorbeigehen, da hier lediglich eine Kostenerstattung nach dem Inlandskatalog begehrt wird, sowie - soweit eine Erheblichkeit der vorgetragenen Tatsachen festzustellen sein sollte - der fehlende Nachweis der ihnen zugrunde liegenden Tatsachen entgegengehalten.

---

[163] vgl. die Fundstellen bei *Schulte*, in: ZfSH/SGB 1999, S. 354, Fn. 45

2. Die einzelnen Rechtfertigungsgründe

a) Die Gefährdung des finanziellen Gleichgewichts

Unter diesem Stichwort wird darauf abgestellt, daß das gesamte Finanzsystem ins Wanken geraten könnte, wenn die Kassen schrankenlos alle Auslandsleistungen zu den dortigen Preisen zu tragen hätten. Dabei wird darauf hingewiesen, daß die Kostenübernahme aufgrund der VO (EG) Nr. 1408/71 in jedem Fall in voller Höhe zu erfolgen hätte, da dieser Verordnung eine Leistung nach inländischen Tarifen fremd ist.
In diesem Fall könne die Möglichkeit der vorbehaltlosen Inanspruchnahme ausländischer Leistungsanbieter zu einer nicht absehbaren Kostenwelle führen[164]. Dies wäre dadurch bedingt, daß die heimischen Krankenversicherungen verpflichtet wären, auch für solche teuren Auslandsleistungen aufzukommen, die der deutsche Leistungskatalog nicht, zu niedrigeren Preisen oder mit höheren Selbstbeteiligungsbeträgen vorsehe. Jedenfalls bestünde die Gefahr, daß erheblich höhere Honorare beglichen werden müßten, die das finanzielle Gleichgewicht destabilisieren würden[165]. Dieser Effekt könnte noch dadurch verstärkt werden, daß eine gesicherte Kostenkalkulation nicht möglich ist, da nicht abgesehen werden kann, in welchem Umfang sich die Versicherten der deutschen GKV als „Sozialtouristen“ betätigen und Leistungen ausländischer Anbieter in Anspruch nehmen werden[166].

Diese Auffassung ist jedoch problematisch, da - wie sich gezeigt hat - die VO (EG) Nr. 1408/71 bei einem lediglich auf die nationalen Preise gerichteten Kostenerstattungsbegehren nicht zur Anwendung gelangt[167]. Folglich sind auch die deutschen Krankenversicherungsträger an einer solchen Erstattung prinzipiell nicht gehindert.
Wenn jedoch die Kostentragung allein nach dem deutschen Leistungsrecht erfolgt, so kommt auf unser Krankenversicherungswesen keine weitreichendere Kostenbelastung zu als wenn die Behandlung im Inland stattgefunden hätte[168].

Leistungen, die der inländische Katalog nicht vorsieht, sind nicht zu erstatten. Im übrigen gelten die nationalen Sätze. Insbesondere wird sich als vorteilhaft

---

[164] *Giesen*, Sozialversicherungsmonopol und EG – Vertrag ; *Sahmer*, „Krankenversicherung in Europa“, in: NZS 1997, 260 ff. ; *Weidner*, „Die Konsequenzen des europäischen Binnenmarktes für die deutsche Rentenversicherung“, in: DRV 1997, 449, 552 ff.
[165] *Neumann – Duesberg*, in: Schulte/ Zacher, S. 93 ; ders., „Sozialrechtliche Aspekte des Europäischen Binnenmarktes – aus der Sicht der Krankenversicherung“, in: BKK 1991, 124, 127 ; *Zechel*, S. 60 f.
[166] so Ärzte – Zeitung vom 26./27.4.1991
[167] vgl. oben 1. Kapitel, III.4.
[168] *Haverkate/ Huster*, Europäisches Sozialrecht, Rdnr. 614

erweisen, daß bei Inanspruchnahme billigerer ausländischer Leistungserbringer die heimischen Kassen Geld sparen, während auf der anderen Seite die Leistungsanbieter und Kassen des Aufenthaltsorts keinen Schaden nehmen, weil die Behandlungskosten im Ergebnis - u.U. unter Beteiligung des Versicherten - in voller Höhe beglichen werden[169]. Auch Krankenkassen, deren Mitglieder teure Auslandsleistungen in Anspruch nehmen, haben keine Nachteile zu befürchten, weil sie für die Behandlungskosten lediglich in Höhe der entsprechenden inländischen Kosten aufzukommen hätten. Da sich damit die Höhe der zu erstattenden Aufwendungen nach den deutschen Vorschriften bemißt, wäre eine Gefährdung in finanzieller Hinsicht insoweit auszuschließen.

Es ist also festzuhalten, daß das Erfordernis des finanziellen Gleichgewichts durchaus eine Beschränkung rechtfertigen kann, wenn auch rein wirtschaftliche Erwägungen hierzu nicht geeignet sind[170].
Auch ist anzuerkennen, daß die Genehmigungsvorbehalte etc. der Kontrolle der zu erstattenden Kosten dienen[171]. Diese Kontrolle ist jedoch nur erforderlich, wenn die Auslandsleistungen – wie in der VO (EG) Nr. 1408/71 vorgesehen – nach dem Leistungskatalog des Sozialsystems des Aufenthaltsstaates und nach dessen Preisen erbracht werden. In diesem Fall besteht nämlich für die nationalen Krankenkassen die Gefahr, für teurere und im eigenen Leistungskatalog nicht vorgesehene Leistungen in unkontrollierbarem Umfang aufkommen zu müssen[172].

Anders sieht es jedoch aus, wenn die Kostentragung nach dem inländischen Katalog und maximal in Höhe der heimischen Preise erfolgt.
Es werden nämlich in diesem Fall nur Leistungen ersetzt, die auch das SGB V vorsieht. Die Höhe der zu erstattenden Kosten bemißt sich nach den tatsächlich angefallenen Kosten, limitiert durch die Höhe der inländischen Preise. Darüber hinausgehende Ausgaben sind vom Versicherten selbst zu tragen. Es steht ihm auch frei, insoweit eine Abrede mit dem ausländischen Leistungserbringer zu treffen.
Das nationale Sozialsystem wird jedoch nicht weitergehender belastet, als wenn die Leistungsinanspruchnahme im Inland erfolgt wäre[173].
Infolge dessen hat der EuGH auch festgestellt, daß eine solche Kostentragung das finanzielle Gleichgewicht nicht gefährdet[174], wobei er freilich eine Erstattung in Höhe der inländischen Preise, unabhängig von den tatsächlich angefallenen Kosten, bejaht hat. Es ist jedoch nicht nachvollziehbar, wieso beispielsweise ein in Deutschland Versicherter, der in Portugal eine vergleichsweise billige Sehhilfe erwirbt, von seiner Krankenkasse nach seiner Rückkehr die in

[169] *Schmähl*, Europäische Sozialpolitik, S. 27
[170] EuGH Rs. C – 120/95 (Decker) Slg. 1998, I - 1831
[171] dazu die luxemburgische Regierung in: EuGH, Rechtssache Decker, a.a.O., Rdnr. 37
[172] *Zechel*, S. 60
[173] *Hirsch*, „Die Auswirkungen der Europäischen Verträge“, in: BKK 1999, 11, 14
[174] EuGH, Rechtssache Decker, a.a.O., Rdnr. 38 ff.

Deutschland zu tragenden Sätze erstattet bekommen und damit noch einen Gewinn machen soll. Dem Unionsbürger soll aufgrund der Grenzüberschreitung kein Nachteil entstehen, eine Privilegierung ist aber mithin auch nicht beabsichtigt[175].
Schließlich steht auch das Wirtschaftlichkeitsgebot des § 12 SGB V einer Kostenerstattung über die tatsächlich angefallenen Kosten hinaus entgegen. Da nach Abs. 1 dieser Vorschrift die Leistungen ausreichend, zweckmäßig und wirtschaftlich sein müssen und das Maß des Notwendigen nicht überschreiten dürfen, ist es den deutschen Krankenkassen bei Anwendung der nationalen Erstattungsvorschriften verwehrt, nicht i.S.d. § 12 I SGB V notwendige, da vom Versicherungsmitglied tatsächlich nicht aufgewandte Kosten zu erstatten.

Eine Gefährdung des finanziellen Gleichgewichts läßt sich daher substantiiert nicht darlegen. Von dem z.T. befürchteten Sozialtourismus ist nicht auszugehen und die territoriale Leistungsbeschränkung ist nicht unerläßlich, um das finanzielle Gleichgewicht der GKV sicherzustellen.
Deshalb vermag dieses Schutzziel die Beschränkung des freien Warenverkehrs nicht zu rechtfertigen.

b) Die Auswirkungen auf nationale Kostendämpfungsmaßnahmen

(1) Erheblichkeit des Parteienvortrags

In diesem Zusammenhang ist in erster Linie auf die Gefahr des Leerlaufens der Systeme der Budgetierung und der Zuzahlungen hinzuweisen, wenn die genehmigungsfreie Inanspruchnahme ausländischer Leistungserbringer möglich wäre[176].

Hinsichtlich des Arzneimittelbudgets wird davon ausgegangen, daß die Krankenkassen wie bisher für inländische Leistungen bis zum Erreichen der Budgetobergrenze, und nunmehr darüber hinaus, zusätzlich für Gesundheitsleistungen ausländischer Leistungserbringer aufzukommen haben. Deshalb werde das Budget in jedem Fall überschritten, so daß es seine Wirkung als Kostengrenze verliert.
Im Zusammenhang mit den Zuzahlungspflichten ist vorzubringen, daß den Versicherten die Möglichkeit geschaffen wird, die Leistungen ihrer Wahl überall wo sie möchten in Anspruch zu nehmen. Dabei soll unberücksichtigt bleiben, ob

---

[175] *Becker*, in: NZS 1998, 359, 363
[176] zur europarechtlichen Bedenklichkeit nationaler Kostendämpfungsmaßnahmen vgl. *Stahlberg*, Rdnr. 398; so auch der vormalige Bundesgesundheitsminister *Horst Seehofer*, in: FAZ vom 29.4.1998, S. 17 f.

ihnen diese Leistungen in ihrem Heimatland überhaupt oder - im Wege von Selbstbeteiligungen - nur in beschränktem Umfang zur Verfügung stehen[177].

Nun gilt es zu beachten, daß Kostendämpfungsmaßnahmen den Zweck verfolgen, Ausgaben zu reduzieren und Kosten einzusparen. Die Einführung von Selbstbeteiligungen und Arzneimittelbudgets stellen daher haushaltspolitische Maßnahmen dar. Da jedoch bloße wirtschaftliche Mittel nicht von Relevanz sind[178], sollen diese Erwägungen nicht zur Rechtfertigung herangezogen werden können[179].

Etwas anderes wäre allenfalls dann denkbar, wenn die bezeichneten Kostendämpfungsmaßnahmen von existentieller Bedeutung für das Gesundheitswesen wären, und gleichzeitig mit einem so umfassenden Ausweichen der Versicherten auf ausländische Leistungserbringer zu rechnen ist, daß es dadurch wieder zu einer Gefährdung des Haushalts der GKV kommen könnte[180].

Aus diesem Grund und weil mit den nationalen Kostendämpfungsmaßnahmen neben der Ausgabenreduzierung auch ein Steuerungseffekt bezweckt wird, können die vorbezeichneten Argumentationen der Krankenversicherungsträger nicht ohne nähere Prüfung als zur Rechtfertigung ungeeignet zurückgewiesen werden. Infolge dessen sind sie als erheblich anzusehen, mit der Folge, daß sie einer eingehenden Untersuchung zu unterziehen sind.

(2) Darlegungs – und Beweislastregeln

Da die Beschränkung des freien Warenverkehrs durch die territorialen Einschränkungen der Leistungserbringung bereits feststeht, ist im weiteren Verlauf maßgebend, ob dafür eine Rechtfertigung gegeben ist. Wie aus den Positionen der an einem diesbezüglichen Verfahren beteiligten Parteien hervorgeht, ist dies hochumstritten. Jede Seite vermag Tatsachen und Umstände vorzutragen, die nicht ohne weiteres als abwegig von der Hand zu weisen sind, die jedoch wiederum von der Gegenseite heftig bestritten werden.

Deshalb führt auch in einem hypothetischen Vorabentscheidungsverfahren vor dem EuGH kein Weg an einer Auseinandersetzung mit der geltenden Darlegungs– und Beweislastverteilung vorbei. Insbesondere ist von Interesse, wer den Nachteil aus der Unerweislichkeit einzelner Tatsachen trägt.

(a) Gem. Art. 20 der Satzung des EuGH i.V.m. Art. 103 f. VerfO EuGH wird das Vorabentscheidungsersuchen des nationalen Gerichts stets den beteiligten

---

[177] *Neumann - Duesberg*, in: Schmähl, S.116 f.

[178] EuGH Rs. 238/82 (Duphar) Slg. 1984, 523

[179] *Pitschas*, „Inhalt und Reichweite des Mandats der Europäischen Gemeinschaft auf dem Gebiet der Gesundheitspolitik“, in: ZSR 1993, 468, 478 ; *Novak*, „Ungleichbehandlung von ausländischen Produkten oder Dienstleistungen – Einheitliche Rechtfertigungstatbestände im EG – Vertrag“, in: DB 1997, 2589, 2592

[180] *Schulte*, in: ZfSH/SGB 1999, 269, 275

Parteien des Ausgangsverfahrens, den Mitgliedstaaten und der Kommission zugestellt. Diesen Beteiligten steht das Recht zu, Erklärungen innerhalb einer vom Gerichtshof bestimmten Frist abzugeben.[181]
Bei dieser Verfahrensart ist zu beachten, daß es sich um ein besonderes Verfahren der Zusammenarbeit des EuGH mit dem vorlegenden nationalen Gericht handelt[182]. Dabei trifft der Gerichtshof lediglich im Rahmen eines innerstaatlichen Prozeßes eine Entscheidung über die Auslegung einer gemeinschaftsrechtlichen Norm oder die Gültigkeit eines Aktes eines Gemeinschaftsorgans. Die Besonderheit dieses verwobenen Verfahrens liegt darin, daß eigene Tatsachenfeststellungen des EuGH nur dann in Betracht kommen, wenn die Gültigkeit von Gemeinschaftsrecht streitbefangen ist. Auslegungsfragen dagegen stellen abstrakte Rechtsfragen dar und sind deshalb nach Maßgabe des vom nationalen Gericht ermittelten Sachverhalts zu beurteilen[183]. Sollte dies nur unzureichend geschehen sein, so ist dem Gerichtshof lediglich eine hypothetische Antwort möglich, und das vorlegende Gericht muß die erforderlichen Feststellungen im weiteren Verlauf nachholen[184].
Bei Gültigkeitsfragen kann im Gegensatz dazu – wegen der weitreichenden Wirkung – das Ergebnis nicht den sich anschließenden Untersuchungen des nationalen Gerichts überlassen werden. Hier hat der Gerichtshof selbst eine abschließende Beurteilung vorzunehmen[185].

Somit ist für die Frage, nach welchen Regeln der Sachverhalt aufzuklären und zu bestimmen ist, prinzipiell der Inhalt des Ersuchens maßgebend. Es darf jedoch nicht übersehen werden, daß der Gerichtshof in der Praxis auch bei Auslegungsfragen ergänzende Fragen an die Beteiligten richtet und Erklärungen entgegennimmt[186].

(b) Im vorliegenden Fall soll eine Klärung der Rechtmäßigkeit der territorialen Beschränkungen der Leistungserbringung im Gesundheitswesen vor dem Hintergrund der Freizügigkeitsrechte erreicht werden. Folglich geht es um die Auslegung des Gemeinschaftsrechts. Der maßgebliche Sachverhalt ist infolge dessen nach den Darlegungs - und Beweislastvorschriften des deutschen Sozialgerichtsverfahrens zu ermitteln. Ergänzend kann auf allgemein geltende Prinzipien abgestellte werden.

Im deutschen sozialgerichtlichen Verfahrensrecht gilt der Grundsatz der Amtsermittlung (§ 103 SGG). Deshalb wird der Sachverhalt durch das Gericht

---

[181] *Oppermann*, Europarecht, Rdnr. 660
[182] EuGH Rs. 244/80 (Foglia/Novello II) Slg. 1981, 3045
[183] *Everling*, Das Vorabentscheidungsverfahren vor dem Gerichtshof der Europäischen Gemeinschaften, S. 31 ; EuGH Rs. 27/80 (Fietje) Slg. 1980, 3839
[184] EuGH Rs. 80/82 (Soler) Slg. 1983, 1413
[185] *Voß*, „Erfahrungen und Probleme bei der Anwendung des Vorabentscheidungsverfahrens nach Art. 177 EWGV. Aus der Sicht eines deutschen Richters", in: EuR 1986, 95, 99
[186] *Everling*, a.a.O., S. 58

von Amts wegen festgestellt. Rechtzeitig angetretene Beweise müssen erhoben werden. Dies folgt aus dem Recht der Parteien auf rechtliches Gehör[187]. Auch wenn das Gericht die erforderlichen Aufklärungen auch ohne die Pflicht der Beteiligten, die für sie günstigen Tatsachen zu behaupten und im Bestreitensfalle zu beweisen, vornehmen muß, trägt letztenendes im Falle eines non liquet die Partei den daraus folgenden Nachteil, die sich auf die, aus der behaupteten Tatsache resultierenden Rechtsfolgen stützt.
Dabei steht dem Gericht hinsichtlich des Ausmaßes der Ermittlungen ein pflichtgemäßes Ermessen zu[188]. Es muß allen entscheidungserheblichen Tatsachen nachgehen[189]. Erheblichkeit i.d.S. liegt vor, wenn es sich um eine anspruchsbegründende Tatsache handelt oder sich aus ihr eine Einwendung gegen den Anspruch ergibt[190].
Jedoch folgt aus der in § 92 SGG statuierten Verpflichtung, bereits in der Klageschrift die zur Begründung dienenden Tatsachen und Beweismittel anzugeben, daß auch die Parteien gewissen Mitwirkungspflichten unterliegen. Daher müssen diese Tatsachen von ihnen so substantiiert wie möglich dargelegt werden. Allein die Beibringung der Beweise obliegt dem Gericht[191]. Aus diesem Grund hat es nur erforderliche und nach dem Vorbringen der Parteien geboten erscheinende Aufklärungsmaßnahmen zu ergreifen[192].

Gelangt das Gericht nicht zu der Überzeugung, daß die anspruchsbegründenden Tatsachen vorliegen, hat es die Klage schon deshalb abzuweisen. Sollte es aber von deren Vorliegen überzeugt sein, kommt es darauf an, ob es die anspruchshindernden Tatsachen als gegeben ansieht[193].

Wendet man nun diese Erwägungen auf den vorliegenden Fall an, so ist ersichtlich, daß bei bloßer Berücksichtigung des nationalen Rechts die anspruchshindernden Tatsachen unstreitig sind, da kein Ausnahmetatbestand der §§ 16 I Nr.1, 18 SGB V vorliegt. Zieht man aber das Gemeinschaftsrecht hinzu, dann ist eine Beschränkung des freien Warenverkehrs durch den Ausschluß der Erstattung zu bejahen.

Die diesbezüglichen Tatsachen sind vom klagenden Versicherungsmitglied vorzutragen[194]. Von ihm ist infolge dessen darzulegen, daß die nationalen territorialen Einschränkungen der Leistungserbringung zu einer Beschränkung der Warenverkehrsfreiheit führen. Dies indem die Kostentragungspflicht geeignet

---

[187] BVerfG NJW 1979, 413 f.
[188] BSGE 30, 205
[189] *Meyer-Ladewig*, SGG, § 103, Rdnr. 4
[190] *Krasney/ Udsching*, Handbuch des sozialgerichtlichen Verfahrens, Kap. III, Rdnr. 156
[191] *Wenner/ Terdenge/ Martin*, Grundzüge der Sozialgerichtsbarkeit, Rdnr. 321
[192] BSG SozR 3 – 4100 § 117 Nr.7
[193] *Niesel*, Der Sozialgerichtsprozeß, Rdnr. 42
[194] *Bleckmann*, Rdnr. 675

ist, Versicherte von der Leistungsinanspruchnahme jenseits der VO (EG) Nr. 1408/71 abzuhalten.
Zwar wird dieser Vortrag aufgrund seiner Lebensnähe wohl kaum ernstlich in Streit geraten[195], doch selbst wenn dies der Fall sein sollte, wäre zu beachten, daß der EuGH – wie auch unser Sozialgerichtsverfahrensrecht – einen Nachweis im Wege des prima facie – Beweises anerkennt[196]. So entspricht es der allgemeinen Lebenserfahrung, daß höhere Kostenbelastungen Konsumenten von der Inanspruchnahme abhalten, solange ihnen noch Optionen offenstehen, dieselbe Ware günstiger zu erlangen.
Damit würde auch im Bestreitensfall der Beweis des ersten Anscheins greifen. Dies hätte zur Folge, daß es nun den Krankenversicherungsträgern obläge, einen atypischen Geschehensablauf darzulegen und ggf. unter Beweis zu stellen[197]. Ein solcher Nachweis ist, bei der hier gegebenen Fallkonstellation, kaum vorstellbar.

Folglich ist vom Vorhandensein der anspruchsbegründenden Tatsachen auszugehen, da im Falle der fehlenden Rechtfertigung ein Verstoß gegen Art. 28 EGV vorliegt, was eine Unanwendbarkeit des nationalen Leistungsausschlußes nach sich ziehen würde.
Deshalb gilt es zu untersuchen, ob anspruchshindernde Tatsachen, die die Beschränkung rechtfertigen können, festzustellen sind. Nach dem bisher Gesagten sind sie vom Anspruchsgegner und damit von den Krankenversicherungsträgern vorzutragen.

Da der relevante Sachverhalt vom nationalen Gericht festzustellen ist, und die Entscheidung des Gerichtshofs lediglich die Auslegung einer gemeinschaftsrechtlichen Norm betrifft, ist es dem EuGH verwehrt, eine eigene Subsumtion unter die von ihm ausgelegten Rechtsbegriffe vorzunehmen[198].
Wenn auch beim Verfahren der Amtsermittlung die Parteien keiner Beweislast in dem Sinne unterliegen, daß bereits ein fehlendes Beweisangebot zu ihren Lasten geht, so trägt dennoch der Beteiligte das Risiko der Unerweislichkeit der Tatsachen, die den Tatbestand derjenigen Norm ausfüllen, auf die er sich beruft[199].

---

[195] Auch in den Rechtssachen Decker und Kohll war die Geeignetheit der nationalen Vorschriften zur Beeinflußung des Konsumverhaltens in diesem Sinne völlig außer Streit und daher kein Thema.
[196] EuGH Rs. 256/ 81 (Pauls Agriculture / Rat und Kommission) Slg. 1983, 1707
[197] *Everling*, „ Zur richterlichen Kontrolle der Tatsachenfeststellung und der Beweiswürdigung durch die Kommission in Wettbewerbssachen ", in: WuW 1989, 877, 886
[198] *Bleckmann*, Rdnr. 642
[199] *Klinke*, Der Gerichtshof der Europäischen Gemeinschaften, Rdnr. 279 ff. ; *Ule*, Gutachten für den 46. Deutschen Juristentag, S. 84 ff. ; *Rengeling/ Middeke/ Gellermann*, Rechtsschutz in der Europäischen Union, Rdnr. 693 ff.

Im Ergebnis geht eine fehlende Überzeugung des nationalen Gerichts über das Vorliegen der Tatsachen, die einen Rechtfertigungsgrund begründen könnten, mit der die Klageabweisung begehrenden Krankenkasse heim. Mangels jeglicher Rechtfertigung wäre der Klage des Versicherten auf Kostenerstattung in Höhe der inländischen Sätze stattzugeben.

(3) Anwendung auf den Untersuchungsgegenstand

Die Darlegung der Relevanz der nationalen Kostendämpfungsmaßnahmen, die durch die nationalen Krankenversicherungsträger vorgenommen werden müßte, stößt auf gewisse Schwierigkeiten.
Um dennoch zu einer Beurteilung im Sinne der Krankenkassen zu gelangen, hätten diese darzulegen[200], welche Einsparungen konkret durch sie erreicht werden, wieso sie ein „Muß" für die Stabilität des finanziellen Gleichgewichts der GKV darstellen und weshalb sie nicht durch Forcierung sonstiger Maßnahmen – zu denen gerade die Einsparungen durch Inanspruchnahme billigerer Auslandsleistungen gehören – kompensiert werden können.
Dabei ist zu beachten, daß einerseits gerade der Steuerungseffekt der Selbstbeteiligungen extrem umstritten ist[201] und auf der anderen Seite angesichts der zahlreichen sonstigen Sparmaßnahmen, wie etwa der Negativlisten[202], der Erweiterung des Wettbewerbs unter den Krankenkassen[203] und der Ausgrenzung von Leistungen im Bagatellbereich[204], schwer nachvollziehbar zu sein scheint, weshalb den beiden genannten Maßnahmen eine derartig „unerläßliche" Bedeutung zukommen sollte.

Sollte dieser Nachweis anhand von entsprechenden Untersuchungen erbracht werden, würde dies bewirken, daß der darauf gerichtete Vortrag nicht aufgrund rein wirtschaftlicher Relevanz als unbeachtlich beurteilt werden könnte.
Als nächster Schritt wäre seitens der Krankenversicherungsträger darzulegen, daß mit einer erheblichen Inanspruchnahme der ausländischen Leistungungserbringer zu rechnen ist, und dies zu einer Verpuffung der Wirkungen dieser Kostendämpfungsmaßnahmen führen wird. Bei dem Versuch dieser Darlegung wird insbesondere im Bezug auf das Budgetierungssystem zu berücksichtigen

---

[200] *Schulte*, in: ZfSH/SGB 1999, 347, 359
[201] vgl. hierzu *Sommer/Leu*, Selbstbeteiligung als Kostenbremse ?, S. 16 ; *Schulenburg*, Selbstbeteiligungen, S. 1 ff. ; *Litsch*, „Steuerung im Arzneimittelmarkt verpufft", in: Soziale Sicherheit 1996, 445
[202] *Litsch*, „Zum letzten Mal Wachstum ? – Der Arzneimittelmarkt 1992 und die neuen Rahmenbedingungen des GSG", in: Soziale Sicherheit 1993, 353, 355
[203] vgl. dazu *Engelen – Kefer*, „Die 3. Stufe der Gesundheitsreform", in: Soziale Sicherheit 1995, 281, 284
[204] *Standfest*, „Bürgernahes Gesundheitswesen – Reformschritte zur Krankenversicherung 2000", in: Soziale Sicherheit 1994, 1 f. ; Bundesministerium für Arbeit und Sozialordnung (Hrsg.), Übersicht über die Soziale Sicherheit, Stand: Jan. 1990, S.79

sein, daß für die evtl. ansteigende Inanspruchnahme ausländischer Leistungserbringer ein entsprechender Ausgleich durch einen geringeren Konsum von Inlandsleistungen zu erwarten ist[205].
Dem Gelingen dieses Vorhabens stehen neben dem Fehlen von Untersuchungsergebnissen zur Relevanz dieser Maßnahmen auch die zahlenmäßig nur sehr spärlichen Anträge auf Kostenerstattung für im Ausland erworbene medizinische Erzeugnisse seit Erlaß der Urteile in den Rechtssachen Decker und Kohll entgegen. Ein Leerlaufen der nationalen Zuzahlungsregelungen wird schließlich dadurch verhindert, daß die nationalen Kassen nur solche Behandlungen und nur in solchem Umfang zu tragen haben, wie sie auch bei entsprechender Inlandsbehandlung angefallen wären. Damit übernehmen sie die Kosten bei Leistungen mit Zuzahlungspflicht maximal nur in Höhe des im Inland zu tragenden Kostenanteils[206].
Auf diese Weise bleibt der zuzahlungsbedingte Einsparungseffekt voll erhalten.

Aufgrund des geringen Umfangs der bisher nach dem Vorbild von Decker und Kohll in Anspruch genommenen Auslandsleistungen, ist auch eine merkliche Untergrabung des Arzneimittelbudgets kaum schlüssig darzulegen. Ein regelmäßiger grenzüberschreitender Leistungsaustausch wird wohl nur in Grenzgebieten stattfinden. Da der „Durchschnittsversicherte" nur in seltenen Ausnahmefällen zwecks Behandlung ins Ausland reist, ist eine Beeinträchtigung schon aus diesem Grunde auszuschließen[207]. Weiter ist auch deshalb keine Aushebelung unseres Budgetierungssystems zu erwarten, weil es einerseits weiterhin zur Ausgabenkontrolle im Inland beiträgt und andererseits durch die Inanspruchnahme ausländischer Leistungserbringer davon auszugehen ist, daß gleichzeitig die Nachfrage der deutschen Versicherten nach inländischen Gesundheitsleistungen in gleichem Maße nachläßt. Dadurch ist insoweit eine Kostenkompensation zu erwarten, die zugunsten der deutschen Kassen durch den Umstand verstärkt wird, daß die ausländischen Leistungen i.d.R. auch billiger sind. Insbesondere dieses Argument ist den Befürchtungen, eine Kompensation sei aufgrund der trotz sinkender Nachfrage zu erwartenden Ausschöpfung der inländischen Budgets nicht wahrscheinlich, entgegen zu halten.
Hinzu kommt, daß besonders beim Kauf von billigeren Hilfsmitteln im Ausland ein Anstieg zu erwarten ist, weil auf diese im Inland nicht unerhebliche Festbeträge festgesetzt sind, bis zu deren Höhe die Kassen die Kosten tragen[208] und

---

205 *Giesen*, in: Schulte/ Barwig, S. 370 f.
206 *Heinze*, in: Arbeits – und Sozialpolitik 1997, 9, 14
207 *Kaula*, in: Festschrift für Franke, S. 449, 452 ; *Godry*, „Krankenbehandlung ohne Grenzen", in: ZfSH/SGB 1991, 419 ; *Neumann – Duesberg*, „Sozialrechtliche Aspekte des Europäischen Binnenmarktes – aus der Sicht der Krankenversicherung", in: BKK 1991, 124,127 ; *Bieback*, in: EuR 1995, 150, 163
208 §§ 33 II, 36 SGB V

dieser Sektor besonders boomt[209]. Gerade hier findet jedoch eine Budgetierung nicht statt.
Folglich ist damit zu rechnen, daß ein merklicher Anstieg des Konsums in erster Linie bei nicht budgetierten Gesundheitswaren zu verzeichnen sein wird, und daß sich auch deshalb die Auswirkungen auf das Budgetierungssystem in Grenzen halten werden.

Nach alledem scheitert eine Rechtfertigung, die auf die nationalen Kostendämpfungsmaßnahmen abzielt, an den geltenden Darlegungs – und Beweiserfordernissen.

c) Die Kontrolle der ausländischen Leistungserbringer in wirtschaftlicher Hinsicht

In Bezug auf die Kontrollmöglichkeiten ist zu beachten, daß die deutschen Krankenkassen im Ausland über keine unmittelbaren Mittel zur Einflußnahme auf die ausländischen Leistungserbringer verfügen. Deshalb könnte aus den fehlenden Kontrollmöglichkeiten eine erhöhte wirtschaftliche Belastung der GKV folgen, die auf überteuerte und unzweckmäßige Leistungen zurückzuführen sein könnte[210].
Da den nationalen Krankenversicherungsträgern im Ausland keine hoheitlichen Befugnisse zustehen, können sie die ausländischen Leistungserbringer nicht zu wirtschaftlichem Verhalten anhalten und im Falle der Zuwiderhandlung maßregeln[211]. Deshalb sei damit zu rechnen, daß z.B. ausländische Ärzte ihren Patienten aus Deutschland verstärkt weniger zweckmäßige oder überteuerte Behandlungen und Arzneimittel zukommen lassen würden, was neben den überhöhten Kosten auch einen klaren Verstoß gegen das Wirtschaftlichkeitsgebot der §§ 12,70 SGB V darstellen würde[212].

---

209 *Schlenker*, „Die Einbindung nichtärztlicher Leistungserbringer in das GKV - System“ , in: BKK 1997, 228, 290

210 dazu Europäische Kommission. KOM (90) 561, S. 26 f.

211 dazu *Godry*, in: ZfSH/SGB 1997, 420

212 *Heine*, in v.Maydell, Die Umwandlung der Arbeits - und Sozialordnung, S. 183 ff.; *Füßer*, „Transfer sozialversicherungsrechtlicher Komplexleistungen ins Ausland - zur Öffnungsbereitschaft des aktuellen Sozialversicherungsrechts aus der Sicht des europäischen Gemeinschaftsrechts“, in: Arbeit - und Sozialpolitik 1996,30, 44, der das Argument des Wirtschaftlichkeitsgebots entkräften möchte, weil sich die Versicherten durch die Wahl der Kostenerstattung der Wirtschaftlichkeitsprüfung entziehen können sollen. Dabei wird jedoch übersehen, daß zum einen nicht die Versicherten, sondern die Leistungserbringer der Wirtschaftlichkeitsprüfung unterliegen (vgl. § 70 I SGB V) und daß zum anderen gem. § 13 II 3 SGB V auch im Falle der Wahl der Kostenerstattung dieser Anspruch höchstens in der Höhe besteht, in der die Krankenkasse für die entsprechende Sachleistung hätte aufkommen müssen. Da die Sachleistungen gerade auch nach Wirtschaftlichkeitsgrundsätzen erbracht werden, findet die Wirtschaftlichkeitsprüfung über diesen Umweg auch in das Kostenerstattungsverfahren Einzug.

Dem ist jedoch auch an dieser Stelle erneut entgegenzuhalten, daß rein wirtschaftliche, also haushaltspolitische Erwägungen, die in erster Linie einer Verringerung der laufenden Kosten bezwecken, nicht der Rechtfertigung dienen können[213]. Folgerichtig läßt der EuGH das Kriterium der Wirtschaftlichkeit bei der gesamten Prüfung außen vor.
Es müßte also dargelegt und nachgewiesen werden, daß die ausländischen Leistungserbringer zum einen überhaupt unwirtschaftliche Leistungen erbringen und in Rechnung stellen, und zum anderen, daß dies Ausmaße erreicht, die wiederum für eine Gefährdung des finanziellen Gleichgewichts sprechen. Für beide Punkte fehlt es bislang an einschlägigen – insbesondere bestätigenden – Untersuchungen.

Auf der anderen Seite kann von den Klägern angeführt werden, daß, selbst wenn die ausländischen Anbieter überteuerte Leistungen abrechnen würden, dies wegen des ohnehin hohen Preisniveaus in Deutschland keine ernsthaften Gefährdungen nach sich ziehen könne. Für diese Überlegungen spricht der Umstand, daß Inlandsleistungen in dem Umfang „eingespart" wie Auslandsleistungen in Anspruch genommen werden. Soweit letztere grundsätzlich billiger sein sollten als in Deutschland, könnte dies zumindest einen gewissen Ausgleich für überteuerte Leistungen ausländischer Anbieter darstellen.
Hierzu läßt sich ausführen, daß es nahezu unbestritten ist, daß innerhalb der EG die Gesundheitsausgaben pro Kopf in Deutschland[214] , wie auch das Preisniveau für Arzneimittel, überdurchschnittlich hoch ist[215].

Auch eine BASYS – Untersuchung aus dem Jahr 1992[216] hat diesen Bereich durchleuchtet und kommt im wesentlichen zu einem bestätigenden Ergebnis[217]:

So betrugen die Ausgaben für Heil - und Hilfsmittel pro Kopf in der BRD 211,- DM. Dieser Betrag wurde weltweit nur noch von Luxemburg mit 256,- DM übertroffen[218].
Die Arzneimittelausgaben pro Kopf beliefen sich in Deutschland auf 505,- DM, was den EG - Schnitt von 387,- DM deutlich überstieg. Höhere Zahlen wiesen

---

213 EuGH Rs. 238/82 (Duphar) Slg. 1984, 523, 542
214 z.B. stand 1992 Deutschland mit DM 3.000,- mit an der Spitze im Vergleich zu Portugal und Griechenland mit DM 600 – 800,-; vgl. *Stein*, „Gesundheitspolitik in der EG", in: ZSR 1993, 486, 489
215 *Bieback*, in: Schulte/Zacher, S. 178 ; *Diener*, in: PZ 1990, 2631; *BReg* in: BT - Ds. 10/ 6504 v. 20.11.1986
216 Beratungsgesellschaft für angewandte Systemforschung mbH, *Schneider/Biene – Dietrich/Gabanyi/Huber/Köse/Scholtes/Sommer*, Gesundheitssysteme im internationalen Vergleich
217 Werte beziehen sich auf 1990
218 BASYS 1992, Übersicht F.4.21

lediglich Frankreich (521,- DM), Italien (512,- DM) und Luxemburg (632,- DM) auf[219].
Weltweit führend ist die Bundesrepublik auch bei den Ausgaben für zahnärztliche Leistungen pro Kopf. Diese nahmen einen Wert von 346,- DM ein. Damit wurde der EG - Durchschnitt i.H.v. 160,- DM um mehr als das Doppelte übertroffen. Allein Luxemburg (324,- DM) und die USA (345,- DM) erreichten ähnliche Sphären[220].
Auch der Ausgabenvergleich für ambulante ärztliche Leistungen pro Kopf spiegelt ein vergleichbares Bild wieder. Diese beliefen sich in der BRD auf 523,- DM und lagen damit wieder weit über dem EG - Durchschnitt von 376,- DM. Höhere Ausgaben hatten wiederum Luxemburg (745,- DM), Schweiz (527,- DM) und die USA (1058,- DM) zu vermelden[221].

Abschließend hierzu sei noch ein Blick auf die Gebühren einiger ausgewählter ärztlicher und zahnärztlicher Leistungen geworfen.
So kostete ein Hausbesuch in Deutschland nach der GOÄ[222] 43,05 DM. Im Vergleich dazu gestalteten sich die entsprechenden Kosten in Belgien (31,90 DM), Frankreich (29,41DM) und Österreich (31,24 DM) durchgehend geringer.
Gleiches gilt für die Kosten einer Kopftomographie. Diese betrugen bei uns 553,51 DM. In diesem Bereich hinkten die eben genannten Vergleichsstaaten mit 148,65 DM (Belgien) und 148,41 DM (Frankreich) besonders stark hinterher[223].
Bei zahnärztlichen Gebühren tritt die kostenmäßige Führungsposition der BRD besonders deutlich zu Tage. Während hierzulande der Preis für eine einfache Füllung nach der GOZ[224] 38,25 DM betrug, mußte etwa in Frankreich nur 23,96 DM, in Großbritannien 11,83 DM und in den Niederlanden 17,73 DM bezahlt werden.
Die Kosten für einen vollständigen Zahnersatz beliefen sich bei uns auf 1082,83 DM. Im Ausland mußte hierfür dagegen lediglich 402,70 DM (Belgien), 678,85 DM (Frankreich) bzw. 229,44 DM (GB) entrichtet werden[225].

Das überdurchschnittlich hohe Preisniveau in der Bundesrepublik ist auch in den Folgejahren unverändert geblieben. Eine weitere BASYS – Untersuchung aus dem Jahre 1997[226] konnte den Nachweis dafür erbringen, daß das deutsche Gesundheitswesen kostenmäßig weiterhin eine Vorrangstellung einnimmt.
So betrugen die Gesundheitsausgaben pro Kopf in Deutschland 3.758,- DM, während sich der EG – Durchschnitt auf 3.217,- DM belief. Übertroffen wurden

---

[219] BASYS 1992, Übersicht F.4.20
[220] BASYS 1992, Übersicht F.4.19
[221] BASYS 1992, Übersicht F.4.18
[222] Gebührenordnung für Ärzte, Stand 1989
[223] BASYS 1992, Übersicht C.2.8
[224] Gebührenordnung für Zahnärzte, Stand 1989
[225] BASYS 1992, Übersicht C.2.17
[226] Werte beziehen sich auf 1994

die deutschen Gesundheitsausgaben lediglich noch von Luxemburg (4.238,- DM), Österreich (3.875,- DM) und Frankreich (3.822,- DM)[227].

Diese Kostenverhältnisse spiegeln sich nach wie vor auch in den einzelnen Segmenten wider.
Beispielsweise beliefen sich die Ausgaben für Heil – und Hilfsmittel pro Kopf in Deutschland auf 239,- DM. Europaweit lagen nur Frankreich und Luxemburg mit jeweils 255,- DM knapp über diesem Wert. Das EG – Mittel erreichte 165,- DM[228].
Betrachtet man die Arzneimittelausgaben pro Kopf, so zeichnet sich ein vergleichbares Bild ab. Hier liegt die Bundesrepublik mit 550,- DM ebenfalls über dem EG – Mittelwert von 501,- DM. Übertroffen werden die deutschen Ausgaben in Europa wieder lediglich von Frankreich (641,- DM), Luxemburg (713,- DM) und Irland (561,- DM)[229].
Wie schon in den Vorjahren steht Deutschland bei den zahnärztlichen Leistungen mit 390,- DM innerhalb der Europäischen Gemeinschaft (Durchschnitt: 219,- DM) unangefochten an der Spitze. Den nächsthöheren Wert erreichte Luxemburg mit 335,- DM[230].
Schließlich wurden die Ausgaben für ambulante ärztliche Leistungen pro Kopf in Deutschland (611,- DM) bei einem EG – Durchschnitt von 496,- DM nur noch von Luxemburg (885,- DM) und Österreich (645,- DM) übertroffen[231].

Damit ist im Ergebnis nachgewiesen, daß die Gesundheitsleistungen in Deutschland insgesamt im internationalen Vergleich zu den teuersten überhaupt zu zählen sind. Aus diesem Grund können auch überteuerte Auslandsleistungen nur eingeschränkte Auswirkungen auf das finanzielle Gleichgewicht der GKV haben.
Zwar bleibt in diesem Zusammenhang zugunsten der Krankenversicherungsträger zu berücksichtigen, daß davon auszugehen ist, daß die inländischen Leistungserbringer durchaus in der Lage sind, ein etwaiges durch Auslandsleistungen eintretendes Nachfragedefizit im Inland durch entsprechende „Steuerungsmaßnahmen" zumindest teilweise wieder zu beheben[232], dennoch sprechen die vorstehenden Erwägungen dafür, daß sich die Krankenkassen, trotz der nicht anzuzweifelnden fehlenden Möglichkeit, auf die Leistungserbringer hoheitlich einzuwirken, mit der schlüssigen Darlegung einer finanziellen Gefährdung des

---

[227] BASYS 1997, Übersicht A.2, A.3
[228] BASYS 1997, Übersicht D.4.17
[229] BASYS 1997, Übersicht D.4.13
[230] BASYS 1997, Übersicht D.4.9
[231] BASYS 1997, Übersicht D.4.5
[232] *Haverkate/ Huster*, Europäisches Sozialrecht, Rdnr. 616

Krankenversicherungssystems durch überteuerte und unwirtschaftliche Leistungen ausländischer Anbieter schwer tun werden[233].

Zu diesem Ergebnis gelangt man schließlich auch unter Berücksichtigung des § 12 SGB V. Da der Anspruch allein auf Erstattung nach den nationalen Vorschriften gerichtet ist, ist auch diese Bestimmung anzuwenden. Demnach haben die Krankenkassen nur für ausreichende, zweckmäßige und wirtschaftliche Leistungen aufzukommen. Folglich haben sie nur diejenigen Beträge zu erstatten, die bei entsprechender Inlandsbehandlung unter Beachtung dieser Kriterien angefallen wären. Etwaige Mehrkosten gehen demnach zu Lasten des Patienten, der dann seinerseits darauf verwiesen ist, Befriedigung bei dem Leistungserbringer zu erlangen, der die unwirtschaftlichen Leistungen erbracht hat[234]. Welche Leistungen mit dem Wirtschaftlichkeitsgebot in Einklang stehen, beurteilt nach § 275 SGB V im Zweifelsfall der Medizinische Dienst.

Daraus ist ersichtlich, daß die GKV aus der fehlenden Kontrollmöglichkeit wohl kaum Schaden nehmen kann. Jedenfalls tragen die Krankenversicherungsträger den Nachteil aus der Unerweislichkeit ihres diesbezüglichen Vortrags.
Folglich kann auch aus diesen Erwägungen kein Rechtfertigungsgrund abgeleitet werden.

d) Die Qualitätsfrage

(1) Eine qualitätsmäßige Beeinträchtigung der Gesundheitsversorgung und damit eine Gefährdung des Gesundheitszustandes der in Deutschland Versicherten, vermag durchaus einen Rechtfertigungsgrund i.S.d. Art. 30 EGV darzustellen.

In diesem Zusammenhang wird befürchtet, daß sich bei Anwendung der billigeren ausländischen Behandlungsmethoden und Arzneimittel der Gesundheitszustand der deutschen Bevölkerung stark verschlechtern wird[235]. Da ausländische Gesundheitsleistungen sich qualitätsmäßig nicht mit den deutschen messen könnten, sei nicht nur der Gesundheitszustand der Versicherten gefährdet, sondern es sei auch mit daraus resultierenden erheblichen Nachbehandlungen und Nacharbeiten an im Ausland gefertigten Heil- und Hilfsmitteln zu rechnen.
Dies könnte u.a. darauf zurückzuführen sein, daß die nationalen Krankenversicherungsträger nicht in der Lage sind, im Ausland Hoheitsakte zu erlassen, und es deshalb als schwierig oder gar unmöglich erscheint, auf die Erhaltung der er-

---

[233] a.A. : *Schulte*, in: Schulte/ Barwig, S. 73 f. , der sich gerade wegen der augenscheinlich fehlenden Möglichkeit, die Abrechnungen der ausländischen Leistungserbringer zu kontrollieren, gegen eine unbeschränkte Zulassung von Auslandsbehandlungen ausspricht.
[234] So auch *v. Maydell*, in: v. Maydell/ Schnapp, S. 36
[235] Ärztekammerpräsident *Karsten Vilmar*, in: Handelsblatt vom 29.4.1998, S. 1

forderlichen Qualität der Gesundheitsleistungen ausländischer Leistungsanbieter hinzuwirken und diese zu überprüfen[236].

Dem wird seitens der Versicherungsmitglieder – naturgemäß in Übereinstimmung mit den ausländischen Leistungserbringern – entgegengehalten, daß deren Leistungen nicht als geringwertiger eingestuft werden könnten. Es gibt weder hinsichtlich des Gesundheitszustandes, der Lebenserwartung, noch der Mortabilitätsrate statistische Nachweise, die für eine minderwertige Qualität der ausländischen Gesundheitsleistungen sprechen. Aus den in der Regel niedrigeren Preisen im Ausland kann nicht auf eine im gleichen Maße gesenkte Qualität geschlossen werden.
Das Problem der Qualitätssicherung stellt sich daher erst, wenn ein entsprechender Qualitätsverlust festzustellen ist.

(2) Um eine auf eine Gefährdung des Gesundheitszustandes der Versicherten gestützte Rechtfertigung zu begründen, haben die Krankenversicherungsträger zum einen darzulegen, daß die ausländischen medizinischen Leistungen einen ausreichenden Gesundheitsschutz nicht gewährleisten, und daß es zum anderen an jeder Kontrollierbarkeit hinsichtlich der Qualität fehlt[237].

Die zum Gesundheitszustand der europäischen Bevölkerung vorliegende BASYS – Untersuchung hat nun u.a. ergeben, daß die Lebenserwartung in Deutschland nicht als überdurchschnittlich hoch einzustufen ist. Die Lebenserwartung stellt zwar keinen Nachweis für die Qualität der medizinischen Versorgung dar, sie wird jedoch durch das Niveau der Gesundheitsleistungen als einer von mehreren Faktoren mitbeeinflußt. Als weitere Indikatoren wurde die Zahl der Krankenhausfälle und die durchschnittliche Verweildauer im Krankenhaus untersucht.

So beträgt beispielsweise die Zahl der 1990 je 1000 Einwohner in Deutschland Gestorbenen 11,49. Länder wie Portugal oder Griechenland liegen mit 8,52 bzw. 9,23 klar darunter. Der EG - Durchschnitt betrug 10,0[238].
Die Lebenserwartung der männlichen Einwohner bei Geburt war 1989 für die BRD mit 72,6 Jahren zu beziffern. Darüber lagen z.B. noch Länder wie Griechenland (74,3), Niederlande (73,7) und die Schweiz (74,0)[239]. Ähnlich sieht es mit der Lebenserwartung der weiblichen Einwohner bei Geburt aus[240].
Auch bei der Lebenserwartung mit 65 Jahren rangiert die BRD eher im Mittelfeld[241], so daß trotz des hochgepriesenen deutschen Gesundheitsstandards eine

236 dazu *Zechel*, S. 59 f.
237 *Zechel*, S. 59 f. ; *Schulte*, in: ZfSH/SGB 1999, 352, 360
238 BASYS 1992, Übersicht F.1.11
239 BASYS 1992, Übersicht F.2.1
240 BASYS 1992, Übersicht F.2.2
241 BASYS 1992, Übersichten F.2.3 und F.2.4

entsprechende Führungsposition in Sachen Volksgesundheit nicht zu erkennen ist.

Eine Änderung in Richtung einer nachhaltigen Verbesserung des Gesundheitszustandes der deutschen Bevölkerung im Verhältnis zu den übrigen Mitgliedstaaten, konnte auch durch die spätere BASYS – Untersuchung in 1997 nicht festgestellt werden.
So war die BRD bei der Zahl der je 1000 Einwohner Gestorbenen mittlerweile mit 10,85 zusammen mit Dänemark (11,72) und dem Vereinigten Königreich (10,72) führend. Der EG – Mittelwert lag bei 9,89[242].
Auch die Lebenserwartung bei Geburt rangierte in Deutschland mit 76,3 Jahren unterhalb des EG – Schnitts von 77,3 Jahren[243]. Die geschlechtsspezifische Aufschlüsselung ergibt hierzulande bei Männern eine Lebenserwartung von 73,0 Jahren, die innerhalb der Europäischen Gemeinschaft (Durchschnitt: 73,9 Jahre) nur noch von Dänemark (72,9 Jahre) unterboten wird[244]. Bei den Frauen weisen lediglich Dänemark (78,3 Jahre) und Irland (78,7 Jahre) geringere Lebenserwartungszeiten als die BRD (79,5 Jahre) auf[245]. Vergleichbare Ergebnisse finden sich für die Lebenserwartung mit 65 Jahren[246].
Abschließend läßt sich, auch unter Hinzuziehung der Krankenhausfälle und der Krankenhaustage je 1000 Einwohner, nichts für ein überdurchschnittliches Gesundheitsniveau der deutschen Bevölkerung ableiten. Bei durchschnittlich 17,3 Krankenhausfällen innerhalb der Europäischen Gemeinschaft, nahm die Bundesrepublik mit 20,1 Fällen nach Österreich (23,6), Frankreich (22,9) und Dänemark (21,6) einmal mehr einen führenden Rang ein[247]. Ein noch eindeutigeres Bild zeichnet sich bei den Krankenhaustagen je 1000 Einwohner ab. Bei einem EG – Mittelwert von 204,0 Tagen wurde die BRD (294,6 Tage) allein von Luxemburg (305,5 Tage) übertroffen[248]. Damit lief die überdurchschnittlich lange Verweildauer in deutschen Krankenhäusern von 14,7 Tagen konform. EG – weit wurden lediglich 11,8 Tage ununterbrochen im Krankenhaus verbracht[249].

Diese Ergebnisse tragen zur Widerlegung der Vermutung bei, wonach die Qualität der ausländischen Gesundheitsleistungen der der Leistungen in Deutschland dermaßen hinterherhinken soll, daß mit einer vehementen Verschlechterung des Gesundheitszustands der deutschen Bevölkerung gerechnet werden muß.

Sie werden auch unterstrichen durch die Erkenntnisse aus den ersten beiden Jahren nach Einführung des Arzneimittelbudgets. In den Jahren 1993 und 1994, als

---

[242] BASYS 1997, Übersicht D.1.11
[243] BASYS 1997, Übersicht D.2.1
[244] BASYS 1997, Übersicht D.2.2
[245] BASYS 1997, Übersicht D.2.3
[246] BASYS 1997, Übersicht D.2.4, D.2.5, D.2.6
[247] BASYS 1997, Übersicht D.5.4
[248] BASYS 1997, Übersicht D.5.6
[249] BASYS 1997, Übersicht D.5.8

das vorgeschriebene Budget von den Ärzten und Zahnärzten noch klar eingehalten wurde, und damit beinahe durchgehend weniger und billigere Arzneimittel verschrieben wurden, zeigte sich nämlich auch kein Qualitätsverlust[250]. Daraus wird deutlich, daß billigere Leistungen nicht automatisch schlechter sein müssen. Der Preis wird nämlich von vielen verschiedenen Faktoren bestimmt, die von Staat zu Staat beträchtlich differieren können.

Da ein qualitätsmäßiges Unterliegen der ausländischen Gesundheitssysteme nicht festzustellen ist, ist es den Krankenkassen nicht möglich, schlüssig darzulegen, daß in sogenannten Billiglohnländern, wie etwa Portugal oder Griechenland, ein ausreichender Gesundheitsschutz nicht gewährleistet sein sollte. Ein Nachweis für einen nennenswerten Qualitätsmangel in auch nur einem Mitgliedstaat kann ebenfalls nicht erbracht werden.

Diesbezügliche Kritik am EG– Ausland greift auch deshalb nicht durch, weil innerhalb der Europäischen Gemeinschaft Berufsabschlüsse im Gesundheitswesen weitgehend als gleichwertig anerkannt sind und die Berufsausbildungen immer mehr angeglichen werden[251]. Dies spricht für ein EG- weit einheitlich hohes Leistungsniveau[252]. In diesem Zusammenhang hat der EuGH auch bereits erkannt, daß eine Beschränkung dann nicht aus Gründen, die das Gemeinwohl betreffen, gerechtfertigt ist, wenn diesen schon durch Rechtsvorschriften des Niederlassungsstaates des Leistungserbringers Rechnung getragen wird[253].
Neben dem Vergleich des Gesundheitszustandes der Bevölkerung der einzelnen Mitgliedstaaten, sprechen daher auch die umfassenden gemeinschaftsrechtlichen Anerkennungsrichtlinien betreffend der Ausbildung, des Zugangs und der Ausübung von Berufen im medizinischen Bereich für ein gesichertes und adäquates Qualitätsniveau der ausländischen Leistungen[254]. Demgegenüber greift der gele-

---

[250] *Klauber*, „Kostendämpfung ohne Qualitätsverlust" ,in: DOK 1994, 629

[251] *v. Maydell*, in: v. Maydell/Schnapp, S. 25, 36; *Zechel*, S. 62 f.; *Plute*, „Dienstleistungsfreiheit und Leistungserbringer im Binnenmarkt der EU", in: DOK 1994, 421, 423

[252] Generaldirektion Wissenschaft des Europäischen Parlaments (Hrsg.), Das Gesundheitswesen in den Mitgliedstaaten der EG - Eine vergleichende Analyse, S.11; Europäische Kommission (Hrsg.), Soziale Sicherheit in Europa, S. 115 ; a. A.: *AIM*, „Auswirkungen der jüngsten Rechtsprechung über die Koordinierung der Systeme zum Schutz gegen das Krankheitsrisiko", in: BKK 2000, 403, 406

[253] EuGH Rs. C – 76/ 90 (Säger) Slg. 1991, I - 4221

[254] dazu beispielhaft:

- RL 78/686/EWG des Rates vom 25.7.1978 für die gegenseitige Anerkennung der Diplome, Prüfungszeugnisse und sonstigen Befähigungsnachweise des Zahnarztes und für Maßnahmen zur Erleichterung der tatsächlichen Ausübung des Niederlassungsrechts und des Rechts auf freien Dienstleistungsverkehr (ABl. EG 1978 L 233, S.1
- RL 78/687/EWG des Rates vom 25.7.1978 zur Koordinierung der Rechts – und Verwaltungsvorschriften für die Tätigkeiten des Zahnarztes (ABl. EG 1978 L 233, S.10
- RL 93/16/EWG des Rates vom 5.4.1993 zur Erleichterung der Freizügigkeit für Ärzte und zur gegenseitigen Anerkennung ihrer Diplome, Prüfungszeugnisse und sonstigen Befähigungsnachweise (ABl. EG 1993 L 165, S.1)

gentliche Einwand, es sei trotz der gegenseitigen Anerkennung der Ausbildungs– und Befähigungsnachweise unklar, ob in der Praxis einheitliche Standards eingesetzt werden, nicht durch[255]. Insoweit bleibt zu beachten, daß die Krankenversicherungsträger für die von ihnen behaupteten unterschiedlichen Niveaus der medizinischen Versorgung darlegungspflichtig sind und sie hierfür auch die objektive Beweislast tragen[256]. Ein diesbezüglicher Nachweis konnte bislang nicht erbracht werden.

Dementsprechend hat der EuGH[257] auch entschieden, daß „der Kauf eines im Einfuhrstaat zugelassenen rezeptfrei erhältlichen Arzneimittels in einem anderen Mitgliedstaat eine Garantie (bietet), die derjenigen gleichwertig ist, die auf dem Verkauf des Arzneimittels durch die Apotheke in dem Mitgliedstaat beruht, in den das Arzneimittel eingeführt wird ; dies gilt um so mehr, als die Voraussetzungen für den Zugang zum Beruf des Apothekers und die Bedingungen für die Ausübung dieses Berufs in Gemeinschaftsrichtlinien geregelt sind“[258].

In diesem Sinne hat der EuGH auch den Kauf einer Brille in einem anderen Mitgliedstaat beurteilt.

Folglich kann auch das Schutzziel der Qualität und Qualitätssicherung nicht als Rechtfertigungsgrund herangezogen werden[259].

e) Das Erfordernis einer flächendeckenden Versorgung

Letztlich ist darauf hinzuweisen, daß die territorialen Beschränkungen erforderlich sein könnten, um eine ausreichende flächendeckende medizinische Versorgung im Inland aufrechtzuerhalten[260]. Insbesondere in grenznahen Gebieten, wo oftmals strukturelle Versorgungsdefizite bestehen, so daß sich Anfahrten zu inländischen Anbietern ohnehin weniger rentieren, ist von einer erhöhten Inan-

---

[255] *Schulz – Weidner*, in: Schulte/ Barwig, S. 336 ff. , der jedoch ebenfalls eine Rechtfertigung aus diesen Gründen in der Regel als nicht gegeben ansieht.

[256] Vgl. oben III., 2. b)

[257] EuGH Rs. 215/87 (Schumacher) Slg. 1989, 617

[258] dazu *Paefgen*, „Unausgeschöpfte Integrationsreserven im Gemeinsamen Markt für Arzneimittel“, in: EuZW 1991, 331

[259] *Berg*, „Grenzüberschreitende Krankenversicherungsleistungen in der EU“, in: BKK 1999, 587, 591

[260] Dabei wird zur Bekräftigung gelegentlich das Urteil des BSG vom 28.6.1983 (E 55,188, 194) herangezogen, wonach eine kostengünstigere Auslandsbehandlung wegen Verstoßes gegen das Wirtschaftlichkeitsgebot nicht in Betracht kommt, wenn diese eine dadurch bedingte geringere Auslastung der entsprechenden Inlandskapazitäten mit sich bringt. Abgesehen davon, daß fraglich ist, ob und inwieweit diese schon 15 jährige Entscheidung noch aufrecht zu halten ist (verneinend: *Füßer*, a.a.O., S. 47 f.) , sind damit weder der tatsächliche Auslastungsrückgang noch die dazugehörigen gemeinschaftsrechtlichen Auswirkungen dargetan.

spruchnahme grenzübergreifender Leistungen auszugehen[261]. Der damit einhergehende Auftragsrückgang könnte nicht nur ein Abwandern der inländischen Leistungserbringer, sondern darüber hinaus auch entsprechende Entlassungen zahlreicher im Gesundheitswesen tätiger Arbeitnehmer nach sich ziehen. Damit bestünde neben der Gefahr der medizinischen Unterversorgung auch ein wirtschaftliches Problem in Gestalt der deutlich höheren Vorhaltekosten.

Der EuGH hat anerkannt, daß das „Ziel, eine ausgewogene, allen zugängliche ärztliche und klinische Versorgung aufrechtzuerhalten", einen Rechtfertigungsgrund darstellen kann, „soweit die Erhaltung eines bestimmten Umfangs der medizinischen und pflegerischen Versorgung oder eines bestimmten Niveaus der Heilkunde im Inland" die Einschränkung erfordere[262].
Zwar hat der Gerichtshof diese Feststellungen im Zusammenhang mit medizinischen Dienstleistungen getroffen, sie gelten jedoch sinngemäß auch für die Versorgung mit Heil-, Hilfs- und Arzneimitteln. Auch diese tragen gleichermaßen zum Erhalt eines bestimmten Gesundheitsstandards bei.

Im zur Entscheidung anstehenden Fall hatte der EuGH eine Rechtfertigung aus diesen Gründen abgelehnt. Von keiner Seite war vorgetragen worden, daß die streitbefangene Regelung für die Gewährleistung einer flächendeckenden Versorgung im Inland notwendig sei.
Infolge dessen haben die Krankenkassen dezidiert darzulegen, inwieweit aus der Kostenübernahme zu den inländischen Sätzen überhaupt ein Absinken der Inlandskapazitäten resultiert, und daß dies in einem Umfang geschehen soll, der die flächendeckende Versorgung in Frage stellt.

Dabei wird einerseits die nur sehr geringe Anzahl von diesbezüglichen Kostenerstattungsanträgen und andererseits der Umstand zu berücksichtigen sein, daß auch die Übernahme von Kosten für Auslandsleistungen nach der VO (EG) Nr. 1408/71, die in deutlich erheblicherem Maße erfolgt, zu keinen Versorgungsengpässen geführt hat. Darüber hinaus darf auch der Aspekt der steigenden Nachfrage nach deutschen medizinischen Erzeugnissen nicht vernachlässigt werden. Insoweit ist auf den immer noch international anerkannten hohen Standard des deutschen Gesundheitswesens zu verweisen. Aufgrund dessen ist damit zu rechnen, daß Mitglieder ausländischer Krankenversicherungen vermehrt deutsche Gesundheitsleistungen in Anspruch nehmen werden, um dadurch auch in den Genuß seines Leistungsniveaus zu gelangen [263]. Dies wiederum wird

---

[261] vgl. *v.Maydell*, in: Schulin, § 64, Rdnr. 92 ; *Neumann - Duesberg*, in: Schmähl, Gesetzliche Krankenversicherung im EG – Binnenmarkt, S. 116 f.
[262] EuGH Rs. Kohll, a.a.O., Rdnr. 50 f.
[263] so *Kloiber*, europapolitischer Referent der Bundesärztekammer, anläßlich des 25.Praktikerseminars „Europäische Gesundheitspolitik - Stand und Perspektiven nach den Maastrichter Beschlüssen " des Instituts für Sozialrecht der Ruhr - Universität Bochum am 28.11.1992

wohl zur Folge haben, daß die inländischen Kapazitäten gerade besser ausgelastet werden[264].
Die bessere Auslastung im Inland könnte sodann eher zur Schaffung neuer als zum Abbau bestehender Arbeitsplätze im Gesundheitsbereich beitragen[265]. Dafür spricht der Umstand, daß Deutschland im OECD - Maßstab[266] einen verhältnismäßig geringen Schnitt von Beschäftigten in diesem Bereich aufweist und daher sogar noch aufnahmefähig ist[267].
Abschließend ist noch darauf hinzuweisen, daß die in der Regel billigeren ausländischen Gesundheitswaren wohl keinen ausschlaggebenden Anreiz für eine Reise ins Ausland darstellen können, da dies gleichfalls mit zusätzlichen Kosten für Fahrt, Kost und Logis verbunden ist[268].

Ein Nachweis der Gefährdung der ausgewogenen Gesundheitsversorgung kann nach alledem nicht erbracht werden, so daß auch insoweit eine Rechtfertigung ausscheidet[269].

Es bleibt festzuhalten, daß es den Krankenversicherungsträgern obliegt, Tatsachen darzulegen, die die Beschränkung des freien Warenverkehrs aus dem Gesichtspunkt der finanziellen Stabilität der GKV (a) - c)) oder des Gesundheitsschutzes (d) und e)) rechtfertigen. Jedoch scheitert eine solche Rechtfertigung an den bestehenden Darlegungs – und Beweislasten.
Daher sind die hier behandelten territorialen Beschränkungen als gemeinschaftswidrig anzusehen, mit der Folge, daß den Versicherten entsprechende Kostenersatzansprüche zustehen.

---

264 *Neumann - Duesberg,* in Schulte/Zacher, S. 93; vgl. auch BT - Ds. 11/ 2237, S. 166; *Berger*, in: Heilbad und Kurort 1993, 4
265 *Neumann - Duesberg,* in: Schulte/Zacher, S. 93
266 Organisation für wirtschaftliche Zusammenarbeit und Entwicklung, dazu: *Berg,* „Internationaler Gesundheitsschutz und der Beitrag der Europäischen Gemeinschaft“ , in: ZfSH/SGB 1996, 571, 577
267 *Alber/ Bernhardi - Schenkluhn,* Westeuropäische Gesundheitssysteme im Vergleich, S. 140 ff.
268 *Schulte,* in: ZfSH/SGB 1999, 269, 276
269 *Giesen,* in: Schulte/ Barwig, S. 368, demzufolge diese Erwägung schon keinen geeigneten Rechtfertigungsgrund darzustellen vermag, da die Territorialisierung nicht als ein verhältnismäßiges Mittel zur Sicherstellung der Ortsnähe der Versorgung angesehen werden kann ; a.A.: *Berg*, a.a.O., S. 590

IV. Die wettbewerbsrechtlichen Implikationen eines Verstoßes gegen die Grundfreiheiten

Da nunmehr festgestellt werden konnte, daß der Ausschluß der Kostenübernahme für im Ausland erworbene Gesundheitswaren zumindest insoweit einen Verstoß gegen die Warenverkehrsfreiheit des Art. 28 EGV darstellt, wie es sich um Waren handelt, die im Inland im Wege des Kostenerstattungsverfahrens erlangt werden können, stellt sich die grundsätzliche Frage nach den wettbewerbsrechtlichen Auswirkungen eines gemeinschaftswidrigen Ausschlusses der Leistungen ausländischer Anbieter. Wie sich gezeigt hat, werden diese bei der Erbringung von Leistungen bzw. bei dem Verkauf von Waren an Mitglieder der deutschen GKV beeinträchtigt. Dies unter Verletzung der Rechte auf freien Warenverkehr. Darin könnte auch ein Verstoß gegen die wettbewerbsrechtlichen Bestimmungen des EG – Vertrages zu sehen sein.

Aus diesem Grund sollen nachfolgend die Zusammenhänge des europäischen Sozialrechts zum Wettbewerbsrecht, ohne dabei jedoch eine eingehende Prüfung anhand der einschlägigen wettbewerbsrechtlichen Vorschriften vorzunehmen, aufgezeigt werden. Vielmehr geht es darum, die Prüfungskriterien und –maßstäbe dieser beiden Aspekte der sozialen Sicherheit (Freizügigkeits– und Wettbewerbsrecht) zu ermitteln und etwaige Parallelen zum vorstehend untersuchten freizügigkeitsspezifischen Sozialrecht darzutun.

1. Das europäische Wettbewerbsrecht

Bereits Art. 3 I lit. g EGV sieht vor, daß sich die Tätigkeit der Gemeinschaft auch auf die Schaffung eines Systems bezieht, „das den Wettbewerb innerhalb des Binnenmarktes vor Verfälschungen schützt“. Nach Art. 4 I EGV umfaßt die Tätigkeit der Mitgliedstaaten und der Gemeinschaft die Einführung einer Wirtschaftspolitik, die „dem Grundsatz einer offenen Marktwirtschaft mit freiem Wettbewerb verpflichtet ist“.
Damit erklärt der EG – Vertrag die Zielsetzung eines innerhalb des Binnenmarktes funktionierenden und gesicherten Wettbewerbs zu einem der elementaren Erfordernisse des Gemeinsamen Marktes. Hierfür stellt er verschiedene Regelungsmechanismen zur Verfügung.

a) Art. 81 EGV (Kartellverbot)

Gem. Art. 81 I EGV sind „alle Vereinbarungen zwischen Unternehmen, Beschlüsse von Unternehmensvereinigungen und aufeinander abgestimmte Verhaltensweisen, welche den Handel zwischen Mitgliedstaaten zu beeinträchtigen geeignet sind und eine Verhinderung, Einschränkung oder Verfälschung des Wettbewerbs innerhalb des Gemeinsamen Marktes bezwecken oder bewirken" mit dem Gemeinsamen Markt unvereinbar und verboten.
Derartige Vereinbarungen und Beschlüsse sind nach Abs. 2 dieser Vorschrift nichtig.

Das Kartellverbot richtet sich unmittelbar lediglich an Unternehmen, nicht jedoch an die Mitgliedstaaten[270]. Seine unmittelbare Geltung wurde vom EuGH bereits festgestellt[271]. Bei dieser Regelung handelt es sich um ein allgemeines Beschränkungsverbot, das insbesondere auch vertikale Wettbewerbsbeschränkungen, also Vertragsbeziehungen zwischen Personen, die nicht unmittelbar im Wettbewerb zueinander stehen, erfaßt[272].

b) Art. 82 EGV (Verbot des Mißbrauchs marktbeherrschender Stellung)

Art. 82 EGV verbietet „die mißbräuchliche Ausnutzung einer beherrschenden Stellung auf dem Gemeinsamen Markt oder auf einem wesentlichen Teil desselben durch ein oder mehrere Unternehmen, soweit dies dazu führen kann, den Handel zwischen Mitgliedstaaten zu beeinträchtigen".

Dieses Mißbrauchsverbot tritt ergänzend neben das Kartellverbot des Art. 81 EGV. Während das letztere zwei- oder mehrseitige wettbewerbswidrige Abreden verhindern soll, dient Art. 82 EGV der Bekämpfung einseitiger wettbewerbsbeeinträchtigender Maßnahmen durch marktbeherrschende Unternehmen. Dadurch soll vor allem der Abschottung der nationalen Märkte voneinander entgegengewirkt werden[273].
Derartige gegen das Mißbrauchsverbot verstoßende Maßnahmen sind in vielfältigen Erscheinungsformen bekannt[274]. In diesem Zusammenhang hat der Gerichtshof entschieden, daß Bindungen eines marktbeherrschenden Unternehmens an ausschließlich einen Geschäftspartner prinzipiell einen Mißbrauchstatbestand darstellen[275]. Da durch solche Bindungen die übrigen Abnehmer bzw. Lei-

---

[270] *Herdegen*, Europarecht, Rdnr. 346
[271] EuGH Rs. 13/ 61 (de Geus/ Bosch) Slg. 1962, 97
[272] EuGH verb. Rs. 56/ 64 und 58/ 64 (Consten und Grundig) Slg. 1966, 321
[273] EuGH Rs. T - 83/ 91 (Tetra Pak) Slg. 1994, II - 755
[274] anschaulich *Schwarze*, EU - Kommentar, Art. 82, Rdnr. 18 ff.
[275] EuGH Rs. C - 62/ 86 (AKZO) Slg. 1991, I - 3359 ; Rs. C - 393/ 92 (Almelo) Slg. 1994, I - 1477

stungserbringer von der Inanspruchnahme ausgeschlossen werden, liegt i.d.R. eine Wettbewerbsbehinderung vor. Darüber hinaus führt auch die Weigerung eines Marktbeherrschers, mit Abnehmern oder Leistungserbringern aus anderen Mitgliedstaaten Geschäftsbeziehungen aufzunehmen, ebenfalls zu einem Verstoß gegen das Mißbrauchsverbot[276].

c) Art. 86 EGV (Öffentliche und monopolartige Unternehmen)

Nach Art. 86 I EGV ist es den Mitgliedstaaten untersagt, „in Bezug auf öffentliche Unternehmen und auf Unternehmen, denen sie besondere oder ausschließliche Rechte gewähren, (...) diesem Vertrag und insbesondere dessen Art. 12 und 81 – 89 widersprechende Maßnahmen" zu treffen oder beizubehalten.
Abs. 2 dieser Vorschrift ordnet die Geltung der Wettbewerbsregeln für „Unternehmen, die mit Dienstleistungen von allgemeinem wirtschaftlichem Interesse betraut sind oder den Charakter eines Finanzmonopols haben" für den Fall an, daß „die Anwendung dieser Vorschriften nicht die Erfüllung der ihnen übertragenen besonderen Aufgabe rechtlich oder tatsächlich verhindert".

Anders als die Art. 81, 82 EGV bezieht sich Art. 86 EGV nicht auf Handlungen der Unternehmen, sondern auf Maßnahmen, die die Mitgliedstaaten in Bezug auf die in Abs. 1 genannten Unternehmen vornehmen. Daher gestaltet sich die Prüfungssystematik der Art. 81 f., 86 EGV stets so, daß Maßnahmen der Mitgliedstaaten anhand von Art. 86 I EGV und solche der Unternehmen anhand der Art. 81 f. EGV zu untersuchen sind[277]. Letzteres gilt für die in Art. 86 II EGV bezeichneten Unternehmen dann, wenn der unterbleibenden Geltung der Wettbewerbsbestimmungen ein Rechtfertigungsgrund zur Seite steht[278].

Anzumerken bleibt, daß den Wettbewerbsregeln widersprechende Maßnahmen der Mitgliedstaaten i.S.d. Art. 86 I EGV insbesondere in Gestalt von Normerlassen der Gesetzgeber vorliegen können[279]. Dabei ist der Erlaß oder die Beibehaltung einer Rechtsvorschrift, die dazu führt, daß ein Unternehmen zwingend gegen Art. 82 EGV verstoßen muß, grundsätzlich nicht mit Art. 86 I EGV zu vereinbaren[280].

---

276 EuGH Rs. 155/ 73 (Sacchi) Slg. 1974, 409
277 EuGH Rs. C - 202/ 88 (Telekommunikations – Endgeräte) Slg. 1991, I - 1223
278 EuGH Rs. C – 320/ 91 (Corbeau) Slg. 1993, I – 2533 ; *Haverkate/ Huster*, Europäisches Sozialrecht, Rdnr. 466
279 EuGH Rs. C – 179/ 90 (Porto di Genova) Slg. 1991, I - 5889
280 EuGH Rs. C – 55/ 96 (Job Centre) Slg. 1997, I - 7119

2. Das wettbewerbsspezifische Sozialrecht

a) Die fallbezogenen Problemstellungen

Die Kosten von Leistungen ausländischer Anbieter werden nach den §§ 16 I Nr. 1, 18 I, III SGB V bis auf wenige Ausnahmen von den Krankenversicherungsträgern nicht übernommen. Insbesondere ist eine Kostenübernahme nach § 18 III 3 SGB V unzulässig, „wenn Versicherte sich zur Behandlung ins Ausland begeben". Da die Krankenkassen aufgrund dieser gesetzlichen Vorgaben für die medizinischen Sach– und Dienstleistungen ausländischer Leistungserbringer nicht aufkommen dürfen, sind letztere insoweit gegenüber den inländischen Anbietern benachteiligt.

In Bezug auf die gemeinschaftsrechtlichen Wettbewerbsbestimmungen stellt sich daher die Frage, ob die Regelungen des SGB V und auch die daraus resultierenden Maßnahmen der Krankenversicherungsträger und Spitzenvereinigungen der inländischen Leistungserbringer Wettbewerbsverstöße darstellen.

(1) Die Krankenkassen schließen ausschließlich mit den inländischen Kassen(zahn)ärztlichen Vereinigungen Verträge ab. Da gem. § 95 SGB V lediglich im Inland niedergelassene Leistungserbringer zugelassen werden können, nehmen nur diese Anbieter an der vertragsärztlichen Versorgung teil. Daher erlangen nur sie aus den Verträgen der Spitzenverbände das Recht auf Abrechnung ihrer Leistungen gegenüber den Krankenversicherungsträgern.
Diese Verträge könnten sowohl als Vereinbarung i.S.d. Art. 81 EGV nichtig, als auch als wettbewerbswidrige Maßnahmen nach Art. 82 EGV verboten sein. Insbesondere drängt sich hinsichtlich des Art. 82 EGV der Verdacht von Ausschließlichkeitsbindungen bzw. von Weigerungen der Krankenkassen auf, als marktbeherrschende Unternehmen, mit den ausländischen Leistungserbringern Geschäftsbeziehungen aufzunehmen[281].

Voraussetzung für die Anwendbarkeit der Art. 81 f. EGV wäre in sachlicher Hinsicht, daß entweder sowohl die Krankenversicherungsträger wie auch die Vereinigungen der inländischen Leistungsanbieter (Art. 81 EGV) oder zumindest lediglich die Krankenkassen (Art. 82 EGV) Unternehmen i.S.d. Vorschriften darstellen.

(2) Das vorstehend beschriebene Verhalten der Krankenversicherungsträger und der (Zahn)ärztevereinigungen beruht auf den gesetzlichen Bestimmungen der §§ 16 I Nr. 1, 18, 95 SGB V.
Aus diesem Grund könnte es sich bei diesen Regelungen um Gesetze handeln, die zwangsläufig dazu führen, daß ein oder mehrere Unternehmen gegen die Art. 81 f. EGV verstoßen.

---

[281] vgl. oben IV.1.b)

Durch die Beibehaltung dieser Vorschriften könnte ein Verstoß gegen Art. 86 I EGV vorliegen.
Dafür wäre jedoch auch hier zunächst erforderlich, daß die Krankenversicherungsträger als Unternehmen i.S.d. Norm zu beurteilen wären.

b) Krankenversicherungsträger als Unternehmen i.S.d. Art. 81 ff. EGV ?

Diese für die Anwendbarkeit der gemeinschaftsrechtlichen Wettbewerbsregeln zentrale Fragestellung soll in den Grenzen dieses Exkurses nicht abschließend geklärt werden. Im Rahmen der Überprüfung der nationalen territorialen Beschränkungen der Leistungserbringung anhand der Grundfreiheiten kommt es aus wettbewerbsrechtlicher Sicht vielmehr darauf an, die entsprechenden Bezüge und Problemstellungen aufzuzeigen, sowie einen Überblick über die Lösungsmöglichkeiten zu geben.

(1) Zwar entsprechen sich die Begriffe des Unternehmens in den Art. 81, 82 und 86 I EGV[282], jedoch muß für die „öffentlichen" Unternehmen des Art. 86 II EGV hinzukommen, daß die öffentliche Hand durch eine entsprechende Beteiligung oder durch vertragliche bzw. gesetzliche Regelungen einen beherrschenden Einfluß besitzt[283].
Voraussetzung für die Bejahung der Unternehmenseigenschaft ist eine wirtschaftliche Tätigkeit, wobei es nicht auf die Rechtsform ankommt[284]. Darüber hinaus ist auch nicht von Relevanz, ob es sich um ein aus der Staatsverwaltung ausgegliedertes Unternehmen oder um eine Stelle handelt, die formal Bestandteil der staatlichen Verwaltung ist. Ansonsten wäre es den Mitgliedstaaten möglich, die Anwendbarkeit der Art. 81 ff. EGV durch die rechtliche Ausgestaltung ihrer Verwaltungseinheiten abzuwenden[285].
Daher bleibt maßgeblich, ob eine wirtschaftliche Tätigkeit ausgeübt wird.

(2) Die Ausübung einer wirtschaftlichen Tätigkeit hat der EuGH in Bezug auf „mit der Verwaltung von Systemen der sozialen Sicherheit betraute Einrichtungen" verneint[286]. Damit gelten die Träger der sozialen Sicherheit nicht als Unternehmen i.S.d. europäischen Wettbewerbsbestimmungen[287].
Zur Begründung führte der Gerichtshof aus, daß Einrichtungen, die ausschließlich sozialen Zwecken dienen und die auf dem Grundsatz der Solidarität beruhen, nicht wirtschaftlich tätig seien. Dabei sei maßgeblich, daß die Aufnahme in

---

[282] *Schwarze*, EU – Kommentar, Art. 86, Rdnr. 13
[283] EuGH verb. Rs. 188 – 190/ 80 (Transparenzrichtlinie) Slg. 1982, 2545
[284] EuGH Rs. C – 41/ 90 (Höfner) Slg. 1991, I - 1979
[285] EuGH Rs. 118/ 85 (Kommission/ Italien) Slg. 1987, 2599 ; Rs. C – 55/ 96 (Job Centre) Slg. 1997, I - 7119
[286] EuGH verb. Rs. C – 159/ 91 und 160/ 91 (Poucet und Pistre) Slg. 1993, I - 639
[287] vgl. auch EuGH Rs. C – 238/ 94 (Jose Garcia) Slg. 1996, I - 1673

die Versicherung ohne Rücksicht auf die Vermögenslage und den Gesundheitszustand des Versicherten möglich ist[288], und daß innerhalb und zwischen den einzelnen Bereichen der sozialen Sicherheit eine Umverteilung erfolgt, was vor allem gegen eine wirtschaftliche und für eine solidarische Ausgestaltung spreche[289].

Das Schrifttum hat diese Bewertung des EuGH unterschiedlich aufgenommen[290]. Teilweise wird davon ausgegangen, daß auch die deutsche GKV aufgrund ihrer solidarischen Finanzierung, des Risikostrukturausgleichs und der Leistungsgewährung unabhängig vom Gesundheitszustand des Versicherten bei Eintritt in ihrer heutigen Form nicht als Unternehmen angesehen werden kann[291]. Gleichzeitig wird jedoch darauf hingewiesen, daß im Falle der Ausweitung der bestehenden Tendenzen zur Abschwächung des Solidaritätsgedankens[292] bei gleichzeitiger Verstärkung des Wettbewerbs unter den Krankenversicherungsträgern[293] die Anwendbarkeit der gemeinschaftsrechtlichen Wettbewerbsvorschriften unumgänglich werde[294].
Andererseits wird die Beurteilung des Gerichtshofs als unzutreffend zurückgewiesen und insbesondere darauf aufmerksam gemacht, daß der EuGH zu Unrecht verschiedene Elemente der Sozialversicherung dem Solidaritätsprinzip zugeordnet hat[295]. Dabei wird zu bedenken gegeben, daß der Umstand, daß die Versicherung nicht in Abhängigkeit von der Vermögenslage des zu Versicherten erfolgt, auch in der privaten Krankenversicherung typisch ist und daher den Ausschluß aus dem europäischen Wettbewerbsrecht nicht zu rechtfertigen vermag[296]. Zum Argument der Umverteilung ist anzumerken, daß eine strikte Trennung des Solidaritätsgedankens von einer wirtschaftlichen Ausgestaltung des Sozialsystems nicht zwingend erscheint[297].

---

288 EuGH Rs. Poucet und Pistre, a.a.O., Rdnr. 9
289 EuGH, a.a.O., Rdnr. 12
290 zustimmend *Stelzen*, „Gesetzliche Krankenversicherung und deutsches/ europäisches Wettbewerbsrecht", in: SozVers 2000, 141,174
291 *Schulz – Weidner*, in: Schulte/ Barwig, S. 308
292 hierzu *Sahmer*, „Krankenversicherungen in Europa", in: NZS 1997, 260 ; *Schmeinck*, „Neu denken: Wettbewerb im Dienste der Versicherten", in: BKK 2000, 474
293 hierzu *Schönbach/ Burger*, „Verlässlichkeit auf Dauer sichern", in: BKK 2000, 333 ; *Hovermann*, „Wettbewerb im Gesundheitswesen", in: BKK 2000, 419 ; *Knappe*, „Demographischer Wandel, medizinischer Fortschritt, europäischen Integration", in: BKK 2000, 527
294 *Schulz – Weidner*, in: Schulte/ Barwig, S. 309
295 sehr eingehend *Haverkate/ Huster*, Europäisches Sozialrecht, Rdnr. 486 ff.
296 *Haverkate/ Huster*, a.a.O., Rdnr. 488
297 *Haverkate/ Huster*, a.a.O., Rdnr. 499 ff. ; *Neubauer*, „Zukunft der GKV: Herausforderung und Reformoptionen", in: BKK 2000, 468

Wie und ob der EuGH auf die Kritik aus der Literatur reagieren wird, bleibt abzuwarten[298].
Jedenfalls bleibt diese Entscheidung maßgebend für die Anwendbarkeit der Art. 81 ff. EGV auf die GKV.

c) Das Verhältnis zu den Grundfreiheiten

Die Anwendbarkeit der Wettbewerbsvorschriften vorausgesetzt, ist im Hinblick auf die eingangs dargestellten Problemstellungen[299] zunächst nochmals festzustellen, daß die ausländischen Leistungserbringer beim Wettbewerb um die Erbringung von Gesundheitsleistungen durch den nationalgesetzlichen Ausschluß der Kostenübernahme über die in § 18 SGB V hinaus geregelten Fälle wesentlich behindert werden. Rechtlich und faktisch ist es den Mitgliedern der GKV zwar möglich, die Anbieter im Ausland in Anspruch zu nehmen, da sie jedoch damit zu rechnen haben, die Kosten hierfür selbst tragen zu müssen, werden sie mittelbar davon abgehalten, medizinische Sach– und Dienstleistungen im Ausland zu erwerben.
Wie bereits erörtert wurde, stellt dieser Umstand auch eine Beschränkung des freien Warenverkehrs dar[300].

Eine Beschränkung der Grundfreiheiten bedarf eines Rechtfertigungsgrundes. Ein solcher war für medizinische Sachleistungen, die im Inland nach dem Kostenerstattungsverfahren erhältlich sind, nicht zu erkennen.
Der Grundrechtsprüfung vergleichbar, entspricht es der ständigen Rechtsprechung des EuGH, daß den Mitgliedstaaten das Recht zusteht, „aus Gründen, die im öffentlichen Interesse liegen und nicht wirtschaftlicher Art sind" wettbewerbsbeschränkende Maßnahmen vorzunehmen[301]. Soweit ein derartiger Rechtfertigungsgrund gegeben sein sollte, stellt eine Wettbewerbsbeschränkung keinen Verstoß gegen Art. 81 ff. EGV dar[302].

Als Gründe des öffentlichen Interesses, die die Mitgliedstaaten – hier die Bundesrepublik Deutschland – zur Beschränkung des Wettbewerbs im Bereich der medizinischen Versorgung berechtigen könnten, kommen dieselben Erwägungen in Betracht, die bereits zur Rechtfertigung der Beschränkung des freien Wa-

---

[298] Soweit Sozialversicherungen auf der Grundlage freiwilliger Beitritte betroffen sind, hat der Gerichtshof diesen die Unternehmenseigenschaft bereits zugesprochen, EuGH Rs. C – 244/94 (Caisse centrale de la mutualite sociale agricole) Slg. 1995, I - 4013
[299] vgl. oben IV.2.a)
[300] vgl. oben II.
[301] EuGH Rs. 155/ 73 (Sacchi) Slg. 1974, 409 ; Rs. C – 260/ 89 (ERT) Slg. 1991, I - 2925
[302] *Giesen*, Sozialversicherungsmonopol und EG – Vertrag, S. 24 ; *Stelzer*, „Gesetzliche Krankenversicherung und deutsches/ europäisches Wettbewerbsrecht", in: SozVers 2000, 141, 171

renverkehrs herangezogen wurden[303]. Es zeigt sich daher, daß sich bei der Prüfung eines Verstoßes gegen die Grundfreiheiten und bei der einer Verletzung der Wettbewerbsvorschriften stets die gleichen Argumentationen wiederfinden. Aus diesem Grund gelangt man jeweils auch zu einheitlichen Ergebnissen.

Folglich kann sehr wohl davon gesprochen werden, daß die Entscheidung des gemeinschaftsrechtlichen Normgebers für eine Wettbewerbsordnung und die Entscheidung für die Grundfreiheiten „zwei Seiten derselben Medaille" darstellen[304]:
Was aus freizügigkeitsrechtlicher Sicht für die Leistungsempfänger und die ausländischen Anbieter die Warenverkehrs- sowie die aktive und passive Dienstleistungsfreiheit ist, ist aus wettbewerbsrechtlicher Sicht für die ausländischen Anbieter der Schutz vor unzulässigen Verhaltensweisen der Konkurrenz[305].

Dies bedeutet im Ergebnis, daß – soweit das Wettbewerbsrecht als einschlägig erachtet wird – in dem hier untersuchten Ausschluß der Kostenübernahme für medizinische Erzeugnisse, die im Inland im Wege des Kostenerstattungsprinzips in Anspruch genommen werden können, gleichfalls ein Verstoß gegen die Art. 81, 82 EGV durch die Krankenversicherungsträger und gegen Art. 86 EGV durch den deutschen Gesetzgeber zu sehen ist. Auch bei den weiteren Gesundheitsleistungen[306] wären Wettbewerbsverstöße im Falle des Vorliegens von Verletzungen der Grundfreiheiten zu bejahen.

---

[303] vgl. oben III.2.
[304] *Haverkate/ Huster*, Europäisches Sozialrecht, Rdnr. 610
[305] i.d.S. auch *Stelzer*, in: SozVers 2000, 141, 178, der vom „europäischen primären Wettbewerbsrecht in Gestalt der (...) Warenverkehrs – und Dienstleistungsfreiheit" ausgeht.
[306] vgl. unten 3. Und 4. Kapitel

3. Kapitel : Die Beeinträchtigung des freien Dienstleistungsverkehrs durch die territorial eingeschränkte Erbringung von Leistungen, die im Inland nach dem Kostenerstattungs - prinzip abgewickelt werden

Verlangen Versicherte von ihrer Krankenkasse die Erstattung der Kosten für im EG – Ausland erworbene Gesundheitswaren, die sie auch im Inland nach dem Kostenerstattungsprinzip hätten in Anspruch nehmen können, in Höhe der deutschen Preise, so steht ihnen ein darauf gerichteter Anspruch aus §§ 11 I Nr.4, 27 ff. SGB V zu. Dieser ist in Analogie zu §§ 17 II, 18 III 2 Hs. 1 SGB V durch die tatsächlich angefallenen Aufwendungen limitiert[307].
Der Genehmigungsvorbehalt der VO (EG) Nr. 1408/71 greift nicht ein. Der Leistungsausschluß der §§ 16, 18 SGB V gelangt wegen Verstoßes gegen die Warenverkehrsfreiheit der Art. 28, 29 EGV ebenfalls nicht zur Anwendung.
Hinsichtlich medizinischen Erzeugnissen, die im Inland im Wege der Kostenerstattung erlangt werden können, bestehen die gleichen Ansprüche wie in Luxemburg. Das Urteil in der Rechtssache Decker ist folglich insoweit auf das deutsche Krankenversicherungssystem übertragbar.

In Bezug auf medizinische Dienstleistungen kommt durch den Leistungsausschluß des SGB V im Falle der Beschaffung im Ausland ein Verstoß gegen die Dienstleistungsfreiheit in Betracht. Deren Anwendbarkeit ist – wie auch die der Warenverkehrsfreiheit -- im Bereich der sozialen Sicherheit nicht durch die Befugnis der Mitgliedstaaten zur inhaltlichen Ausgestaltung ihrer Sozialsysteme ausgeschlossen[308]
In der Rechtssache Kohll hat der EuGH dies hinsichtlich des luxemburgischen Genehmigungsvorbehalts bejaht.
Da das luxemburgische Gesundheitswesen allein nach dem Kostenerstattungsprinzip verfährt, stehen auch hier vorab nur Erstattungsansprüche auf im EG – Ausland in Empfang genommene Dienstleistungen zur Prüfung an, die auch im Inland im Wege der Kostenerstattung bezogen werden können[309].
Ein Verstoß gegen Art 49, 50 EGV hätte ebenfalls einen Kostenerstattungsanspruch in Höhe der inländischen Sätze zur Folge.

---

307 vgl. auch *Haverkate/ Huster*, Europäisches Sozialrecht, Rdnr. 616
308 vgl. oben 1. Kapitel, III.2.
309 vgl. hierzu 1. Kapitel, I.

I. Der Anwendungsbereich der Dienstleistungsfreiheit

1. Begriff

Nach Art. 50 EGV zählen zu den Dienstleistungen alle Leistungen, die i.d.R. gegen Entgelt erbracht werden, soweit sie nicht den Vorschriften über den freien Waren– und Kapitalverkehr unterliegen. Abs. 2 nennt als Dienstleistung u.a. explizit die freiberuflichen Tätigkeiten.
Der freie Dienstleistungsverkehr ist erkenntlich als „Auffanggrundfreiheit" konzipiert[310]. Aufgrund der Subsidiarität insbesondere zur Niederlassungsfreiheit und der weitgehenden Deckungsgleichheit mit deren Anwendungsbereich, wurde der Dienstleistungsfreiheit anfangs kaum Bedeutung zugemessen. Dies hat sich erst mit dem enormen Anwachsen des Dienstleistungssektors geändert[311]. Der Schutzbereich dieser beiden Freiheiten unterscheidet sich darin, daß die Niederlassungsfreiheit einen dauerhaften Zustand privilegiert, während Dienstleistungen von vorübergehender Natur sind[312]. Während jeder Leistungserbringer nach dem EG – Vertrag seine Niederlassung nur an einem Ort haben kann, können Dienstleistungen an unterschiedlichen Orten und auch in verschiedenen Ländern erbracht werden.
Einzelne ärztliche Leistungen stellen vorübergehende Tätigkeiten dar und fallen, soweit die sonstigen Begriffsmerkmale erfüllt sind, nicht unter die Niederlassungs-, sondern die Dienstleistungsfreiheit.

Eine Leistung wird dann gegen ein Entgelt i.S.d. Art. 50 EGV erbracht, wenn diese als eine mit Gewinnerzielungsabsicht durchgeführte wirtschaftliche Betätigung zu beurteilen ist[313]. Unerheblich ist dabei, wer das Entgelt bezahlt. Dies muß nicht zwingend durch den Empfänger der Leistung geschehen[314].
Abgesehen davon, daß als Freiberufler tätige Ärzte, Zahnärzte usw. schon nach Art. 50 II EGV zu den Dienstleistungserbringern i.S.d. Vorschrift zählen, ist für die Leistungen sonstiger im Gesundheitswesen tätiger Berufsgruppen ausschlaggebend, ob diese mit Gewinnerzielungsabsicht durchgeführte wirtschaftliche Tätigkeiten darstellen.
Dabei ist zu beachten, daß jeder im Kassenvertragssystem Tätige i.d.R. darauf angewiesen ist, durch diese Arbeit seinen Lebensunterhalt zu bestreiten. Die Leistungen werden nicht zum „Selbstkostenpreis" erbracht, sondern dienen der

---

[310] *Kröck*, Der Einfluß der europäischen Grundfreiheiten am Beispiel der Ärzte und Arzneimittel, S. 105
[311] *GTE/Troberg*, Vorb. zu Art. 59-60, Rdnr. 9ff.
[312] EuGH Rs. C – 55/ 94 (Reinhard Gebhard/ Consiglio dell' ordine degli avvocatie procuratori di Milano) Slg. 1995, I - 4165
[313] EuGH Rs. 263/86 (Humbel) Slg. 1988, 653; *Reindl*, Negative Dienstleistungsfreiheit im EWG – Vertrag, S. 69 ff.
[314] EuGH Rs. 352/85 (Bond van Adverteerders) Slg. 1988, 2085; *Hailbronner*, in: Handkommentar zum Vertrag über die Europäische Union, Art. 59/60, Rdnr. 11

Schaffung und Erhaltung einer Lebensgrundlage. Nicht entscheidend ist, ob das Sozialsystem als solches darauf ausgerichtet ist, wirtschaftliche Gewinne zu erzielen oder alleine auf dem Solidaritätsgedanken beruht[315]. Diese Tätigkeit ist nämlich aus der Sicht dessen zu beurteilen, der sie tatsächlich erbringt. Das sind unabhängig davon, ob die Leistungen gegenüber dem Versicherten im Wege der Sachleistung, Kostenerstattung oder durch einen nationalen Gesundheitsdienst erbracht werden, immer die behandelnden Ärzte, Zahnärzte, bzw. Krankenhäuser, für die sie tätig sind. Ansonsten könnten sich die Mitgliedstaaten durch entsprechende Ausgestaltung ihrer Sozialordnungen der Anwendbarkeit der Dienstleistungsfreiheit entziehen. Daß es aber nicht auf die Person, die das Entgelt entrichtet ankommt, wurde bereits ausgeführt.

Daher gelten auch im Falle des Sachleistungsprinzips, bei dem die Leistung im Verhältnis zum Versicherten durch die Krankenversicherungsträger mittels zwischengeschalteter Leistungserbringer erbracht wird, gerade diese Leistungserbringer als Maßstab für die Bewertung der vorgenommenen Tätigkeit als Dienstleistung.
Da sie mit Gewinnerzielungsabsicht handeln, sind medizinische Tätigkeiten[316] als Dienstleistungen i.S.d. Art 50 EGV anzusehen[317].

Voraussetzung bleibt jedoch, daß es sich um eine länderübergreifende Tätigkeit handelt. Das ist zu bejahen, wenn die Leistung gegenüber einem Versicherten aus einem anderen als dem Niederlassungsstaat des Leistungserbringers erbracht wird. Das bedeutet regelmäßig, daß der Anbieter sich entweder in den Wohnstaat des Versicherten oder dieser sich ins Ausland zum Leistungserbringer begeben muß[318].

---

[315] so *Giesen*, Sozialversicherungsmonopol und EG – Vertrag, S. 151 ff.; a.A.: *Becker* , in: NZS 1998, 359 f; *Heinemann*, Grenzen staatlicher Monopole im EGV, S. 119 f.; vgl. auch EuGH Rs. C- 159 und 160/91 (Poucet) Slg. 1993, I - 637

[316] zur Abgrenzung zur Warenverkehrsfreiheit vgl. *Geiger*, Art. 59, Rdnr. 1

[317] EuGH Rs. C – 159/90 NJW 1993, 776; Rs. 286/82 und 26/83 NJW 1984, 1288; Rs. C – 158/96 NJW 1998, 1771 ; *Lichtenberg*, „Ärztliche Tätigkeiten, klinische Leistungen und freier Dienstleistungsverkehr im Gemeinsamen Markt", in: VSSR 1978, 125, 135

[318] *Lichtenberg*, a.a.O., S. 127; *GTE/Troberg*, Art. 60, Rdnr. 5

2. Umfang

a) Unstreitig wird die aktive Dienstleistungsfreiheit von den Art. 49 ff. EGV erfaßt.
Sie ist dann betroffen, wenn sich der Leistungserbringer zum Empfänger begibt und dort als Gebietsfremder in dessen Wohnstaat seine Leistungshandlung vornimmt[319].

b) Unklarheit herrschte lange Zeit über die Konstellation, daß sich der Empfänger in den Niederlassungsstaat des Leistungserbringers begibt. Z.T. wurde diesbezüglich vertreten, daß die passive Dienstleistungsfreiheit, also das Recht des Empfängers Dienstleistungen in Anspruch zu nehmen, nicht unter den Schutz der Art. 49 ff. EGV fallen könnte, weil sich diese Vorschriften lediglich auf die Person des Leistungserbringers beziehen[320].
Wie jedoch vor allem von Reindl[321] überzeugend dargelegt wurde, ist diese Ansicht nicht haltbar. Geschützt wird der gesamte Dienstleistungsverkehr. Dieser kommt eben u.a. auch dadurch zustande, daß sich ein Versicherter zum ausländischen Arzt begibt. Gleiches gilt für den Touristen, der im Urlaubsland Dienstleistungen begehrt. Auch ist die Parallele zum Einkauf von Waren im Ausland zu ziehen. Dieser fällt genauso unter die Vorschriften der Warenverkehrsfreiheit wie der Kauf von bereits eingeführten ausländischen Waren. Folglich kann für die insoweit gleich konzipierten Dienstleistungen nichts anderes gelten.

In diesem Sinne hat auch der EuGH wiederholt entschieden, daß Personen, die eine medizinische Behandlung in Anspruch nehmen, als Empfänger von Dienstleistungen anzusehen und daher berechtigt sind, sich zu diesem Zwecke in einen anderen Mitgliedstaat zu begeben, ohne durch Beschränkungen daran gehindert zu werden[322].
Dieser Auffassung ist das Schrifttum zu Recht weitgehend gefolgt[323].
Somit können sich auch die Empfänger auf die Dienstleistungsfreiheit berufen.

Der vereinzelt vertretenen Meinung, aus der Entscheidung „Luisi und Carbone" sei die Auffassung des EuGH zu entnehmen, aus den Art. 49 ff. EGV folge bereits die Verpflichtung der Träger, den Empfängern alle durch Auslandsbehandlungen entstandenen Kosten zu erstatten[324], tritt v. Maydell mit überzeu-

---

[319] *Oppermann*, Europarecht, Rdnr. 1504
[320] *Deringer/Sedemund*, „Europäisches Gemeinschaftsrecht", in: NJW 1976, 2052 f.; *Börner*, „Rechtsfragen des Zahlungs – und Kapitalverkehrs in der EWG", in: EuR 1966, 98 ff.
[321] *Reindl*, Negative Dienstleistungsfreiheit im EWG - Vertrag, S. 69 ff.
[322] EuGH Rs. 286/82 und 26/83 (Luisi und Carbone) Slg. 1984, 377 ; Rs. 186/87 (Cowan) Slg. 1989, 1952
[323] *Bleckmann*, Europarecht, Rdnr. 1986 ; *Völker*, Passive Dienstleistungsfreiheit im Europäischen Gemeinschaftsrecht, S. 57 ff. ; *Kröck*, S. 113
[324] so *Steindorff*, „Dienstleistungsfreiheit im EG – Recht", in: RIW 1983, 831

genden Argumenten entgegen[325]. Abgesehen davon, daß die Erstattungspflicht in besagtem Urteil nur nebenbei angesprochen wurde, ohne daß der EuGH zur Möglichkeit der Rechtfertigung einer Beschränkung Stellung nahm[326], ging es lediglich um die Rechtmäßigkeit eines Einfuhrverbots von Devisen zum Zwecke der Bezahlung von medizinischen Behandlungen.
Folglich können daraus keine weitergehenden Aussagen als die dargestellten gezogen werden.

c) Letztlich ist neben der aktiven und passiven Dienstleistungsfreiheit auch der Schutz sogenannter Korrespondenzleistungen anerkannt. Auch bei dieser Fallgruppe stehen sich die Beteiligten als Gebietsfremde gegenüber, jedoch mit dem Unterschied, daß keiner von beiden seine Landesgrenzen überschreitet. Lediglich die Dienstleistung wird fernmündlich oder mittels elektronischer Datenverarbeitung dem Empfänger übermittelt[327].

d) Ergänzend sei an dieser Stelle nochmals darauf hingewiesen, daß der Anwendungsbereich der Dienstleistungsfreiheit auch den Bereich der sozialen Sicherheit erfaßt. Der Umstand, daß die Sozialsysteme der Regelungskompetenz der Mitgliedstaaten unterfallen, führt nicht zum Wegfall der Verpflichtung zur Vertragskonformität der in diesem Bereich ergangenen nationalen Rechtsvorschriften[328].

---

[325] v. *Maydell*, in: v. Maydell/ Schnapp, S. 33

[326] vgl. dazu die allgemeinen Ausführungen von *Jarass*, „Die Grundfreiheiten als Grundgleichheiten", in: Festschrift für Everling, Band 1, S. 593 ff.

[327] EuGH Rs. C – 275/92 (Schindler) Slg. 1994, 1039 ; Rs. 52/79 (Debaume) Slg. 1980, 833 ; *Schnichels*, Reichweite der Niederlassungsfreiheit, S. 33

[328] vgl. oben 1. Kapitel, III.2.

II. Die Beschränkung

a) Der hier anstehende Prüfungsgegenstand entspricht dem bisherigen[329] mit dem Unterschied, daß es nicht um den Kauf von Gesundheitswaren, sondern um die Inanspruchnahme von medizinischen Behandlungen im Ausland geht.

b) Dafür gilt es anfangs wieder den Prüfungsmaßstab zu bestimmen.
In Erwägung zu ziehen ist die Übernahme der Rechtsprechung des EuGH zur Beschränkung des freien Warenverkehrs. Dies wird z.T. auch unter Hinweis auf die Eigenschaft von Dienstleistungen als nicht verkörperte Güter gefordert[330]. Andere Autoren agieren zurückhaltender, möchten aber dennoch die Erwägungen des Gerichtshofs zur Einschränkung des Art. 28 EGV auch bei der Dienstleistungsfreiheit zur Anwendung bringen[331].

Dem ist jedoch entgegenzuhalten, daß der EuGH diese Übertragung seiner Rechtsprechung bisher in keiner seiner Entscheidungen ausdrücklich vorgenommen hat, obwohl ihm die Problematik durchaus gegenwärtig ist. Daß er in der Struktur der beiden Grundfreiheiten zwar Parallelen sieht, aber dennoch für Art. 49, 50 EGV einen eigenen Prüfungsmaßstab für erforderlich erachtet, kommt vor allem in seinem zweiten Urteil vom 28. 04.1998 zum Ausdruck[332].
Während der Gerichtshof bei der Rechtssache Decker, bei der die Kostenerstattung für eine im Ausland erworbene Brille in Rede stand, die Dassonville – Formel noch wörtlich zitierte, verwies er in der Rechtssache Kohll explizit auf seine bisherige Rechtsprechung zur Dienstleistungsfreiheit[333] und stellte allein darauf ab, ob „die Leistung von Diensten zwischen Mitgliedstaaten im Ergebnis gegenüber der Leistung von Diensten im Innern eines Mitgliedstaates erschwert" wird[334].

c) Auch die Entwicklung der Rechtsprechung zum Beschränkungsbegriff im Rahmen der Dienstleistungsfreiheit ging ihren eigenen Weg und spricht daher gegen das Ansinnen, die für Art. 28 EGV entwickelten Anforderungen zu übernehmen, wenn auch gewisse Überschneidungen nicht zu leugnen sind[335].
Zu Anbeginn wurde Art. 49 EGV wegen der Regelung in Art. 50 III EGV, die dem Leistungserbringer das Recht zuschreibt, seine Tätigkeit vorübergehend auch in einem anderen Mitgliedstaat und zu den gleichen Bedingungen, die für

---

329 vgl. oben 2. Kapitel, II. 1.
330 *Hailbronner/ Nachbaur*, „Die Dienstleistungsfreiheit in der Rechtsprechung des EuGH", in: EuZW 1992, 105
331 *Beutler/Bieber/Pipkorn/Streil*, Anm. 9.6.3
332 EuGH Rs. C – 158/96 (Raymond Kohll/Union des caisses de maladie) Slg. 1998, I - 1931
333 EuGH Rs. C – 381/93 (Kommission/Frankreich) Slg. 1994, I - 5145
334 EuGH, Rechtssache Kohll, a.a.O., Rdnr. 33
335 *GTE/Troberg*, Art. 59, Rdnr. 23

dessen Angehörige gelten, auszuüben, als reines Diskriminierungsverbot angesehen[336].
Später entschied der EuGH, daß auch nicht diskriminierende Behinderungen vom Beschränkungsverbot des Art. 49 EGV erfaßt sind[337]. Solche Beschränkungen können jedoch durch gewichtige Allgemeininteressen gerechtfertigt werden. Darin, daß die Prüfung dieser „Allgemeininteressen" eindeutig auf der Rechtfertigungsebene zu erfolgen hat, liegt bereits der wesentliche Unterschied zur Cassis – de – Dijon – Rechtsprechung, deren „zwingende Erfordernisse" im Rahmen der Beschränkung des Art. 28 EGV zu untersuchen sind[338]. Seine Rechtsprechung zu den nicht diskriminierenden Beschränkungen des freien Warenverkehrs hat der EuGH auch nach dem Keck – Urteil beibehalten[339].

Im weiteren Verlauf wurde seitens des Gerichtshofs klargestellt, daß neben den unmittelbaren auch mittelbare Diskriminierungen zu den Beschränkungen des freien Dienstleistungsverkehrs gehören[340]. Gleiches gilt für Maßnahmen, die geeignet sind, die Dienstleistungsfreiheit zu behindern[341].

Genau darauf stellte der EuGH in der Rechtssache Kohll zu Recht ab.
Daß Art. 49 EGV auch die passive Dienstleistungsfreiheit der Leistungsempfänger schützt, entspricht der einhelligen Auffassung in Rechtsprechung und Literatur. Ein Genehmigungsvorbehalt oder ein Leistungsausschluß für Auslandsbehandlungen verbietet nun dem Versicherten nicht, ausländische Leistungserbringer in Anspruch zu nehmen, er macht jedoch die anschließende Kostenerstattung von der Erteilung der Genehmigung abhängig. Da Inlandsleistungen genehmigungsfrei bezahlt werden, liegt eine Benachteiligung der Versicherungsmitglieder vor, die sich im Ausland behandeln lassen wollen. Sie werden im Falle der Nichterteilung der Genehmigung davon abgehalten, ausländische Leistungserbringer zu konsultieren, weil sie die Kosten scheuen, die dann auf sie zukommen.
Folglich beinhaltet eine Regelung, die die Kostentragung von einer vorherigen Genehmigung abhängig macht, eine mittelbare Diskriminierung der ausländischen Leistungserbringer[342] und auch eine mittelbare Beschränkung der passiven Dienstleistungsfreiheit der Versicherten, die die Gesundheitsleistungen empfangen[343].

---

[336] *Wohlfarth*, in: Wohlfart/Everling/Glaesner/Sprung, Art. 59, Anm. 1
[337] EuGH Rs. 33/74 (van Binsbergen) Slg. 1974, 1299
[338] so die h.M., vgl. *Hailbronner*, Handkommentar, Art. 60, Rdnr. 27
[339] EuGH Rs. C – 55/91 (Schaik) Slg. 1994, 4837 ; Rs. 43/94 (Vander Elst/ OMI) Slg. 1994, I - 3803
[340] EuGH Rs. 15/78 (Koestler) Slg. 1978, 1971
[341] EuGH Rs. C – 76/90 (Säger/Dennemeyer) Slg. 1991, I - 4221
[342] *Steindorff*, „Dienstleistungsfreiheit im EG – Recht", in: RIW 1983, 831 ff.
[343] *Everling*, „Das Verbot grenzüberschreitenden Leistungsaustausches im europäischen Kontext", in: DOK 1994, 449 f. ; *Zechel*, S. 50 ; zustimmend *Schulz – Weidner*, in: Schulte/ Barwig, S. 330, der darüber hinaus darauf hinweist, daß ein pauschaler Ausschluß ausländi-

d) Zum gleichen Ergebnis kommt der EuGH, indem er ausführt, daß die besagte Regelung dazu führt, daß Kosten für Auslandsbehandlungen nur Versicherte ersetzt bekommen, die eine Genehmigung haben, während Inlandsbehandlungen kostenmäßig grundsätzlich immer getragen werden. Deshalb behindert sie den freien Dienstleistungsverkehr und stellt sowohl eine Beschränkung der Dienstleistungsfreiheit der ausländischen Leistungserbringer , wie auch die der Patienten dar[344].

Wie schon bei der Warenverkehrsfreiheit hat Gleiches erst recht für eine nationale Regelung zu gelten, die die Kostenübernahme für Auslandsbehandlungen grundsätzlich ausschließt, wenn sich der Versicherte zum Zwecke der Behandlung ins Ausland begeben hat, diese jedoch nach dem allgemein anerkannten Stand der medizinischen Erkenntnisse auch im Inland möglich gewesen wäre.
Die in diesen Fällen unterbleibende Kostenerstattung hält die Versicherten der GKV ebenso davon ab, medizinische Dienstleistungen im Ausland in Anspruch zu nehmen. Einerseits muß nämlich vorab verbindlich feststehen, ob es sich um eine nur im Ausland erhältliche Behandlung handelt und andererseits wird dies nur in den seltensten Fällen tatsächlich anzunehmen sein.
Folglich stellt der Leistungsausschluß der §§ 16 I Nr.1, 18 I, III SGB V auch eine Beschränkung des freien Dienstleistungsverkehrs dar.

---

scher Leistungserbringer im Ergebnis zu einer Niederlassungspflicht führt und aus diesem Grund besonders gravierend in die Dienstleistungsfreiheit eingreift.

[344] EuGH, Rechtssache Kohll, a.a.O., Rdnr. 34 f.

III. Die Rechtfertigung

1. Grundsätzliches

a) Ausgangsnorm für die Beurteilung der Rechtfertigung von Beschränkungen des freien Dienstleistungsverkehrs ist Art. 55 EGV i.V.m. Art. 46 EGV.
Demnach können beeinträchtigende Maßnahmen, die eine Sonderregelung für Ausländer vorsehen, aus Gründen der öffentlichen Ordnung, Sicherheit oder Gesundheit gerechtfertigt sein. Entsprechend den Ausführungen zur Warenverkehrsfreiheit ist auch hier maßgeblich auf den Rechtfertigungsgrund der öffentlichen Gesundheit abzustellen[345].

Zu beachten ist jedoch die systematische Stellung des Art. 46 EGV im zweiten Kapitel des Titel III des EG - Vertrags, das die Vorschriften zum Niederlassungsrecht beinhaltet. Für diesen Bereich ist Art 46 EGV weitgehend durch die RL 64/221/EWG ausgefüllt[346]. Darin sind bestimmte Krankheitsgruppen festgelegt worden, bei deren Vorliegen der Zuzug verweigert werden kann.
Diese Regelung ist nun auf die Dienstleistungsfreiheit nur sehr beschränkt übertragbar, da dabei eine Grenzüberschreitung – insbesondere des Leistungserbringers – nicht zwingend erforderlich ist.
Diesbezüglich überwiegt die Parallelität zur Warenverkehrsfreiheit, so daß die dazu entwickelten Grundsätze zur Ausfüllung des Begriffs der öffentlichen Gesundheit ergänzend heranzuziehen sind[347].

b) Eine weitere Besonderheit ist im Rahmen des Art. 46 EGV darin zu erkennen, daß dort die Rede von „Sonderregelungen für Ausländer" ist.
Daraus wird deutlich, daß der europarechtliche Normgeber die Rechtfertigung von diskriminierenden und nicht diskriminierenden Beschränkungen des freien Dienstleistungsverkehrs differenziert behandelt. Infolge dessen hat der EuGH dargelegt, daß nicht diskriminierende Maßnahmen über den Wortlaut des Art. 46 EGV hinaus auch aus „zwingenden Gründen des Allgemeininteresses" gerechtfertigt sein können[348].
Nach anfänglichen Unsicherheiten, die auf die strukturelle Ähnlichkeit mit den „zwingenden Erfordernissen", die im Rahmen des Art. 28 EGV das Vorliegen einer Beschränkung ausschließen, zurückzuführen sind[349], herrscht nunmehr weitgehende Einigkeit über die Qualifizierung des „Allgemeininteresses" als Rechtfertigungsgrund[350].

---

[345] vgl. oben 2. Kapitel, III. 1.
[346] ABl. EG 1964, Nr. 56, S. 850
[347] EuGH (van Duyn) Slg. 1974, 1350
[348] EuGH Rs. 205/84 (Kommission/Deutschland) Slg. 1986, 3803
[349] vgl. oben 2. Kapitel, II. 2. b)
[350] *Hailbronner*, in: Handkommentar, Art. 60, Rdnr. 27 ; *GTE/Troberg*, Art. 59, Rdnr. 18

Damit gestaltet sich das bestehende Rechtfertigungssystem so, daß diskriminierende Maßnahmen nur durch die in Art. 46 EGV genannten Gründe gerechtfertigt sein können, während für nicht diskriminierende Maßnahmen auch noch eine Rechtfertigung durch zwingende Gründe des Allgemeininteresses zu prüfen ist[351].
Für diese Prüfung ist anerkannt, daß es vorab zu untersuchen gilt, ob das in Betracht kommende Allgemeininteresse bereits im Niederlassungsstaat gewahrt ist[352]. Daran schließt sich sodann eine Verhältnismäßigkeitsprüfung an[353].
Bei der Festlegung der Allgemeininteressen, die die einzelnen Mitgliedstaaten mit ihren Sozialversicherungssystemen verfolgen, billigt der EuGH den Mitgliedstaaten einen weiten Ermessensspielraum zu[354].

c) Der Ausschluß der Kostenerstattung gem. §§ 16 I Nr.1, 18 SGB V stellt für die ausländischen Leistungserbringer (aktive Dienstleistungsfreiheit) eine diskriminierende und für die Versicherten (passive Dienstleistungsfreiheit) eine nicht diskriminierende Maßnahme dar.
Ausländische Leistungserbringer haben geringere Aussichten von Versicherten anderer Mitgliedstaaten in Anspruch genommen zu werden als die in diesem Staat niedergelassenen Leistungserbringer, weil die Behandlungskosten nur im letzten Fall nach Maßgabe der jeweiligen Sozialsystemen vollumfänglich, also über die oben genannten Leistungen hinaus, getragen werden. Insoweit werden ausländische Leistungserbringer benachteiligt. Bei diesen handelt es sich naturgemäß nahezu durchgehend um Angehörige eines anderen Mitgliedstaates, nämlich regelmäßig um solche des Niederlassungsstaates.
Eine Ungleichbehandlung unter den Leistungsempfängern ist demgegenüber nicht zu verzeichnen, da die Kosten für Auslandsbehandlungen - unabhängig von ihrer Nationalität - einheitlich nur mit den dargestellten Einschränkungen von den Krankenversicherungsträgern übernommen werden. Auch ist nicht von einer mittelbaren Diskriminierung auszugehen, da hierfür der Nachweis erforderlich wäre, daß mehr Aus – als Inländer zwecks Behandlung ins Ausland reisen.

Aus diesen Gründen sind zunächst – wie bei der Warenverkehrsfreiheit – die Rechtfertigungsgründe bezüglich der öffentlichen Gesundheit, also die Erhaltung des finanziellen Gleichgewichts, sowie die Qualitätskriterien zu prüfen. Sollte sich daraus noch keine Rechtfertigung ergeben, bleibt hinsichtlich der Beschränkung der passiven Dienstleistungsfreiheit der Versicherungsmitglieder zu untersuchen, ob für die Beschränkungen sonstige Allgemeininteressen bestehen, die zur Rechtfertigung herangezogen werden können.

---

[351] *Giesen*, S. 44
[352] EuGH Rs. C – 180/89 (Kommission/Italien) Slg. 1991, I - 707
[353] *Heinemann*, S. 121
[354] EuGH Rs. 238/82 (Duphar) Slg. 1984, 523 ; Rs. C – 275/92 (Schindler) Slg. 1994, I - 1039

d) Die Vorschriften der §§ 16, 18 SGB V beziehen sich gleichermaßen auf medizinische Erzeugnisse und Dienstleistungen. Aus diesem Grund werden im Zusammenhang mit Dienstleistungen von den Beteiligten dieselben Positionen wie bei der Frage nach der Vereinbarkeit der territorialen Einschränkungen mit der Warenverkehrsfreiheit vertreten. Auch hier wird von den Krankenversicherungsträgern im wesentlichen zur Rechtfertigung auf Gesichtspunkte, die die Erhaltung der finanziellen Stabilität der GKV, die Qualität der Leistungen und die Gewährleistung einer flächendeckenden Versorgung im Inland betreffen, abgestellt. Die klagenden Versicherungsmitglieder begegnen diesen Erwägungen ebenfalls mit den Argumenten, die bereits den Rechtfertigungsversuchen zur Beschränkung des freien Warenverkehrs entgegengehalten wurden.
Letztlich decken sich auch hier die Darlegungs– und Beweisregeln im sozialgerichtlichen, wie auch im Verfahren vor dem EuGH mit denen, die bei der Prüfung der Ansprüche aus dem Erwerb von Gesundheitswaren zu beachten waren. Die anspruchsbegründenden Tatsachen sind durch das nicht ernsthaft in Zweifel zu ziehende Vorliegen der Beschränkung der Dienstleistungsfreiheit dargetan. Nun obliegt es den Krankenkassen, Rechtfertigungsgründe in Form von anspruchshindernden Tatsachen vorzutragen. Sollte die diesbezügliche substantiierte Darlegung und ggf. Beweisführung nicht möglich sein, so ist vom Fehlen einer Rechtfertigung auszugehen, was im Ergebnis ein der Klage stattgebendes Urteil nach sich ziehen würde.

2. Die einzelnen Rechtfertigungsgründe

a) Die Gefährdung des finanziellen Gleichgewichts

Hier gilt im wesentlichen das zur Rechtfertigung der Beschränkung des freien Warenverkehrs Gesagte[355].
Gegen den befürchteten Sozialtourismus, der zur Folge haben soll, daß die Kassen für Kosten in nicht absehbarer Höhe ohne die Möglichkeit, Abrechnungskontrollen und Wirtschaftlichkeitsprüfungen durchzuführen, aufzukommen haben, ist einmal mehr die Limitierung der Kostentragung auf die Höhe der entsprechenden inländischen Kosten und die vertragliche Regelbarkeit des Kontrollerfordernisses ins Feld zu führen[356].

Da bei dem hier zur Untersuchung anstehenden Erstattungsbegehren nur Leistungen ersetzt werden, die der heimische Leistungskatalog vorsieht und auch dessen Preise in Ansatz gebracht werden, kommt eine weitergehende finanzielle

---

[355] *v. Maydell*, in: v.Maydell/ Schnapp, S. 35 f.
[356] *Pitschas*, „Inhalt und Reichweite des Mandats der Europäischen Gemeinschaft auf dem Gebiet der Gesundheitspolitik“, in: ZSR 1993, 468, 479

Belastung nicht in Betracht. Dies entspricht der Auffassung des EuGH in den Rechtssachen Kohll und Decker. Eine Destabilisierung des deutschen Gesundheitswesens, bedingt durch eine nicht absehbare Kostenwelle für ausländische Leistungen, ist somit nicht darzulegen.
Auch hinsichtlich der fehlenden Kontrollmöglichkeit in wirtschaftlicher Hinsicht gelten die Ausführungen zu den Gesundheitswaren entsprechend. Mangels Nachweisen dafür, daß die ausländischen Leistungsanbieter diesen Umstand zu ihren Gunsten auszunutzen versuchen, und aufgrund des dargelegten, ohnehin hohen Kostenniveaus der deutschen Dienstleistungen, kann nicht von einer ansteigenden Kostenbelastung ausgegangen werden.
Dafür spricht auch der Umstand, daß nach dem geltenden Wirtschaftlichkeitsgebot nur zweckmäßige Leistungen, und zwar maximal in Höhe der inländischen Sätze, erstattet werden.
Abschließend ist zu den Befürchtungen in Bezug auf die nationalen Kostendämpfungsmaßnahmen ergänzend darauf hinzuweisen, daß ihnen bei Dienstleistungen eine weitaus geringere Bedeutung zukommt, da sie hauptsächlich Kostenreduzierungen bei der Erbringung von Heil -, Hilfs – und Arzneimitteln betreffen.

Nach alledem läßt sich festhalten, daß eine Rechtfertigung der Beschränkung des freien Dienstleistungsverkehrs aus dem Gesichtspunkt der finanziellen Stabilität der GKV weder schlüssig dargelegt noch nachgewiesen werden kann.

b) Die Qualitätsfrage

Dieses Schutzziel reicht zur Rechtfertigung dann aus, wenn nachgewiesen ist, daß die beschränkende Regelung zwingend erforderlich ist, um ein bestimmtes Gesundheitsniveau der nationalen Bevölkerung zu gewährleisten[357]. Dazu müßte die Qualität der Auslandsleistungen zum einen schlechter und zum anderen nicht kontrollierbar sein[358].
Wie sich insbesondere aus den BASYS – Untersuchungen ergeben hat, kann den Versicherten der deutschen GKV kein Vorsprung in Sachen Gesundheitszustand gegenüber den in den anderen Mitgliedstaaten versorgten Arbeitnehmern attestiert werden. Ein Nachweis dahingehend, daß die Qualität der Leistungen ausländischer Leistungserbringer der der deutschen hinterherhinkt, ist daher weder geführt, noch gibt es Indizien dafür.
Dagegen sprechen, neben der Akzeptanz ausländischer Qualitätsstandarde durch Vorschriften des nationalen Krankenversicherungsrechts, wie etwa die §§ 17 f. SGB V, auch die zahlreichen europarechtlichen Vorschriften betreffend der Anerkennung, der Ausbildung, des Zugangs und der Ausübung von Berufen im

---

[357] EuGH, Rechtssache Kohll, a.a.O., Rdnr. 51 f. ; dazu Anmerkungen von *Hanika*, in: MedR 1998, 317, 323
[358] *Zechel*, S. 59 f.

medizinischen Bereich, für die Gleichwertigkeit der ausländischen Gesundheitsleistungen.

Daher erreicht das Schutzziel der Qualitätssicherung – wie schon zuvor bei der Beschränkung des Art. 28 EGV – auch hier seine rechtfertigende Wirkung nicht.

c) Das Erfordernis der flächendeckenden Versorgung

(1) Für ambulante ärztliche Behandlungen gelten grundsätzlich die Ausführungen zu den Gesundheitswaren entsprechend[359]. Gegen einen Auslastungsrückgang bei den einzelnen Arzt- und Zahnarztpraxen spricht schon die geringe Anzahl von Erstattungsanträgen in Deutschland seit Erlaß der Urteile in den Rechtssachen Decker und Kohll.
Die Darlegung von Abwanderungsbewegungen der Ärzteschaft aus einzelnen Regionen aufgrund eines, durch die Inanspruchnahme ausländischer Leistungserbringer bedingten, Auftragsdefizits wird den Krankenversicherungsträgern daher kaum möglich sein. Zumindest konnte ein entsprechender Nachweis bislang nicht erbracht werden.

(2) Etwas anderes könnte jedoch im stationären Krankenhausbereich gelten.
Hier wird vereinzelt auf die notwendigen Vorhaltekosten für Personal und Gerätschaften hingewiesen, die eine andere Bewertung bedingen könnten[360]. Es sei zu befürchten, daß, sollten die Versicherten verstärkt auf ausländische Krankenhäuser ausweichen, die Hospitäler im Inland mit gleichbleibend hohen Vorhaltekosten, aber gleichzeitig mit niedrigeren Auslastungen zurecht kommen müßten[361]. Dies wäre nur über einen eingeschränkten Zeitraum hinweg möglich und würde über kurz oder lang zu einer Anpassung der Kapazitäten nach unten führen. Deshalb sei eine Gefährdung der ausgewogenen Inlandsversorgung in Betracht zu ziehen.

Wie der EuGH ausführte, kann dieses Ergebnis zwar prinzipiell zur Rechtfertigung einer Beschränkung dienen, es muß jedoch seitens der Krankenversicherungsträger, bzw. der Mitgliedstaaten nachgewiesen werden, daß gerade die beschränkende nationale Rechtsvorschrift erforderlich ist, um die ausgewogene Versorgung aufrecht zu erhalten[362]. Dazu müßte dargelegt werden, daß ohne den Leistungsausschluß der §§ 16 I Nr.1, 18 SGB V die Mitglieder der GKV sich in einem Umfang zur stationären Behandlung in das Ausland begeben werden, der

---

[359] vgl. oben 2. Kapitel, III. 2.e)
[360] Schlußanträge des Generalanwalts *Tesauro* in der Rechtssache Kohll, a.a.O. ; *Schulte*, in: ZfSH/SGB 1999, S. 276
[361] *Schulz Weidner*, in: Schulte/ Barwig, S. 339, der jedoch auch gleichzeitig auf die Gefahr von Kapazitätsengpässen infolge vermehrter Inanspruchnahme deutscher Einrichtungen durch ausländische Patienten hinweist.
[362] EuGH, Rs. Kohll, a.a.O., Rdnr. 51

zwingend eine Kapazitätsreduzierung bei den heimischen Hospitälern zur Folge haben wird. Weiter wäre nachzuweisen, daß mit dem sodann verbleibenden Kapazitäten die Nachfrage im Inland nicht mehr adäquat bedient werden könnte.

Diese beiden Nachweise konnten bislang nicht erbracht werden.
Statistische Untersuchungen über das Konsumverhalten der Versicherten hinsichtlich der Inanspruchnahme von grenzübergreifenden Krankenhausleistungen zu den inländischen Sätzen, liegen bislang nicht vor. Auch nach den einschlägigen EuGH – Urteilen ist diesbezüglich keine spürbare Änderung aufgetreten. Deshalb kann derzeit nicht davon ausgegangen werden, daß allein die angesprochenen krankenversicherungsrechtlichen Bestimmungen die Krankenhäuser vor einem Auslastungsrückgang bewahren. Im Gegenteil ist durchaus eine Argumentation vertretbar, derzufolge gerade in grenznahen Gebieten wegen – durch den Leistungsausschluß bedingten – Fehlens einer grenzüberschreitenden Bedarfsplanung, erhebliche Überkapazitäten bestehen. Da nun jedoch die Möglichkeit besteht, die Spitäler im Ausland in die Planung einzubeziehen, können die im Inland nicht benötigten Überkapazitäten abgebaut und damit ein weiterer Beitrag zur Kostensenkung geleistet werden[363].

Davon abgesehen können rein wirtschaftliche Anpassungsschwierigkeiten an einen sich möglicherweise verändernden Kapazitätsbedarf nicht zur Rechtfertigung herangezogen werden. Wirtschaftliche Erwägungen könnten erst dann relevant werden, wenn sie Ausmaße annehmen, die eine ausreichende stationäre Krankenhausversorgung als solche in Frage stellen.
Anzeichen für derartig einschneidende Auswirkungen sind indes nicht ersichtlich.
Im übrigen stellt eine Adaption der vorgehaltenen Kapazitäten an ein aufgrund struktureller Veränderungen wechselhaftes Nachfrageverhalten keinen ungewöhnlichen Vorgang dar. Sie könnte daher auch dann vollzogen werden, wenn die Reduzierung der Kapazität infolge einer erhöhten Inanspruchnahme ausländischer Krankenhäuser erforderlich wäre[364]. Grenzüberschreitende Untersuchungen der Kapazitätssteuerung in Grenzgebieten, mit dem Ziel einer bedarfsgerechten Kooperation der Krankenversicherungsträger, sind bereits im Gange[365].

Schließlich ist zu beachten, daß selbst ein unterstellter erheblicher Kapazitätsverlust aufgrund sinkender Inanspruchnahme nicht zwingend zu einer Gefahr für die ausgewogene Versorgung der inländischen Bevölkerung führt.

---

[363] *Kaula*, in: Festschrift für Franke, S. 454

[364] *Schulte*, a.a.O., S. 354, der zu bedenken gibt, daß aufgrund des hohen Standards deutscher Gesundheitsleistungen auch mit einer verstärkten Nachfrage nach deutschen Krankenhausbehandlungen zu rechnen ist.

[365] so etwa das Forschungsprojekt „ Euregio Maas – Rhein“, vgl. hierzu *Hofmann/ Kochs*, „ Freier Zugang zu Gesundheitsleistungen in Grenzgebieten“, in: BKK 1998, 306 ff.

Da die Versicherten nun auch auf die ausländischen Leistungserbringer zurückgreifen können, tragen auch sie zur Versorgung der deutschen Versicherten bei. Deshalb würde sich in diesem Fall auch das Maß der im Inland zu erbringenden Leistungen entsprechend rückläufig gestalten.

Im Ergebnis ist es den Krankenkassen derzeit nicht möglich, eine Gefährdung der ausgewogenen flächendeckenden Versorgung im Inland schlüssig darzulegen. Aus diesem Grund ist eine darauf gestützte Rechtfertigung abzulehnen[366].

d) Zwingende Gründe des Allgemeininteresses

Wie angesprochen, können nicht diskriminierende Beschränkungen, neben Gründen der öffentlichen Gesundheit, auch aus solchen des Allgemeininteresses gerechtfertigt sein.
Erforderlich dafür ist, daß ein solches Allgemeininteresse, das außerhalb der in Art. 46 EGV geregelten Bereichen liegt, existiert.

In der Rechtssache Kohll hat die luxemburgische Regierung und die Kommission das finanzielle Gleichgewicht des Systems der sozialen Sicherheit, das der Aufrechterhaltung einer ausgewogenen, allen Versicherten offenstehenden, ärztlichen und klinischen Versorgung dienen soll, als Grund des Allgemeininteresses angesehen[367].
Abgesehen davon, daß dieses System der sozialen Sicherheit der Gewährleistung der Gesunderhaltung der Bevölkerung dient und damit unter die öffentliche Gesundheit zu subsumieren ist, wird – wie auch der EuGH festgestellt hat – dessen finanzielles Gleichgewicht durch die Entterritorialisierung nicht gefährdet und rechtfertigt deshalb die Beschränkung nicht.

Sonstige Gründe des Allgemeininteresses sind bislang weder vorgebracht worden, noch ersichtlich.

Demzufolge hat auch der EuGH in der Rechtssache Kohll das nationale Genehmigungserfordernis für die Erstattung von ausländischen Gesundheitsleistungen als Verstoß gegen Art. 49, 50 EGV und somit als europarechtswidrig angesehen. Wie sich gezeigt hat, entspricht diese Auffassung auch der geltenden Rechtslage in Bezug auf die beschränkenden Regelungen der §§ 16, 18 SGB V[368].

---

[366] i.d.S. wohl auch *Ratzel*, „Grenzüberschreitender Gesundheitsmarkt innerhalb der EU", in: MedR 1999, 510 f.
[367] EuGH Rs. Kohll, a.a.O., Rdnr. 35
[368] vgl. hierzu *Kröck*, S.159 ; *Bieback*, in: SDSRV 36, S. 59 f. ; *Willms*, S. 55, 143 ; *Plute*, „Dienstleistungsfreiheit und Leistungserbringer im EU – Binnenmarkt", in: DOK 1994, 421, 425

Da den Krankenversicherungsträgern der Nachweis von einen Rechtfertigungsgrund begründenden Tatsachen nicht gelingen kann, ist die Beschränkung des freien Dienstleistungsverkehrs nicht zu rechtfertigen. Anspruchshindernde Einwendungen gegen die auf die Inlandssätze begrenzten Erstattungsansprüche liegen mithin nicht vor.

Den Versicherungsmitgliedern ist infolge dessen bei Leistungen, die sie im Inland nach dem Kostenerstattungsprinzip erhalten würden, im Falle der Inanspruchnahme im Ausland ein Anspruch auf Kostenerstattung in Höhe der inländischen Preise, limitiert durch die tatsächlichen Aufwendungen, zuzugestehen. Demnach sind die Urteile in den Rechtssachen Decker und Kohll auf diese Leistungen der deutschen GKV im Ergebnis zu übertragen.

4. Kapitel : Die Rechtslage bei Leistungen, die im Inland nach dem Sachleistungsprinzip abgewickelt werden

Der EuGH hat in den Rechtssachen Decker und Kohll entschieden, daß der nationale luxemburgische Genehmigungsvorbehalt für Auslandsleistungen als gemeinschaftswidrig zu beurteilen ist. Das luxemburgische Krankenversicherungsrecht kennt dabei lediglich eine Leistungserbringung nach dem Kostenerstattungsprinzip. Das Sachleistungsprinzip ist ihm fremd.
Aufgrund des Vorrangs des Gemeinschaftsrechts haben die Versicherten der luxemburgischen gesetzlichen Krankenversicherung Anspruch auf Erstattung der von ihnen für Auslandsleistungen verauslagten Kosten in Höhe der inländischen Sätze. Dieser Anspruch steht auch den Versicherten der deutschen GKV für Gesundheitsleistungen zu, die in Deutschland nach dem Kostenerstattungsprinzip erbracht werden. Insoweit decken sich die Anspruchssysteme dieser beiden Mitgliedstaaten.

Jedoch wird nach dem SGB V, insbesondere seit der Rückführung der Wahlmöglichkeit des § 13 II SGB V auf freiwillig Versicherte[369], der Großteil der Leistungen nach dem Sachleistungsprinzip erbracht. Diese Verfahrensart hatte der EuGH nicht zu beurteilen.
Deshalb stellt sich die Frage, ob auch bei Leistungen, die im Inland nach dem Sachleistungsprinzip erbracht werden, ein Anspruch auf Kostenerstattung besteht, wenn sie im Ausland in Anspruch genommen werden[370].

---

[369] vgl. oben 1. Kapitel, I.1.

[370] Hierzu vertritt das Bundesgesundheitsministerium die Auffassung, daß aufgrund des im deutschen Krankenversicherungswesen dominierenden Sachleistungsprinzips mangels Vergleichbarkeit der Sachverhalte, das die Kostenerstattung betreffende Ergebnis der EuGH – Urteile hier nicht zur Geltung kommen kann, Bundesministerium für Gesundheit, Pressemitteilung Nr. 41 vom 05.06.1998

I. Leistungsansprüche gegen die Krankenversicherungsträger

a) Auch auf Leistungen nach dem Sachleistungsprinzip besteht im Inland ein Anspruch nach § 11 SGB V. Dieser Anspruch ist für den Fall der Inanspruchnahme im Ausland, wenn sich der Patient zwecks Behandlung dorthin begeben hat, generell durch die §§ 16 I Nr.1, 18 III 3 SGB V ausgeschlossen. Eine Ausnahme hiervon ist unter bestimmten Voraussetzungen lediglich in § 18 III 1 SGB V vorgesehen.
Sollte auch hier der Leistungsausschluß wegen Verstoßes gegen das Gemeinschaftsrecht nicht zur Anwendung gelangen, so stünden den Versicherten auch insoweit Leistungsansprüche gegen ihre Krankenkassen zu.
Wie bereits erörtert, greift die Auffassung, wonach der Bereich der sozialen Sicherheit durch das koordinierende Sozialrecht wegen der Befugnis der Mitgliedstaaten zur inhaltlichen Regelung ihrer Sozialsysteme abschließend im Wege einer Spezialvorschrift geregelt sein soll, nicht durch[371]. Die Grundfreiheiten bleiben daher auch hier anwendbar.

Der nationalgesetzliche Ausschluß der Übernahme der Kosten, die entstehen, wenn Versicherte sich zum Zwecke der Leistungsinanspruchnahme ins Ausland begeben, stellt auch hier eine Beschränkung des freien Waren- und Dienstleistungsverkehrs dar. Wegen der bei den Versicherten verbleibenden Kostentragungspflicht werden sie von der Konsultation ausländischer Leistungserbringer abgehalten.
Insoweit bestehen im Hinblick auf Leistungen, die im Inland nach dem Kostenerstattungsprinzip erbracht werden, keine Differenzen.
Folglich liegen die anspruchsbegründenden Tatsachen einmal mehr vor.

b) Es obliegt nun wiederum den Krankenversicherungsträgern, Rechtfertigungsgründe vorzubringen und die sie tragenden Tatsachen darzulegen. Da sie hierfür die objektive Beweislast tragen, gereicht ihnen ein non liquet zum Nachteil.
Im Rahmen der Rechtfertigung kommen zunächst die schon im Zusammenhang mit dem Kostenerstattungsprinzip näher beleuchteten Einwendungen in Betracht. Diese konnten die Beschränkungen jedoch nicht rechtfertigen. Da die Schutzziele der finanziellen Stabilität des Krankenversicherungssystems und des Gesundheitsschutzes gleichermaßen und unabhängig vom Abwicklungsverfahren für alle Leistungen der GKV gelten, ist auch für Leistungen nach dem Sachleistungsprinzip eine Rechtfertigung durch besagte Erwägungen zu verneinen.

Es bleibt jedoch die Erwägung, das für die hier relevanten Leistungen geltende Sachleistungsprinzip als solches als Rechtfertigungsgrund und damit als anspruchshindernde Einwendung heranzuziehen.

---

[371] vgl. oben 1. Kapitel, III.2.

Dem steht nicht entgegen, daß das Sachleistungsprinzip vereinzelt als gegen Art. 12, 14 GG und Art. 43 EGV verstoßend und damit als verfassungs- und gemeinschaftswidrig angesehen wird[372]. Dabei wird nämlich das Sachleistungsprinzip als Grundlage des Vertragsarztsystems unterstellt, mit der Folge, daß dieses System die Ursache für das Erfordernis einer Kassenzulassung sein soll und damit mittelbar eine Einschränkung der verfassungsrechtlich garantierten Berufsfreiheit und der Privatnützlichkeit des Eigentums, sowie der europäischen Niederlassungsfreiheit, darstellen soll.
Insoweit wird jedoch übersehen, daß nicht das Sachleistungsprinzip für das Vertragsarztsystem verantwortlich ist, sondern das SGB V das Zulassungserfordernis als Voraussetzung für die Teilnahme an der Versorgung unabhängig von der Abwicklungsart vorsieht[373]. Das wird an der Regelung des § 13 II SGB V deutlich. Auch wenn in dessen Rahmen das Kostenerstattungsprinzip gewählt wird, kommt nach §§ 13 II, 56 I 2, 69 ff. SGB V lediglich die Inanspruchnahme zugelassener Leistungserbringer in Betracht.
Da mithin das Sachleistungsprinzip nicht ein Erfordernis für das Zulassungserfordernis darstellt, sind etwaige Auswirkungen auf nationale und europarechtliche Grundrechte nicht auf dieses Abwicklungsverfahren zurückzuführen.

Folglich ist das Sachleistungsprinzip als solches nicht von vornherein als Rechtfertigungsgrund auszuschließen.

Um zu einer Rechtfertigung zu gelangen, müßten die Krankenkassen in der Lage sein, den Nachweis zu führen, daß das Sachleistungsprinzip die territorialen Beschränkungen erfordert. Folglich wäre die Unvereinbarkeit dieses Prinzips mit der Erweiterung der Leistungserbringung darzulegen.
Das wäre dann anzunehmen, wenn das Sachleistungsprinzip einerseits schon rein tatsächlich nicht auf Auslandsleistungen erstreckt werden kann. Wäre dies nämlich möglich, so hätte die grenzüberschreitende Versorgung bei den hier zu untersuchenden Leistungen auf diesem Wege zu erfolgen.
Andererseits müßte die Anwendung eines anderen Abwicklungsverfahrens aber ebenfalls faktisch oder rechtlich ausgeschlossen sein. Als Ursache einer solchen rechtlichen Unanwendbarkeit einer alternativen Abwicklung kommt eine mögliche Unvereinbarkeit mit den Zielsetzungen des Sachleistungsprinzips oder dem Vertragssystem selbst in Betracht.

Erst wenn feststeht, daß ein Export von Leistungen, die im Inland nach dem Sachleistungsprinzip erbracht werden, rein tatsächlich oder von Rechts wegen nicht durchführbar ist, ist der Leistungsausschluß gerechtfertigt.

---

[372] *Sodan*, Anmerkung zu EuGH Rs. Kohll, in: JZ 1998, 1168
[373] *Becker*, „Brillen aus Luxemburg und Zahnbehandlung in Brüssel", in: NZS 1998, 359, 363

II. Anwendbarkeit des Sachleistungsprinzips bei Auslandsleistungen ?

1. Allgemeines zum Sachleistungsprinzip

Gem. § 2 II SGB V erhalten die Versicherten die Leistungen prinzipiell als Sach– und Dienstleistungen. Nach Abs. 1 dieser Vorschrift sind diese Leistungen von den Krankenkassen zur Verfügung zu stellen. Das bedeutet, den Kassen obliegt die Pflicht, dafür Sorge zu tragen, daß die Versicherten die Leistungen in natura und ohne Gegenleistung erhalten[374].

Erstmals wurde das Sachleistungsprinzip durch das „Gesetz betreffend die Krankenversicherung der Arbeiter" vom 15.06.1883 (KVG) normiert[375].
Mit der Einführung des Sachleistungsprinzips sollte den Versicherten die jederzeitige und unmittelbare Gewährleistung von Gesundheitsleistungen ohne Rücksicht auf deren finanzielle Situation gesichert werden. Um dies zu erreichen, darf die Inanspruchnahme solcher Leistungen nicht von einer Gegenleistung seitens des Versicherungsmitglieds abhängig gemacht werden. Dabei ist zu beachten, daß die Beiträge kein Entgelt für die konkreten Versicherungsleistungen darstellen, sondern nach dem Solidarprinzip für die abstrakte Berechtigung des Leistungserhalts erbracht werden[376].

Die Krankenversicherungsträger erfüllen dabei ihre Pflicht zur Erbringung der Sach– und Dienstleistungen in der Weise, daß sie Leistungserbringer bereitstellen, die ihrerseits in der Lage sind, die erforderlichen Versicherungsleistungen zu erbringen, ohne diese den Versicherten gesondert in Rechnung zu stellen. Das Erfordernis der Bereitstellung von Dritten, die dann persönlich die Leistungsgewährung vornehmen, basiert auf dem Umstand, daß die Kassen regelmäßig nicht in der Lage sind, die notwendigen Leistungen selbst zu erbringen und ihnen dies bis auf wenige gesetzliche Ausnahmen auch nicht gestattet ist[377].
Dabei nehmen die Kassenärztlichen und Kassenzahnärztlichen Vereinigungen eine bedeutungsvolle Schlüsselposition ein. Auch ihnen obliegt der Auftrag, für die Sicherstellung einer ausreichenden und qualitätsmäßig hochwertigen Versorgung der Bevölkerung in gesundheitlicher Hinsicht zu sorgen[378]. Im Verhält-

[374] *v. Maydell*, in: v. Maydell/Schnapp, S. 26
[375] RGBl. S. 73; zur Geschichte des Sachleistungsprinzips vgl. *Behrends*, Grenzen des Privatrechts in der gesetzlichen Krankenversicherung, S. 11 ff. ; *Schmitt*, Leistungserbringung durch Dritte im Sozialrecht, S. 62
[376] *v. Maydell*, Zur Kostenerstattung in der GKV, S. 25 f.
[377] *Zacher*, Krankenkassen oder nationaler Gesundheitsdienst ?, S. 29 ; *Schmitt*, in: Schulin, § 24, Rdnr. 4 ; *v. Maydell*, in: v. Maydell/Schnapp, S. 27
[378] *Unger*, „Sachleistungsprinzip und Kostenerstattungsprinzip in der gesetzlichen Krankenversicherung", in: SGb 1983, 340, 342

nis zu den Krankenkassen unterliegen sie der Verpflichtung, eine gesetz– und vertragsmäßige Versorgung zu gewährleisten[379].

Durch dieses gemeinsame Zusammenwirken sollen die Versicherten im Wege des Sachleistungsprinzips von dem Risiko unzulänglicher Gesundheitsleistungen aufgrund übermäßiger finanzieller Belastung befreit, und gleichzeitig soll durch die Überwachung der Leistungserbringer die Wirtschaftlichkeit dieses Systems gesichert werden[380]. Deshalb gewährt dieses Verfahrensprinzip den Versicherten einen Anspruch auf unmittelbare Übernahme sämtlicher Kosten der Behandlung[381]. Der Ausschluß einer Vor – oder sonstigen direkten Gegenleistungspflicht soll dem Solidaritätsprinzip gerecht werden. Demnach gilt es zu verhindern, daß Versicherte, die nur über beschränkte finanzielle Mittel verfügen, aus diesem Grund von der Konsultation der Leistungsanbieter absehen[382].

2. Ausdehnung auf das Ausland ?

a) Die Erbringung von Gesundheitsleistungen im Wege des Sachleistungsprinzips als probates Abwicklungsverfahren zur Gewährleistung der dargestellten Zielsetzungen ist im Inland anerkannt.
Voraussetzung für eine Ausdehnung auf das Ausland wäre die Übertragbarkeit seiner Strukturen. Dafür müßten die Krankenversicherungsträger auch im Ausland vertraglich integrierte Leistungserbringer bereitstellen. Dies wäre prinzipiell auf zwei Arten denkbar. Entweder müßten Leistungserbringer ins Ausland entsendet werden oder die ausländischen Anbieter wären in das inländische Leistungserbringungssystem einzugliedern.

Ersteres scheitert bereits an den daraus resultierenden praktischen Schwierigkeiten[383]. Neben den unverhältnismäßigen Kosten, die solche Entsendungen mit sich bringen würden, ist auch in organisatorischer Hinsicht zu bedenken, daß nicht nur Personal, sondern auch umfangreiche technische Einrichtungen bereitgestellt werden müßten[384].

Auch der Aufnahme ausländischer Leistungserbringer in das nationale Vertragssystem stehen gravierende Bedenken entgegen.

---

[379] *Bley/Kreikebohm*, Sozialrecht, Rdnr. 649 ; *Herzog*, in: v. Maydell, Lexikon des Rechts – Sozialrecht, S. 154

[380] BSG v. 09.09.1981 SozR 2200, § 182, Nr. 74, S. 132 ; *v. Maydell*, Zur Kostenerstattung in der GKV, S. 31 ; *Bley/Kreikebohm*, Rdnr. 644

[381] Dieser Anspruch hat heute freilich durch die zahlreichen Selbstbeteiligungs – und Festbetragsregelungen verschiedene Aufweichungen hinnehmen müssen.

[382] BSGE 42, 117 ff. ; *Zacher*, S. 29 ; *Schmitt*, S. 63

[383] *Kuhn*, S. 268 ; *Wortmann*, „Territorialitätsprinzip und Leistungspflicht in der Krankenversicherung", in: DOK 1981, 967 ff.

[384] *Wicke*, in: SDSRV 36, S. 74

Abgesehen von den zahllosen Verträgen, die mit allen ausländischen Leistungserbringern oder deren Organisationseinheiten – soweit solche bestehen – geschlossen werden müßten, worauf die nationalen Krankenversicherungsträger wohl kaum eingerichtet sein dürften, bleibt das Abrechnungsproblem ungelöst[385]. Entweder müßten die ausländischen Anbieter alle Leistungskataloge der übrigen Mitgliedstaaten kennen, um errechnen zu können, in welcher Höhe sie dem zuständigen Träger ihre jeweiligen Rechnungen zu stellen haben oder es erfolgt Rechnungsstellung in voller Höhe und der zuständige Träger begleicht sie in Höhe der inländischen Preise. Dann bleibt zu klären, welcher der Beteiligten für einen evtl. verbleibenden Differenzbetrag aufzukommen hat und ob insoweit überhaupt ein Ausgleich vorzunehmen ist.

b) Eine interessengerechte Lösung dieser Problempunkte scheint nicht ersichtlich. Daran ändern auch die bestehenden Bestrebungen zur Einführung einer europäischen Krankenversichertenkarte nichts. Sie soll europaweit einheitlich sein und die Gewähr beinhalten, daß der zuständige Krankenversicherungsträger die Behandlungskosten übernimmt[386]. Die Wirkung einer solchen Neuerung wäre aber dennoch lediglich als eine Verbesserung des Verfahrens der Leistungsinanspruchnahme im Ausland anzusehen. Dementsprechend zielen diese Bestrebungen auch allein darauf ab, der berechtigten Kritik am patientenfeindlichen Verfahren der VO (EG) Nr. 1408/71 und 572/74 gerecht zu werden[387].
Es bleibt jedoch dabei, daß es sich, da die ausländischen Leistungserbringer weiterhin nicht zum nationalen Vertragsarztsystem gehören würden, immer noch um eine Sachleistungsaushilfe, also um Leistungen nach ausländischem Krankenversicherungsrecht und nicht um den Export eigener Leistungen handeln würde.
Es sei auch darauf hingewiesen, daß bei Einführung der europäischen Krankenversicherungskarte den nationalen Datenschutzbestimmungen genüge getan werden muß[388].

Dem ebenfalls gelegentlich geäußerten Vorschlag, europaweit einheitliche Krankenkassen zu errichten, die sodann für alle Versicherten und alle Leistungserbringer der Mitgliedstaaten zuständig wären, ist, angesichts der insoweit fehlenden Kompetenzen der Gemeinschaftsorgane zur Harmonisierung der Sozialsysteme, derzeit keine Zukunftsperspektive einzuräumen[389].

Diese Ausführungen zeigen, daß die nationalen Krankenversicherungsträger zum einen weder personell noch organisatorisch in der Lage sind, europaweit

---

385 *Schuler*, Das Internationale Sozialrecht der Bundesrepublik Deutschland, S. 489 f.
386 *Neumann – Duesberg*, in: Schmähl, Soziale Sicherheit im EG – Binnenmarkt, S. 113 ff.
387 vgl. unten 6. Kapitel, II. 1.
388 *Bieback*, in: SDSRV 36, S. 61
389 zu den sozialpolitischen Kompetenzen vgl. unten 5. Kapitel, III. 2.c)

das Sachleistungsprinzip zur Anwendung zu bringen und dies zum anderen mit untragbaren Mehrkosten verbunden wäre[390].

c) Dies bedeutet jedoch nicht, daß es den einzelnen Kassen verwehrt wäre, in europarechtskonformer Auslegung[391] der nationalen krankenversicherungsrechtlichen Vorschriften mit einzelnen Leistungserbringern, z.B. mit Krankenhäusern in Grenzgebieten, Verträge abzuschließen, die ein Vorgehen nach dem Sachleistungsprinzip vorsehen und nach denen Einigkeit über die organisatorische und abrechnungstechnische Abwicklung besteht[392].

In diesem Lichte sind auch bereits existente und nur nach dieser Auslegung mit den nationalen Vorschriften in Einklang zu bringende Vereinbarungen der Kassen mit Leistungsanbietern im Ausland zu sehen[393].
Besonders ins Auge sticht in diesem Zusammenhang eine Vereinbarung der Universitätsklinik St. Radboud in Nijmegen, Niederlande, zweier niederländischen Krankenkassen und der AOK Rheinland vom 29.01.1997[394] . Dieser zufolge können AOK - Patienten aus der Region Kleve von deutschen Krankenhäusern oder Ärzten in die holländische Klinik überwiesen und dort auf Kosten der AOK behandelt werden.
Diese Vereinbarung, der in Zukunft durchaus eine gewisse Vorreiterrolle zukommen kann, macht auf das Bedürfnis nach einer Einbeziehung ausländischer Leistungserbringer und auf die vertragliche Regelbarkeit dieser Sachverhalte aufmerksam.

Aufgrund den unüberwindbaren organisatorischen und verwaltungstechnischen Hindernissen, die dem Versuch einer europaweiten Erstreckung des Sachleistungsprinzips entgegenstehen, kommt dieses Abwicklungsverfahren mangels faktischer Umsetzbarkeit zumindest derzeit als genereller Lösungsweg nicht in Betracht[395].

---

[390] *Tiemann*, „Der Binnenmarkt ist da", in: DOK 1993, 189,192

[391] hierzu allgemein *Metallinos*, Die europarechtskonforme Auslegung ; *Jarass*, Grundfragen der innerstaatlichen Bedeutung des EG – Rechts, S. 89 ff. m.w.N.

[392] *Godry*, in: ZfSH/SGB 1997, 416 ; *Neumann – Duesberg*, in: Schulte/ Barwig, S.97 ; a.A. : *Schulte*, in: Schulte/ Barwig, S. 75, demzufolge zum Abschluß solcher Vereinbarungen eine Änderung des Krankenversicherungsrechts erforderlich sein soll.

[393] vgl. die detaillierte Beschreibung der Modellprojekte bei *Godry*, in: Schulte/ Barwig, S. 110 ff.

[394] vgl. Westdeutsche Zeitung v. 15.2.1997, sowie Beurteilung von *Godry*, „Krankenbehandlung ohne Grenzen", in: ZfSH/SGB 1997,416

[395] Aus diesem Grund kommt auch ein Kostenerstattungsanspruch basierend auf § 13 III SGB V bei unrechtmäßiger Verweigerung der Genehmigung einer Auslandsbehandlung nicht in Betracht. Da diese Vorschrift eine Erstattung der Kosten in voller Höhe vorsieht, wenn die Krankenkasse eine Leistung zu Unrecht ablehnt, wäre daran zu denken, auch dann von einem solchen Anspruch auszugehen, wenn der zuständige Krankenversicherungsträger unter Verstoß gegen das Gemeinschaftsrecht die Übernahme der Kosten ausländischer Leistungserbringer zurückweist.

Es bleibt jedoch die legitime Möglichkeit, mit ausländischen Leistungserbringern vor allem in Grenzgebieten entsprechende Abreden zu treffen, soweit sich die Krankenkassen hierzu in der Lage sehen. In diesem eingeschränkten Rahmen, der den atypischen Ausnahmefall darstellt, kann das Sachleistungsprinzip auch auf Auslandsleistungen angewendet werden.

Dabei ist jedoch einerseits zu beachten, daß § 13 III SGB V die Ablehnung einer Leistung an sich betrifft, aber dann nicht einschlägig ist, wenn eine Leistung, die auch im Inland erhältlich ist, im konkreten Fall jedoch von einem ausländischen Anbieter erbracht werden soll. Andererseits ordnet diese Regelung die Ersetzung des Sachleistungsanspruchs durch einen Kostenerstattungsanspruch an (vgl. die amtliche Begründung, BT – Ds. 11/2493). Da – wie dargestellt – das Sachleistungsprinzip bei Auslandsbehandlungen nicht anwendbar ist, handelt es sich insoweit bereits nicht um einen Fall der Ersetzung dieses Verfahrensprinzips. Es ist von vornherein nur ein Kostenerstattungsanspruch möglich.
Dies verkennt *Schulz - Weidner*, in: Schulte/ Barwig, S. 341, wenn er ausführt, daß der zuständige Krankenversicherungsträger im Falle einer unberechtigten Leistungsverweigerung im EG – Ausland die Umwandlung des Sachleistungsanspruchs in einen Kostenerstattungsanspruch gem. § 13 III SGB V riskiert.

III. Die Anwendbarkeit des Kostenerstattungsprinzips bei Auslands - leistungen

a) Das Kostenerstattungsprinzip ist insbesondere bekannt aus dem Recht der privaten Krankenversicherung (PKV). Dort stellt es die gängige Verfahrensweise dar[396].
Es ist dadurch gekennzeichnet, daß sich der Versicherte die erforderlichen Gesundheitsleistungen zunächst auf eigene Kosten beschafft und im Anschluß daran die verauslagten Ausgaben von seiner Versicherung erstattet bekommt[397]. Folglich hat er neben seinen Beiträgen für die begehrten Leistungen – anders als beim Sachleistungsprinzip – eine unmittelbare Gegenleistung zu erbringen[398]. Daraus ergibt sich auch der wesentliche Unterschied in der Zielsetzung. Hier trägt der Versicherte nämlich das Risiko dafür, daß er über ausreichende finanzielle Mittel verfügt, um die Behandlungen vorab selbst bezahlen zu können. Ersichtlicherweise sollen beim Kostenerstattungsverfahren durch die Leistungen der Krankenversicherungsträger lediglich die finanziellen Folgeerscheinungen des Behandlungsbedarfs, nicht aber dieser selbst beseitigt werden. Auf letzteres ist aber das Sachleistungsprinzip gerichtet. Deshalb ergibt sich hier der Anspruch des Versicherten aus dem Behandlungsbedarf, während für das Kostenerstattungsprinzip die von ihm getätigten Aufwendungen ausschlaggebend sind[399].

Unstreitig stellt das Verfahren nach dem Kostenerstattungsprinzip in verwaltungstechnischer Hinsicht eine nicht zu beanstandende Regelungsweise der Abwicklung der Inanspruchnahme ausländischer Leistungserbringer dar. Der Versicherte legt die Kosten im Ausland aus und bekommt sie danach von seiner Krankenkasse wieder ersetzt.
Dafür wiederum ist notwendige Voraussetzung, daß der Wert der einzelnen inländischen Gesundheitsleistungen bestimmt werden kann. Nur dann kann berechnet werden, welche Kosten für eine im Ausland in Anspruch genommene Leistung im Inland entstanden wären, in deren Höhe die zuständige Krankenkasse dann ihrem Mitglied die entstandenen Auslagen ersetzt[400].
Schwierigkeiten können sich insoweit bei Sozialsystemen mit nationalen Gesundheitsdiensten, wie etwa in Großbritannien, ergeben[401].

---

[396] dazu *Bley/Kreikebohm*, Rdnr. 664 m.w.N.
[397] zur Frage, ob die Kostenerstattung als Geld – oder Sachleistung zu klassifizieren ist vgl. *Füßer*, in: Arbeits – und Sozialpolitik 1996, 30, 41
[398] *v. Maydell*, Zur Kostenerstattung in der GKV, S. 30 f.
[399] *Zacher*, S. 28 ; *ders*, „Zum Wesen des Sachleistungsprinzips im gesetzlichen Krankenversicherungsrecht", in: ZfS 1980, 97 ; *Bley/Kreikebohm*, Rdnr. 666
[400] *Becker*, in: NZS 1998, 359, 363
[401] vgl. dazu unten 5. Kapitel

Dieses Problem stellt sich in der deutschen GKV nicht. Hier sind die Leistungserbringer sogar verpflichtet, gegenüber ihren Patienten bzw. gegenüber den Kassen Einzelabrechnungen vorzunehmen. Insbesondere sind die Preise für Arznei–, Heil– und Hilfsmittel ohne weiteres bestimmbar.
Wird infolge dessen eine Ware im Ausland erworben, die auch im Leistungskatalog der GKV enthalten ist, so kann diesem ohne weiteres die Höhe des Betrages entnommen werden, der in Deutschland dafür zu bezahlen ist, bzw. der von den Krankenversicherungsträgern getragen wird.

b) Dafür sprechen auch die Erfahrungen mit anderen, nach nationalem Recht vorgesehenen Auslandsbehandlungen.
So steht nach § 17 II SGB V dem Arbeitgeber gegen die Krankenkasse für Gesundheitsleistungen, die er an seine im Ausland beschäftigten Arbeitnehmer erbracht hat, ein Kostenerstattungsanspruch in Höhe der inländischen Kosten zu. Daneben gewährt § 18 SGB V Auslandsleistungen ebenfalls im Wege des Kostenerstattungsprinzips. Das zeigt, daß auch der nationale Gesetzgeber dieses Verfahren bei Auslandsbehandlungen als vorzugswürdig erachtet.
Gleiches gilt für die Rechtsprechung. Diese hat nämlich entschieden, daß sich im Ausland eingesetzte Arbeitnehmer, deren Arbeitgeber ihrer Verschaffungspflicht nicht nachkommen, die benötigten Gesundheitsleistungen selbst besorgen können. In Analogie zu §§ 17 II, 13 III SGB V haben sie dann einen Kostenerstattungsanspruch gegen die Krankenkasse, weil diese letztlich ohnehin zu leisten hätte[402].

Darüber hinaus ist eine wesensverwandte Regelung aus dem Unfallversicherungsrecht heranzuziehen.
Nach § 97 Nr. 2 SGB VII erhalten Berechtigte, die ihren gewöhnlichen Aufenthalt im Ausland haben, für alle zu erbringenden Sach– und Dienstleistungen eine angemessene Erstattung der entstandenen Kosten.
Insoweit werden vergleichbare Leistungen nach dem Erstattungsverfahren erbracht.
Auch daraus wird deutlich, daß das deutsche Sozialversicherungssystem die Erbringung von Auslandsleistungen im Wege der Kostenerstattung kennt und anordnet.

Den Krankenversicherungsträgern ist es daher nicht möglich, darzutun, daß Erstattungsansprüche schon deshalb nicht bestehen könnten, weil eine Kostenerstattung bereits anwendungstechnisch ausgeschlossen sein soll.

---

[402] BSGE 53, 150, 158

c) Letztlich wird jedoch gegen die Anwendbarkeit des Kostenerstattungsprinzips in gemeinschaftsrechtlicher Hinsicht vereinzelt der Vorwurf eines Verstoßes gegen die Grundfreiheiten erhoben.
Dabei wird darauf abgestellt, daß die Anwendung des Kostenerstattungsprinzips auf ausländische Leistungserbringer eine nicht zu rechtfertigende Beschränkung deren aktiver Dienstleistungsfreiheit darstellen könnte. Da die Versicherten bei der Kostenerstattung die Leistungen zunächst selbst bezahlen und daher insoweit in Vorlage treten müssen, werden sie durch diese Vorlagepflicht – so wird vertreten – von der Inanspruchnahme der Anbieter im Ausland abgehalten[403]. Um dieser nicht ausgesetzt zu sein, würden sie auf inländische Anbieter zurückgreifen, um so nach dem dann anzuwendenden Sachleistungsprinzip keiner Zahlungspflicht zu unterliegen.
Dadurch soll das Kostenerstattungsprinzip dazu führen, daß die ausländischen Leistungserbringer von ihrer Dienstleistungsfreiheit nur beschränkt Gebrauch machen könnten, mit der Folge, daß das Kostenerstattungsprinzip einer Rechtfertigung bedürfe[404].

In der Tat hat der EuGH bereits wiederholt dargelegt, daß die Leistungserbringung durch Personen, die in einem anderen Mitgliedstaat niedergelassen sind, nicht aufgrund dieser Niederlassung im Ausland vereitelt werden darf. Insbesondere dann nicht, wenn der anvisierte Zweck der Regelung auch mit Hilfe von weniger einschneidenden Maßnahmen erreicht werden kann[405].

Für den vorliegenden Problemkreis ist bereits fraglich, ob ein Verfahren nach dem Kostenerstattungsprinzip tatsächlich eine dermaßen einschneidende Maßnahme darstellt. Insbesondere ist die Annahme, die Pflicht zur Vorfinanzierung würde die Konsumenten von der Leistungsinanspruchnahme abhalten, weder durch empirische noch durch sonstige Untersuchungen bestätigt.
Sie ist daher in Zweifel zu ziehen. Dies vor allem vor dem Hintergrund der PKV, für die die Kostenerstattung gerade charakteristisch ist. Auch dort wird deren Eignung zur adäquaten Versorgung nicht angezweifelt. Dem Einwand, wonach dieser Vergleich wegen der durchgehend finanziellen besseren Stellung der privat Versicherten hinke, kann nur bedingt Beachtung geschenkt werden. Zu den Mitgliedern der PKV gehören nämlich auch Personen, die lediglich aufgrund ihrer Selbständigkeit nicht zu den Pflichtversicherten gehören, die aber in finanzieller Hinsicht den meisten abhängig Beschäftigten kaum etwas voraus haben.

---

403 *Zechel*, Die territorial begrenzte Leistungserbringung der Krankenkassen im Lichte des EG- Vertrages, S. 69

404 *Zechel*, a.a.O., der den Versicherten ein Wahlrecht hinsichtlich des anzuwendenden Abwicklungssystems in die Hand geben möchte.

405 EuGH Rs. 33/74 (van Binsbergen) Slg. 1974, 1299 ; Rs. 39/75 (Coenen/Sociaal – Economische Raad) Slg. 1975, 1547

Abgesehen davon, daß in diesem Zusammenhang die Möglichkeit der Vereinbarung einer Stundungsabrede zwischen ausländischem Anbieter und Versichertem nicht übersehen werden darf und auch deshalb insgesamt aufgrund des Kostenerstattungsprinzips eine geringe Nachfrage nach ausländischen Gesundheitsleistungen nicht nachzuvollziehen ist, dürfte jedenfalls ausschlaggebend sein, daß das Sachleistungsprinzip generell nicht zur Abwicklung von Auslandsleistungen geeignet ist. Da folglich ohne die Kostenerstattung eine Inanspruchnahme – bis auf die wenigen modelhaften Fälle der grenzüberschreitenden Vereinbarungen zwischen deutschen Krankenversicherungsträgern und ausländischen Leistungserbringern – gänzlich entfallen würde, stellt diese Vorgehensweise sowohl für die Anbieter im Ausland wie auch für die Versicherten der deutschen GKV das mildeste Mittel dar.

Daher liegt eine Beschränkung des Waren– und Dienstleistungsverkehrs durch das Kostenerstattungsprinzip nicht vor, so daß es bei dessen prinzipieller Anwendbarkeit bleibt.

IV. Die Gewährleistung der Zielsetzungen des Sachleistungsprinzips

1. Die Gleichwertigkeit der Verfahrensprinzipien

Wie sich gezeigt hat, steht das inländische Sachleistungsprinzip der Anwendung des Kostenerstattungsprinzips auf Auslandsleistungen in tatsächlicher Hinsicht nicht entgegen, da es sich – anders als die Kostenerstattung – nicht zur generellen Ausdehnung auf die Leistungen ausländischer Anbieter eignet.
Ob das Sachleistungsprinzip durch seine Rechtswirkungen zur Unvereinbarkeit der erweiterten Kostenerstattung im Ausland mit unserem Krankenversicherungsrecht führt, bleibt noch zu untersuchen.

Hierzu müßten die Krankenkassen und die Bundesregierung darlegen, daß das auf Inlandsleistungen beschränkte Sachleistungsprinzip eine Abwicklung von Auslandsleistungen nach dem Kostenerstattungsprinzip wegen der sich daraus ergebenden Folgewirkungen verhindert[406].

a) Wie schon ausgeführt wurde, gewährleistet das Sachleistungsprinzip die Befreiung des Versicherungsmitglieds von der Pflicht zur unmittelbaren Gegenleistung. Daher ist es auf die Beseitigung des Versicherungsfalls als solchem, nicht nur seiner Folgen gerichtet.
Darüber hinaus wird dem Krankenversicherungsträger und den Kassen(zahn)ärztlichen Vereinigungen durch das Vertragssystem ein Instrumentarium in die Hand gegeben, das es ihnen ermöglicht, die Leistungen der Leistungsanbieter einer Wirtschaftlichkeitskontrolle zu unterziehen[407]. Ausreichende Sanktionsmöglichkeiten, von der Einkommenshaftung bis hin zum Entzug der Zulassung, gewährleisten die Realisierung des Wirtschaftlichkeitsgebots[408].
Aus diesen wirtschaftlichen Erwägungen können sich Argumentationsansätze gegen das Kostenerstattungsprinzip ergeben. So wird vorgebracht, durch die fehlende Wirtschaftlichkeitskontrolle werde bereits das finanzielle Gleichgewicht der GKV gefährdet[409]. Außerdem würde durch die Kostenerstattung die nationale Arzneimittelbudgetierung unterlaufen[410]. Letztlich sei eine Ausdehnung des Kostenerstattungsprinzips deshalb unwirtschaftlich, weil durch die Einzelabrechnungen ein erhöhter Verwaltungsaufwand entstünde und die Ärzte außerhalb des Sachleistungsprinzips für ihre Leistungen höhere Preise in Ansatz bringen würden[411].

---

[406] *Schulte*, in: ZfSH/SGB 1999, 361
[407] *Burger*, „Europa annehmen und gestalten", in: BKK 2000, 427
[408] *v. Maydell*, Zur Kostenerstattung in der GKV, S. 65
[409] Bundesgesundheitsministerium, „Zur Anwendung vom EU – Recht im Hinblick auf die deutsche GKV", in: ZfSH/SGB 1998, 689 f.
[410] *v. Maydell*, a.a.O., S. 59
[411] *Unger*, „Sachleistungsprinzip und Kostenerstattungsprinzip in der gesetzlichen Krankenversicherung", in: SGb 1983, 340, 344

b) Auch das Bundesministerium für Gesundheit ist in seiner Stellungnahme zu den Entscheidungen in den Rechtssachen Decker und Kohll[412] der Auffassung, das hierzulande geltende Sachleistungsprinzip stünde einer Übertragung der Rechtsprechung des EuGH auf das deutsche Krankenversicherungsrecht entgegen, weil dadurch die Wirkungen der kollektivvertraglichen Steuerung des Leistungsgeschehens, einschließlich der Zulassungsregelungen für die Leistungserbringer, gefährdet wären. Letzteres sei insbesondere vor dem Hintergrund der Krankenhausbedarfsplanung nicht zu rechtfertigen[413].

Dem ist jedoch bereits vorab entgegen zu halten, daß bislang ein Nachweis für die Gefährdung der Versorgung der inländischen Bevölkerung mit stationären oder ambulanten Krankenhausbehandlungen durch die Möglichkeit der Inanspruchnahme ausländischer Hospitäler nicht erbracht werden konnte[414]. Dieser Einwand greift deshalb nicht durch.
Ob die strikte Beschränkung der Zulassung von Leistungserbringern auf das Inland[415] angesichts der aktuellen Rechtsprechung des Gerichtshofs noch vollumfänglich mit den Freizügigkeitsrechten vereinbart werden kann, erscheint derzeit auch nicht mehr unzweifelhaft[416]. Jedenfalls kann allein aus dem formalen Zulassungserfordernis kein Rechtfertigungsgrund für die Beschränkung der Grundfreiheiten abgeleitet werden.
Hinsichtlich der durch das Sachleistungsprinzip bedingten Steuerungsproblematik verkennt das Bundesgesundheitsministerium einmal mehr, daß im Falle einer Übertragung der Urteile in den Rechtssachen Decker und Kohll keine unabsehbare Kostenwelle infolge einer schrankenlosen Inanspruchnahme ausländischer

---

[412] vgl oben Fn. 372

[413] skeptisch : *Schulte*, „Europäisches Wirtschaftsrecht und die Grundfreiheiten in der EU als Rahmenbedingung für die nationale Sozialgesetzgebung – Erfahrungen in der Vergangenheit, Perspektiven für die Zukunft", Vortrag auf den Symposium am 22. und 23.04.1999 in Frankfurt a.M., zusammengefaßt von Ott, „Europarechtliche Gestaltungsvorhaben für das deutsche Sozialrecht", in: NZS 1999, 440 ff.

[414] vgl. hierzu oben 3. Kapitel, III. 2.c)

[415] Gem. § 95 II SGB V ist bei Ärzten und Zahnärzten Zulassungsvoraussetzung die Eintragung in das Arzt – oder Zahnarztregister. Diese werden jedoch nur in inländischen Zulassungsbezirken geführt.

[416] vgl. hierzu beispielhaft nur *Sodan*, Anmerkungen zu den Rechtssachen Decker und Kohll, in: JZ 1998, 1168, 1171 f. m.w.N., demzufolge das Vertrags(zahn)arztsystem und damit das Sachleistungsprinzip als solches weder in verfassungsrechtlicher Hinsicht mit Art. 12 I GG, noch aus gemeinschaftsrechtlichem Blickwinkel mit Art. 52 EGV a.F. (Art. 43 EGV n.F.) vereinbar sei. Da die bislang für das Sachleistungsprinzip vorgebrachten Zielsetzungen mit dem Kostenerstattungsprinzip in gleicher Weise oder sogar noch effizienter erreicht werden könne, fehle es bei dem Sachleistungsprinzip an der notwendigen Erforderlichkeit für die damit einhergehenden Beschränkungen.
Schon deshalb könne das Sachleistungsprinzip nicht als Argumentationshilfe für die angeblich fehlende Übertragbarkeit der beiden angesprochenen Rechtssachen auf die deutsche GKV herangezogen werden ; a.A. in verfassungsrechtlicher Hinsicht: *Becker*, „Gesetzliche Krankenversicherung zwischen Markt und Regulierung", in: JZ 1997, 534, 541 ff., demzufolge die Verfassung nicht zu einer Änderung des Leistungserbringungsrechts zwingt.

Leistungserbringer auf die deutsche GKV zukommen wird[417]. Die zu erstattenden Kosten bleiben stets limitiert durch die entsprechenden inländischen Tarife[418].

c) Bevor auf die einzelnen Ansätze, die zur Begründung der Unvereinbarkeit des Sachleistungsprinzips mit der Übertragung der Rechtsprechung des EuGH in den Rechtssachen Decker und Kohll auf die deutsche GKV ins Feld geführt werden, einzugehen ist, drängt sich vorab die Problematik auf, ob und inwieweit die geltend gemachten Einwendungen überhaupt auf dem Sachleistungsprinzip beruhen.
Deshalb sei nochmals darauf hingewiesen, daß die Bundesrepublik ihre ablehnende Haltung in erster Linie aufgrund der von ihr angenommenen Unverträglichkeit mit der kollektivrechtlichen Steuerung des Leistungsgeschehens einnimmt. Auch die weiteren angeblichen Unwägbarkeiten, die vor allem auf der fehlenden Möglichkeit der Kontrolle der ausländischen Leistungserbringer in wirtschaftlicher und qualitativer Hinsicht beruhen sollen, finden nach Auffassung des Gesundheitsministeriums ihre Wurzel im Sachleistungsprinzip[419].

Bei diesen Überlegungen wird jedoch nicht ausreichend berücksichtigt, daß das in der deutschen GKV geltende Vertragssystem nicht Folge des Sachleistungsprinzips und daher dieses nicht Voraussetzung für das Vertragssystem einschließlich seiner damit einhergehenden Anforderungen ist. Der Gesetzgeber hat sich vielmehr im Bereich der Inlandsleistungen grundsätzlich für das Vertragssystem entschieden und zu dessen Ausgestaltung zwei Verfahrensprinzipien, nämlich das der Sachleistung und das der Kostenerstattung eingerichtet.
Zwar überwiegt die Abwicklung nach dem Sachleistungsprinzip eindeutig, dies ist jedoch kein Nachweis dafür, daß das Kostenerstattungsprinzip in seiner Wirkungsweise als geringwertiger zu beurteilen wäre, oder daß die Anforderungen des Vertragssystems für dieses Prinzip keine Geltung beanspruchen.
Dies ergibt sich bereits aus § 13 II SGB V, wonach sich freiwillig Versicherte auch für die Erstattung von Kosten für Leistungen entscheiden können, die sie von den im Vierten Kapitel genannten Leistungserbringern in Anspruch nehmen. Die Inanspruchnahme von nicht zugelassenen Leistungserbringern ist dabei ausdrücklich ausgeschlossen[420].
Folglich wird auch die Kostenerstattung bei Inlandsleistungen im Rahmen des Vertragssystems erbracht, mit der Folge, daß die Leistungserbringer denselben Kontrollen durch die Krankenversicherungsträger unterliegen und das Leistungsgeschehen gleichermaßen steuerbar ist.

---

[417] *Haverkate/ Huster*, Europäisches Sozialrecht, Rdnr. 615
[418] vgl. oben 2. Kapitel, III. 2.a)
[419] vgl. oben Fn. 372
[420] so auch BSGE 76, 101 grundsätzlich für die Kostenerstattung bei Inlandsleistungen ; a.A. wohl *Münnich*, „Sind Sachleistungsprinzip, Budgetierung und Angebotssteuerung im europäischen Wettbewerb noch sinnvoll ?", in: BKK 1999, 17, 20

d) In diesem Zusammenhang bleibt noch anzumerken, daß die Kostenerstattung nach § 13 II SGB V nicht als unbedeutend abgetan werden kann.
Zum einen sah die vom 01.07.1997 bis 31.12.1998 geltende Fassung das Wahlrecht nicht nur für freiwillig, sondern für alle Versicherten vor[421]. Der damalige Gesetzgeber hatte also erkannt, daß das Kostenerstattungsprinzip mit dem Sachleistungsprinzip gleichwertig ist und darüber hinaus weitere günstige Folgeerscheinungen mit sich bringt[422].
Zum anderen nehmen allein die freiwillig Versicherten einen nicht unerheblichen Stellenwert an der Gesamtzahl aller Versicherungsmitglieder ein. Bei insgesamt 71,714 Mio. Versicherten[423] waren 10,6 Mio. freiwillig versichert[424]. Damit steht diese Versichertengruppe zur Gesamtzahl aller Versicherten in etwa im Verhältnis von eins zu sechs. Schon aufgrund dieser hohen Anzahl von freiwillig Versicherten, die durch die Wahl der Kostenerstattung in den Genuß von Erstattungsansprüchen bei Auslandsleistungen kommen können[425], erscheint eine differenzierende Behandlung der übrigen Versicherten, in Abhängigkeit vom jeweils für sie im Inland geltenden Abwicklungsverfahren, als unsachgemäß. Eine nur auf eine bestimmte Versichertengruppe begrenzte Übertragung der EuGH- Rechtsprechung wäre bereits augenscheinlich nicht verständlich.
Beanstandungen in wirtschaftlicher oder qualitativer Hinsicht in Bezug auf Leistungen, die im Wege der Kostenerstattung erbracht wurden, wurden weder erhoben als das diesbezügliche Wahlrecht allen Versicherten zustand, noch als sich nur freiwillig Versicherte für die Kostenerstattung entscheiden konnten.

Es ist daher festzuhalten, daß unser Vertragssystem sowohl an das Sachleistungsprinzip, wie auch an das Kostenerstattungsprinzip die gleichen Anforderungen stellt und die beiden Verfahrensprinzipien insoweit als gleichwertig anzusehen sind. Teilweise wird das Kostenerstattungsverfahren sogar als effizienter und sozialverträglicher angesehen[426].
Infolge dessen - und dies wurde bislang meist verkannt[427] - stellt sich nicht die Frage, ob das Sachleistungsprinzip der Einbeziehung der ausländischen Leistungserbringer entgegen steht, sondern ob das Vertragssystem unserer GKV mit der Ausdehnung der Kostenerstattung auf Auslandsleistungen vereinbar ist oder nicht[428]. Eine solche Unvereinbarkeit wäre lediglich dann anzunehmen, wenn es

---

[421] *Schulte*, „Zur Kritik des europäischen koordinierenden Sozialrechts", in: ZfSH/ SGB 1999, 653, 655
[422] vgl. oben Fn. 13
[423] BASYS 1994, Übersicht D.2.5, Angabe bezieht sich auf 1994
[424] BASYS 1994, Anm. 4.1, Angabe bezieht sich auf 1993
[425] vgl. zu den Leistungen, die im Inland nach dem Kostenerstattungsprinzip erbracht werden oben 2. und 3. Kapitel
[426] *Muschallik*, „Kostenerstattung – Die überlegene Alternative im Bereich der vertragszahnärztlichen Versorgung", in: MedR 2000, 213, 218 f.
[427] so auch von *Neumann – Duesberg*, in: Schulte/ Barwig, S. 94
[428] zur „Pflicht zur gemeinschaftsfreundlichen Ausgestaltung des Sozialleistungssystems" vgl. unten 5. Kapitel, III.2.a)

zu einer Gefährdung der Versicherten oder des Gesundheitswesens als solches kommen würde[429].
Wie den Ausführungen zur Rechtfertigung der Beschränkung der Warenverkehrs – und Dienstleistungsfreiheit bei Leistungen, die im Inland nach dem Kostenerstattungsprinzip erbracht werden, zu entnehmen ist, ist dies indes nicht der Fall[430].

2. Die Zielsetzungen des Sachleistungsprinzips

Obschon das deutsche Sachleistungsprinzip als eines von zwei Verfahrensprinzipien keine maßgebliche Funktion bei der Beurteilung der Anwendbarkeit des Kostenerstattungsprinzips auf Auslandsleistungen einnimmt, sind ihm doch eigene Ziele und bezweckte Begleiterscheinungen immanent. Deshalb gilt es ergänzend zu untersuchen, ob diese im Falle einer Übertragung der EuGH– Rechtsprechung gewahrt bleiben oder ob es insoweit aus tatsächlicher Hinsicht zu Gefährdungen kommen kann, welche möglicherweise die bislang gefundenen Ergebnisse in Frage stellen könnten.

a) Kontrolle der Leistungserbringer

(1) Als wesentlicher Einwand gegen die Anwendung des Kostenerstattungsprinzips auf Leistungen ausländischer Anbieter wird immer wieder darauf hingewiesen, dieses Abwicklungsverfahren entbehre jeder Kontrollmöglichkeit der Leistungserbringer, mit der Folge, daß hier, aufgrund unwirtschaftlichen Anbieterverhaltens, mit nicht kalkulierbaren Kosten für die GKV zu rechnen sei. Dies in einem Umfang, der wiederum zu einer Gefährdung des finanziellen Gleichgewichts führen würde.

Da aber - wie festgestellt wurde - bei Inlandsleistungen die Leistungserbringer beim Kostenerstattungs– und Sachleistungsprinzip gleichermaßen in das Vertragssystem eingebunden sind, kann diesem Kritikpunkt nur eingeschränkte Bedeutung zukommen. Bei der Frage nach der Ausgestaltung der Erweiterung der Leistungserbringung auf Behandlungen im Ausland vermag das Sachleistungsprinzip nicht zum Zuge zu kommen[431]. Aus diesem Grund ist insoweit lediglich noch von Relevanz, ob speziell bei Auslandsleistungen die Anwendung des Kostenerstattungsprinzips mit der Maßgabe, daß die Kosten maximal in der Höhe zu erstatten sind, wie sie auch bei einer entsprechenden Behandlung im Inland angefallen wären, eine Gefährdung des deutschen Krankenversicherungssystems in finanzieller Hinsicht bedingen kann.

---

[429] Der Schutz davor ist nach BSGE 76, 101 Sinn der Zulassungsregelungen.
[430] vgl. oben 2. Kapitel, III.2., 3. Kapitel, III.2.
[431] vgl. oben II.

Die Darlegungs- und die objektive Beweislast hierfür obliegt den Krankenversicherungsträgern.

(2) Zunächst ist darauf hinzuweisen, daß nicht von einer gänzlich unmöglichen Kontrolle der ausländischen Leistungserbringer ausgegangen werden kann.
Zum einen besteht die Möglichkeit der Verpflichtung zur Übergabe von beglaubigten Abrechnungsunterlagen, die die nachträgliche Überprüfung der Behandlung und gegebenenfalls eine Regreßmöglichkeit eröffnet. Zum anderen ist auch daran zu denken, die ausländischen Krankenversicherungsträger in das Verfahren einzubinden. Dies in der Weise, daß sie regelmäßige Kontrollen bei den Leistungserbringern betreffend Leistungen an Versicherte aus anderen Mitgliedstaaten durchführen[432]. Da jede Krankenkasse in ihrem Mitgliedstaat kraft hoheitlicher Befugnis agieren kann, sind entsprechende Maßnahmen rechtlich unproblematisch.
Schon heute besteht nach Art. 3 VO 574/72 eine allgemeine Kooperationspflicht zwischen den Krankenversicherungsträgern der einzelnen Mitgliedstaaten. Dies aber nur für die in Art. 18 ff. VO 1408/71 geregelten Fälle.
Jedoch bürdet Art. 10 EGV den Mitgliedstaaten die Pflicht auf, alle zur Erfüllung der Verpflichtungen aus dem Vertrag, also auch zur Gewährleistung der Dienstleistungs- und Warenverkehrsfreiheit, geeigneten Maßnahmen zu treffen[433]. Diese Handlungspflicht hat der EuGH auch für den Fall bestätigt, daß das erforderliche Sekundärrecht noch nicht erlassen worden sein sollte[434]. Dies gilt nur dann nicht, wenn der Durchführung von Ermittlungen innerstaatliche Vorschriften entgegenstehen[435].
Daher sind die Krankenversicherungsträger der Mitgliedstaaten auch über die Vorschriften des Sekundärrechts hinaus zur Wirtschaftlichkeitskontrolle der Leistungen der in diesem Staat niedergelassenen Leistungsanbieter verpflichtet.

Schließlich darf auch nicht übersehen werden, daß beim Kostenerstattungsverfahren auch die Patienten eine nicht zu unterschätzende Kontrollfunktion ausüben können. Da der Leistungserbringer zunächst ihnen gegenüber die Abrechnung zu erstellen und zu erläutern hat, haben die Patienten ein Interesse daran, mit möglichst geringen und jedenfalls nur mit nachvollziehbaren Beträgen in Vorlage zu treten.

(3) Soweit doch überteuerte und unwirtschaftliche Leistungen erbracht und in Rechnung gestellt werden sollten, ist zur Problematik der daraus möglicherweise resultierenden Gefährdung des finanziellen Gleichgewichts der GKV auf den Umfang der Kostentragungspflicht zu verweisen. Dieser orientiert sich an den inländischen Behandlungskosten. Das wiederum bewirkt, daß selbst wenn die

---

[432] *Zechel*, S. 64
[433] *Zechel*, S. 65
[434] EuGH Rs. 71/76 (Thieffry) Slg. 1977, 765 ; Rs. 222/86 (Unectef/Heylens) Slg. 1987, 4097
[435] EuGH Rs. C – 204/90 (Bachmann) Slg. 1992, I - 249

ausländischen Leistungserbringer höhere Beträge als beim Sachleistungsprinzip ansetzen sollten, eine Erstattung nur in Höhe der inländischen Preise erfolgt[436]. Damit wird sichergestellt, daß die GKV keinen höheren finanziellen Belastungen unterliegt als wenn die Leistungen im Inland erbracht worden wären. Da gleichzeitig die Versicherten selbst für den Restbetrag aufzukommen haben, haben sie ebenfalls ein Interesse an wirtschaftlichen Leistungen, die sie wohl auch einfordern werden.

Daneben darf nicht übersehen werden, daß im deutschen Kostenerstattungsverfahren eine Redlichkeitsvermutung zugunsten der Leistungserbringer besteht[437]. Eine anderslautende Beurteilung der ausländischen Leistungsanbieter wäre diskriminierend und ist daher unzulässig. Diese Bewertung hat die Rechtsprechung auch bei der Beurteilung von Arbeitsunfähigkeitsbescheinigungen ausländischer Ärzte übernommen[438].

Nicht zuletzt ist auch im Inland bei der Kostenerstattung die Wirtschaftlichkeitsprüfung eingeengt und funktioniert dennoch[439].
Anzeichen dafür, daß dies im Ausland anders sein sollte, sind nicht ersichtlich.

Es bleibt folglich dabei, daß weder die Vergabe von unwirtschaftlichen Leistungen, bedingt durch eine fehlende oder erschwerte Kontrollierbarkeit, noch eine daraus resultierende Gefährdung der finanziellen Stabilität der GKV bei Anwendung des Kostenerstattungsprinzips im Ausland darzulegen ist.

Infolge dessen ist ein Ausschluß ausländischer Gesundheitsleistungen, im Hinblick auf ein unterstelltes Fehlverhalten ausländischer Anbieter, unter keinem rechtlichen Gesichtspunkt zu rechtfertigen[440].

b) Verwaltungskosten

Zum Argument der steigenden Verwaltungskosten infolge der Vielzahl von Einzelabrechnungen, die das Kostenerstattungsprinzip bei Auslandsleistungen erforderlich machen soll, ist auszuführen, daß insoweit – angesichts der zahlen-

---

[436] Da das deutsche Preisniveau bei medizinischen Erzeugnissen und Behandlungen europaweit als mit am höchsten zu bewerten ist, liegen die Inlandspreise i.d.R. ohnehin über den Erstattungsbeträgen, so daß eine finanzielle Gefährdung der GKV nicht in Betracht kommt, vgl. *Münnich*, „Sind Sachleistungsprinzip, Budgetierung und Angebotssteuerung im europäischen Wettbewerb noch sinnvoll ?“ in: BKK 1999, 17, 20

[437] BSGE 72, 95 f.

[438] EuGH Rs. 22/86 (Rindone) Slg. 1987, 1339 ; Rs. C – 45/90 (Paletta I) Slg. 1992, I – 3423 ; Rs. C – 206/94 (Paletta II) Slg. 1996, I - 2357

[439] *Heine*, a.a.O., S. 18

[440] *Berg*, „Grenzüberschreitende Krankenversicherungsleistungen in der EU“, in: EuZW 1999, 587, 589

mäßig geringfügigen Erstattungsanträgen nach den Urteilen in den Rechtssachen Decker und Kohll – eine schlüssige Darlegung seitens der Krankenkassen als nur schwer vorstellbar erscheint.
Dies insbesondere deshalb, weil nicht mit höheren Kosten zu rechnen ist, da die Krankenversicherungsträger bei Erstattungsansprüchen in Höhe der inländischen Kosten, genauso wie bei der Abrechnung von im Inland erbrachten Leistungen, jeweils lediglich den Wert der inländischen Leistung bestimmen müssen. Der Unterschied besteht allein darin, daß im einen Fall mit dem Versicherten und im anderen Fall mit dem Leistungserbringer, bzw. dessen übergeordneter Vereinigung abzurechnen ist.
Daher spricht das Sachleistungsprinzip auch aus Gründen der Einsparung von Verwaltungskosten nicht gegen eine Inanspruchnahme ausländischer Leistungserbringer.

Im Gegenteil wird sogar davon auszugehen sein, daß das Sachleistungsprinzip im Vergleich eher eine handelshemmende Wirkung hat, da die Kostenerstattung zu einer Erleichterung des Einkaufs von Gesundheitsleistungen führt[441]. Aufgrund seiner verhältnismäßig hohen Preise wird der intensivierte Handel dann kostenmäßig auch beim deutschen Gesundheitswesen positiv zu Buche schlagen.
Durch die Urteile in den Rechtssachen Decker und Kohll dürfte daher in tatsächlicher Hinsicht noch mehr als bisher ein Veränderungsdruck auf das bei uns vorherrschende Sachleistungsprinzip entstehen[442].

c) Einkommensunabhängige gleichwertige Versorgung

Bezüglich des bereits angesprochenen Grundgedankens des Sachleistungsprinzips, wonach die Versicherten vor dem Risiko bewahrt werden sollen, aufgrund mangelnder finanzieller Mittel keine Gesundheitsleistungen in Anspruch nehmen zu können, ist zu beachten, daß das Sachleistungsprinzip im Inland und die Sachleistungsaushilfe für Leistungen nach der VO (EG) Nr. 1408/71 weiterhin seine Geltung behält. Dabei wird auch dem Verfahren nach der VO (EG) Nr. 1408/71, das insbesondere in seiner Durchführungsverordnung – der VO (EG) Nr. 574/72 – umfangreiche Kostenerstattungsregelungen vorsieht, nicht entge-

---

[441] *Münnich*, „Sind Sachleistungsprinzip, Budgetierung und Angebotssteuerung im europäischen Wettbewerb noch sinnvoll ?“, in: BKK 1999, 17, 20 ; a.A. : *Neumann - Duesberg*, in: Schulte/ Barwig, S. 94, der die Beibehaltung des Sachleistungsprinzips mit seinen Bedarfsplanungs – und Zulassungsregeln fordert, weil dies erforderlich sei, um eine hochwertige medizinische Versorgung aufrecht zu erhalten. Dabei wird jedoch übersehen, daß die Bedarfsplanungs – und Zulassungsregeln nicht aus dem Sachleistungsprinzip, sondern aus dem Vertragssystem folgen, vgl. oben IV.1.
[442] *Ratzel*, „Grenzüberschreitender Gesundheitsmarkt innerhalb der EU“, in: MedR 1999, 510 f.

gen gehalten, es sei mit dem Sachleistungsprinzip unvereinbar[443]. Dabei bestimmt Art. 34 VO 574/72 u.a., daß der zuständige Träger seinem Versicherungsmitglied die vollen entstandenen Kosten zu ersetzen hat, wenn der ausländische Leistungserbringer zu Unrecht darauf besteht, mit dem Patienten ausschließlich auf privater Basis abzurechnen und den E 111 nicht akzeptiert[444].
Im übrigen ist auch auf die Möglichkeit der Befreiung von der Pflicht zur Vorfinanzierung hinzuweisen, indem die Versicherten mit den Anbietern im Ausland entsprechende Stundungsabreden treffen. So könnte in Einzelfällen z.B. vereinbart werden, daß der Leistungsempfänger erst nach Ablauf einer gewissen Zeit oder nach Erhalt des Erstattungsbetrags von der Krankenkasse zur Begleichung der Rechnung verpflichtet ist. Sollte nun der Versicherte trotz der Möglichkeit, eine solche Abrede auszuhandeln und sich sodann vor Bezahlung den Rechnungsbetrag von seiner Kasse auszahlen zu lassen, die grundsätzliche Vorfinanzierungspflicht scheuen, so steht es ihm weiterhin offen, ins Inland zurückzureisen und dort Leistungen nach dem Sachleistungsprinzip in Anspruch zu nehmen. Durch die Kostenerstattung bei Auslandsleistungen ist somit nicht die Grundversorgung betroffen, sondern es handelt sich um weitergehende zusätzliche Leistungen, deren Inanspruchnahme ermöglicht wird.

Somit läßt sich auch ein Leerlaufen dieses Schutzzieles des Sachleistungsprinzips nicht nachweisen.

Im Ergebnis läßt sich nach alledem festhalten, daß auch das Sachleistungsprinzip und seine vom Gesetzgeber intendierte Zielsetzungen[445] keine Rechtfertigung für die Beschränkungen des freien Waren- und Dienstleistungsverkehrs bei Leistungen, die im Inland nach diesem System erbracht werden, begründen kann. Der nationalgesetzliche Leistungsausschluß ist auch bei diesen Leistungen wegen Verstoßes gegen das Gemeinschaftsrecht unbeachtlich.
Da die Anwendung des Kostenerstattungsprinzips bereits nach den inländischen Vorschriften vorgesehen ist und dem auch faktisch nichts entgegensteht, stellt sich hier nicht die Frage, ob das europäische Gemeinschaftsrecht eine Systemänderung für die Inanspruchnahme ausländischer Leistungserbringer erfordert. Dies wäre dann am Recht der Mitgliedstaaten auf eigenständige Ausgestaltung ihrer Systeme der sozialen Sicherheit zu messen.

Frage 1 des Vorabentscheidungsersuchens eines deutschen Sozialgerichts[446] ist abschließend für alle medizinischen Sach – und Dienstleistungen, unabhängig vom Abwicklungsverfahren im Inland, zu verneinen. Die Urteile des EuGH in den Rechtssachen Decker und Kohll können daher im Ergebnis vollumfänglich auf die deutsche GKV übertragen werden.

---

443 *Leingärtner*, in: Schulte/ Barwig, S. 121
444 vgl. zum Verfahren unten 6. Kapitel, II. 1., sowie unten Fn. 571
445 *Berg*, „Grenzüberschreitende Krankenversicherungsleistungen in der EU“, in: EuZW 1999, 587, 589
446 vgl. oben 1. Kapitel, II. 2.

Infolge dessen sind die Kosten ausländischer Leistungsanbieter bis zur Höhe der inländischen Tarife zu erstatten.

5. Kapitel : Die Situation in Mitgliedstaaten mit nationalen Gesund-heitsdiensten am Beispiel Großbritanniens

In Deutschland und in Luxemburg haben die Versicherten Anspruch auf Ersatz der von ihnen für Auslandsbehandlungen verauslagten Kosten bis zur Höhe der jeweiligen inländischen Tarife. Dem entgegenstehende nationale Rechtsvorschriften verstoßen gegen das Gemeinschaftsrecht, welches entgegen anderslautenden Literaturstimmen auch im Bereich der sozialen Sicherheit nicht ausgeschlossen ist[447], und sind daher im EG – Binnenmarkt nicht anwendbar.
Während das luxemburgische Gesundheitswesen ausschließlich eine Leistungserbringung nach dem Kostenerstattungsprinzip vorsieht, dominiert in Deutschland das Sachleistungsprinzip. Trotz der unterschiedlichen Abwicklungsverfahren, die jedoch beide in ein gesetzlichen Krankenversicherungssystems eingebettet sind, bestehen vergleichbare Ansprüche im Bereich von grenzübergreifenden Gesundheitsleistungen.

In den Mitgliedstaaten der Europäischen Gemeinschaft findet sich jedoch eine weitere alternative Organisationsform. So erfolgt etwa in dem Vereinigten Königreich und in den skandinavischen Ländern die Gesundheitsversorgung im Wege eines nationalen Gesundheitsdienstes. Dieser unterscheidet sich in wesentlichen Merkmalen von den Krankenversicherungen.
Da nun das Gemeinschaftsrecht gleichermaßen für sämtliche Mitgliedstaaten Geltung beansprucht, soll am Beispiel des britischen „National Health Service“ geklärt werden, ob auch in Mitgliedstaaten, deren Gesundheitswesen auf einem nationalen Gesundheitsdienst basiert, Ansprüche der Mitglieder auf Erstattung von Kosten für Auslandsbehandlungen in Höhe der inländischen Sätze bestehen. Sollte das zu bejahen sein, wäre die zu begrüßende Situation gegeben, nach der auch alle Mitglieder der staatlichen Gesundheitsdienste, im Falle der Inanspruchnahme ausländischer Leistungserbringer, EG – weit genehmigungsfrei von ihrem zuständigen Träger nach einheitlichem Muster Erstattung der verauslagten Kosten verlangen könnten.

---

[447] vgl. oben 1. Kapitel, III.2.

I. Die Kennzeichen der beiden Organisationsformen

1.Krankenversicherungssysteme

Das Gemeinschaftsrecht hat für das deutsche Gesundheitswesen eine Entterritorialisierung der Gesundheitsleistungen innerhalb des Binnenmarktes zur Folge. Dies ist darauf zurückzuführen, daß die andernfalls vorliegende Beschränkung der Freizügigkeitsrechte nicht zu rechtfertigen ist. Insbesondere ist die vielfach zitierte Gefährdung des finanziellen Gleichgewichts nicht festzustellen. Dies beruht nicht zuletzt darauf, daß in Krankenversicherungssystemen der Wert der einzelnen Leistung bestimmbar ist, so daß das Erstattungsniveau bei Auslandsbehandlungen daran ausgerichtet werden kann.

Dies gilt nicht nur für die deutsche GKV, sondern auch für die Gesundheitsordnungen der Mitgliedstaaten, die ihre Leistungen ebenfalls über ein Versicherungssystem erbringen. Dazu zählen etwa Portugal, Spanien, Griechenland, Österreich, Belgien, die Niederlande und Frankreich.

Das Beispiel Frankreich macht die insoweit i.d.R. ähnlich ausgestaltete Organisation der Krankenversicherungen deutlich.
Auch nach der französischen Gesundheitsordnung gibt es Pflicht– und freiwillige Mitglieder. Der Kern der Versicherten rekrutiert sich aus den abhängig Beschäftigten, so daß ca. 98 % der Bevölkerung Mitglied der Krankenversicherung ist[448].
Die infolge der in Frankreich üblichen hohen Selbstbeteiligungen verbleibenden kostenmäßigen Restrisiken werden seitens der Versicherten durch freiwillige Zusatzversicherungen (mutuelles) zu weiten Teilen abgedeckt[449]. Typisch ist ebenfalls, daß Sachleistungen traditionell grundsätzlich im Wege der Kostenerstattung erbracht werden[450]. Obwohl dieses Prinzip durch entsprechende vertragliche Vereinbarungen im Bereich der Arzneimittel bereits etwas aufgeweicht ist, läßt sich daraus doch entnehmen, daß auch im französischen Gesundheitswesen die Preise für die Einzelleistungen betragsmäßig festgelegt sind.

Da in Krankenversicherungssystemen die Leistungserbringung regelmäßig durch Dritte, nämlich durch die Leistungserbringer, und nicht durch die staatliche Institution der Krankenversicherung erfolgt, muß für die Vergütung auch der Wert dieser Leistungen feststehen.

---

[448] *Weber/Leienbach*, Soziale Sicherung in Europa, S. 50 f.
[449] *Alber/ Bernhardi – Schenkluhn*, Westeuropäische Gesundheitssysteme im Vergleich, S. 344
[450] *Igl/ Schulte/ Simons*, Einführung in das Recht der sozialen Sicherheit von Frankreich, Großbritannien und Italien, S. 53 ff.

Dementsprechend handeln in Frankreich die Krankenkassen und die Ärzteverbände die Preise der Einzelleistungen jährlich neu aus[451]. Auch die Preise für Arzneimittel werden Jahr für Jahr vom Gesundheitsministerium festgelegt[452]. Zur Abwicklung vermerkt der Leistungserbringer die Gebührenposition und den sich daraus ergebenden Betrag auf dem Krankenschein, mit dem der Patient im Anschluß daran von seiner Kasse die Kostenerstattung begehren kann[453].

Aus diesem Exempel ist ersichtlich, daß die Krankenversicherungssysteme der Mitgliedstaaten zwar divergierende Ausgestaltungen aufweisen können, in Sachen Einzelleistungsvergütung jedoch auf feste Preise angewiesen sind.
Aufgrund dieses Merkmals ist es auch stets möglich, den Wert der Inlandsleistung zu bestimmen und die Kostenerstattung bei im Ausland in Anspruch genommen Gesundheitsleistungen danach auszurichten.
Deshalb entfällt bei Mitgliedstaaten mit Krankenversicherungssystemen durchgehend der wesentliche Rechtfertigungsgrund der finanziellen Gefährdung des Gesundheitswesens mit der Folge, daß auch bei diesen Staaten davon auszugehen ist, daß – wie in Deutschland – die europäischen Freizügigkeitsrechte zur Entterritorialisierung in der hier beschriebenen Weise zwingen.

2. Nationale Gesundheitsdienste

Offen bleibt, ob dies auch für Mitgliedstaaten mit nationalem Gesundheitsdienst wie es in den skandinavischen Staaten, Dänemark, Irland und Großbritannien der Fall ist, gilt. Da auch hier zunächst einmal nur nach der Kostenbelastung im Falle von Auslandsleistungen bis zur Höhe der inländischen Kosten gefragt werden soll, ist maßgebend, ob aus der unterschiedlichen Struktur dieser Gesundheitssysteme abweichende Ergebnisse resultieren.

Als wesentliches Unterscheidungsmerkmal der Gesundheitsdienste von den Krankenversicherungen ist vorab festzustellen, daß erstere allen Bürgern, die ihren Wohnsitz im jeweiligen Staat haben, eine kostenlose Inanspruchnahme der Sach- und Dienstleistungen gewährleisten.
Die Gesundheitsdienste werden nicht wie Krankenversicherungen über Beiträge, sondern im wesentlichen aus dem allgemeinen Steueraufkommen finanziert. Deshalb kommt neben der gesetzlichen Steuerpflicht auf die Wohnbürger im Bezug auf Sach- und Dienstleistungen keine weitere nennenswerte Belastung zu[454]. Dadurch soll das Leitmotiv, allen Bürgern eine ausreichende medizinische

---

451 *Weber/ Leienbach*, S. 55

452 *Döhler/ Hassenteufel*, „Akteurkonstellationen in der Krankenversicherungspolitik: Ein deutsch – französischer Vergleich“, in: ZSR 1995, 804, 806

453 *Sandier*, in: Deppe, Gesundheitssysteme und Gesundheitspolitik in Westeuropa, S. 65 ff.

454 *Alber*, Die Gesundheitsdienste der OECD – Länder im Vergleich, in: Schmidt, Staatstätigkeit, S. 142 ff.

Versorgung unabhängig von ihrer finanziellen Situation zukommen zu lassen, realisiert werden[455].
Infolge dessen tritt der staatliche Gesundheitsdienst als alleiniger Leistungsanbieter und – erbringer auf. Insoweit kann er für sich eine Monopolstellung in Anspruch nehmen. Diese wiederum gestattet ihm, technische Neuerungen oder sonstige Investitionen erst dann durchzuführen, wenn die Finanzierung dafür vollumfänglich steht und kein Deckungsrisiko in Kauf zu nehmen ist. Auswirkungen auf das Leistungsniveau sind dadurch naturgemäß nicht auszuschließen[456].

Weiter ungeklärt ist daneben die bereits angesprochene Problematik der Vereinbarkeit der Struktur der Gesundheitsdienste mit einer Ausweitung der Leistungsinanspruchnahme auf das Ausland.
Dies soll nachfolgend am Beispiel Großbritanniens untersucht werden.

---

[455] *Kleine*, The new politics of the National Health Service, S. 2 ff.
[456] *Neubauer*, Sozialökonomische Probleme eines staatlichen Gesundheitsdienstes, S. 77 f.

II. Blick in das britische „health law"

1. Leistungen im Inland

Träger des britischen Gesundheitsdienstes ist der National Health Service (NHS).
Diese staatliche Institution deckt den Bereich der Sach– und Dienstleistungen ab. Geldleistungen werden nicht vom NHS und damit nicht aus Steuermitteln erbracht, sondern aus einem Beitragsaufkommen finanziert[457].
Es ist folglich zwischen den beiden Leistungsarten zu differenzieren. Sachleistungen werden über den nationalen Gesundheitsdienst abgewickelt, während für Geldleistungen wie das Krankengeld die Nationale Versicherung (National Insurance) bereitsteht. Diese stellt eine nach krankenversicherungsrechtlichen Kriterien ausgerichtete Körperschaft dar, die - wie bei Krankenversicherungen üblich - aus Beiträgen der Versicherten finanziert wird.
Da jedoch die Exportfähigkeit von Geldleistungen außer Zweifel steht, kann dieser Leistungszweig im weiteren Verlauf vernachlässigt werden.

Die Gewährung der verbleibenden Sach– und Dienstleistungen durch den NHS ist weder an die Entrichtung von Beiträgen, noch an einen Bedürftigkeitsnachweis gebunden[458].
Neben dem einkommensunabhängigen Zugang zu den medizinischen Einrichtungen beinhaltet das britische Gesundheitssystem eine besonders ausgeprägte Beziehung zwischen dem Allgemeinarzt (general practitioner) und dem Patienten[459]. Im Krankheitsfall ist der Allgemeinarzt stets die erste Anlaufstelle. Dieser entscheidet dann, ob er die Behandlung selbst durchführt oder ob eine Überweisung an einen Facharzt vorzunehmen ist. Diese wiederum sind überwiegend in Krankenhäusern tätig. Dem Patienten ist es somit verwehrt, direkt einen Facharzt zu konsultieren[460]. Damit kommt dem general practitioner eine zentrale Rolle zu. Zu beachten ist dabei, daß der Patient nicht bei jedem Versicherungsfall einen Allgemeinarzt seiner Wahl aufsuchen kann, sondern bei einem bestimmten fest eingeschrieben ist. Wechselmöglichkeiten bestehen nur nach Ablauf bestimmter Zeiträume, meist am Jahresende oder bei Eintritt besonderer Umstände, wie z.B. Wohnortwechsel o.ä.

Zur Bändigung der Gesundheitsausgaben wurde eine Gesamtbudgetierung eingeführt. Die Obergrenze dieser Deckelung wird jährlich in Abhängigkeit der erwarteten Inflationsrate und um einen realen Aufstockungsbetrag erhöht[461].
Die Entlohnung der Leistungserbringer geschieht auf unterschiedliche Arten.

---

[457] *Igl/ Schulte/ Simons*, S. 234
[458] *Kaim - Caudle*, Comparative Social Policy and Social Security, S. 9ff.
[459] vgl. zu den Prinzipien dieses Systems *Baugh*, Introduction to the Social Services, S. 52
[460] *Weber/ Leienbach*, S. 76
[461] *Robson*, in: Deppe, S, 132

Fachärzte und das sonstige medizinische Personal in Krankenhäusern erhalten ein festes Gehalt. Zahnärzte werden nach ihren einzelnen Leistungen vergütet. Der Wert dieser Leistungen wird jährlich neu bestimmt. Maßgebend dafür ist das zur Verfügung stehende Budgetvolumen, sowie die durchschnittliche Arbeitsbelastung. Auch die Preise für Arzneimittel unterliegen der Verhandlung der Verbände mit dem Gesundheitsministerium[462].

Die Honorare der general practitioner setzen sich aus verschiedenen Bestandteilen zusammen[463]:

- Grundvergütung für die Praxiskosten
  Daraus bestreiten die Allgemeinärzte ca. 1/3 ihres Einkommens.

- Orts – und Alterszuschläge

- Pro – Kopf – Pauschale für jeden eingeschriebenen Patient
  Die Pauschale fällt unabhängig davon, wie oft der Arzt von dem Patienten konsultiert wird, an. Auch hieraus wird ca. 1/3 des Einkommens erwirtschaftet.

- Einzelvergütungen für bestimmte Leistungsarten
  Dazu zählen Leistungen, wie etwa Impfungen, denen ein besonderes öffentliches Interesse zugestanden wird.

Es bleibt festzuhalten, daß lediglich die letztgenannten, besonders förderungswürdigen Leistungen der Allgemeinärzte und die der Zahnärzte einzeln vergütet werden. Die jeweiligen Preise unterliegen darüber hinaus jährlichen Schwankungen.

2. Leistungen im Ausland

Traditionsgemäß ist die Erbringung von Sach– und Dienstleistungen im britischen Gesundheitswesen auf inländische Leistungen beschränkt.
Hierzu führte bereits die Europäische Gemeinschaft für Kohle und Stahl aus:

„Da der nationale Gesundheitsdienst in der Hauptsache kein beitragspflichtiges System ist und automatisch allen in Großbritannien ansässigen Personen zugute kommt, hat er seiner Natur nach territorialen Charakter, d.h. außerhalb des britischen Gebiets kann keinerlei gesundheitliche Betreuung durch den Nationalen Gesundheitsdienst erfolgen.“[464]

---

[462] *Alber/ Bernhardi - Schenkluhn*, S. 589, 615, 610
[463] BASYS, S. 249
[464] *EGKS*, Die Systeme der Sozialen Sicherheit, Anm. 5.54

Diese Schlußfolgerung ergibt sich aus dem Wesen des NHS.
Er gewährt allen in Großbritannien wohnhaften Bürgern, unabhängig von ihrer Nationalität, die erforderlichen Leistungen. Sobald sie sich jedoch in das Ausland begeben, verliert der NHS seine Zuständigkeit. Diese ist für ihn als staatlicher Gesundheitsdienst auf das britische Territorium beschränkt[465]. Infolge dessen können nur inländische Allgemeinärzte als Anlaufstelle aufgesucht werden. Die sog. „health authorities" führen die „medical lists", bzw. die „doctors' lists". Diese Listen enthalten alle Ärzte der betreffenden britischen Region, die für den NHS tätig sind. Nur sie können kostenfrei in Anspruch genommen werden[466]. Die health authorities stellen dabei die regionalen Verwaltungseinrichtungen des NHS dar[467].

Im Ergebnis kommt nach dem britischen Recht eine Inanspruchnahme, bzw. Kostenübernahme von Leistungen ausländischer Anbieter nicht in Betracht.

---

[465] vgl. zur Inanspruchnahme ausländischer Leistungserbringer nach EG – Recht aus britischer Sicht *Forsysth*, in: von Langendonck, Prelude to Harmony on a Community Theme, S. 2 ff.

[466] Halsbury's law of England, Vol. 33, Para 155 f.

[467] Halsbury's law of England, Vol. 33, Para 51 ff.

III. Die Auswirkungen des Gemeinschaftsrechts

1. Die europäischen Grundfreiheiten

Zu klären bleibt, ob die Art. 28, 49 EGV - entgegen den nationalen Vorschriften - wie bei den Mitgliedstaaten mit Krankenversicherungssystemen auch in Großbritannien eine Ausweitung der Leistungserbringung auf Auslandsleistungen mit der Maßgabe erfordern, daß die Kosten maximal bis zur Höhe der Inlandspreise übernommen werden[468].

a) Die dies ausschließenden nationalen Regeln stellen wie bei den Krankenversicherungssystemen eine Beschränkung des freien Waren– und Dienstleistungsverkehrs dar. Auch wenn für die einzelne Leistung, aufgrund der Finanzierung aus dem allgemeinen Steueraufkommen, keine unmittelbare Gegenleistung zu erbringen ist, verfolgt der einzelne Leistungsanbieter mit seinen Leistungen doch einen Erwerbszweck. Deshalb sind auch sie als Waren und Dienstleistungen im Sinne des EG – Vertrages anzusehen[469].

b) Für die Rechtfertigung der oben dargestellten Beschränkungen kommt es im wesentlichen darauf an, ob die finanzielle Situation des NHS eine solche Verfahrensweise unabdingbar macht[470].

(1) Eine finanzielle Gefährdung ist dann auszuschließen, wenn eine Kostenübernahme lediglich bis zur Höhe der inländischen Preise vorgenommen wird. Voraussetzung hierfür ist, daß ein derartiger Erstattungsanspruch überhaupt beziffferbar ist. Dafür müssen die konkreten Preise für die Inlandsleistungen bestimmbar sein.
Demnach liegt eine Gefährdung des finanziellen Gleichgewichts des NHS bei der Erstattung der Kosten solcher Leistungen nicht vor, deren Einzelpreise im Inland festgelegt sind. Wie bereits ausgeführt, ist dies im britischen Gesundheitswesen lediglich bei den Leistungen der Zahnärzte und bei gewissen Leistungen der Allgemeinärzte, die im besonderen öffentlichen Interesse stehen, der Fall. Daneben sind auch die Preise für Arzneimittel festgesetzt.

Es ist daher zusammenfassend festzustellen, daß bei diesen Leistungen mit Einzelpreisfestsetzung eine Gefährdung in finanzieller Hinsicht auszuschließen ist,

---

[468] zur Entwicklung des europäischen Sozialrechts aus britischer Sicht vgl. *Hantrais*, Social Policy in the European Union, S. 1 ff., 168 ff.

[469] zweifelnd: *Langer*, „Grenzüberschreitende Behandlungsleistungen – Reformbedarf für die Verordnung 1408/71 ?", in: NZS 1999, 537 f.

[470] Bei den sonstigen denkbaren Rechtfertigungsgründen wie den Auswirkungen auf die Qualität, sowie der Verträglichkeit mit nationalen Kostendämpfungsmaßnahmen und dem Sachleistungsprinzip ergeben sich im Hinblick auf die Situation in der deutschen GKV keine nennenswerten Besonderheiten

weil deren Erbringung im Ausland diejenige im Inland ersetzt und dafür auch keine höheren Kosten anfallen als es bei entsprechender Inanspruchnahme eines inländischen Leistungserbringers der Fall wäre.
Insoweit liegt folglich keine Rechtfertigung für die Beschränkungen vor, und die Rechte auf freien Waren– und Dienstleistungsverkehr gebieten in diesem Rahmen - wie bereits bei den Leistungen der GKV - eine Entterritorialisierung der Leistungserbringung.

(2) In Bezug auf Leistungen, deren Preise im britischen System feststehen, kommt als weitere Rechtfertigung der Umstand in Betracht, daß nach diesem System eine Kostenerstattung grundsätzlich nicht vorgesehen ist. Die Leistungen werden stets unmittelbar durch den NHS erbracht.
Ähnlich wie bei dem Sachleistungsprinzip in Deutschland müßte also der NHS, der im Zweifelsfall als Beklagter fungiert, darlegen, daß die Leistungserbringung im Inland durch ihn selbst mit der Kostenerstattung bei Auslandsleistungen unvereinbar ist.

Wie schon bei dem Versuch, die Beschränkungen des freien Waren– und Dienstleistungsverkehrs durch das Sachleistungsprinzip zu rechtfertigen[471], ist auch hier festzustellen, daß die Leistungserbringung im Ausland durch den Gesundheitsdienst an diversen Hindernissen, wie den dort fehlenden hoheitlichen Befugnissen und der organisatorischen Unmöglichkeit der Aufnahme der ausländischen Anbieter in den NHS, scheitert.
Auf der anderen Seite ist dagegen ein Verfahren nach dem Kostenerstattungsprinzip bei den preislich bestimmten Leistungen in tatsächlicher Hinsicht uneingeschränkt möglich[472].

(3) Bei der Frage nach der Gewährleistung der Schutzziele der Leistungserbringung durch den NHS ist vorab auf den Umstand abzustellen, daß einem britischen Patienten im Inland in erster Linie nur der für ihn zuständige general practitioner und die Fachärzte zur Verfügung stehen, an die er vom Allgemeinarzt überwiesen wird. Der Hintergrund dieser Regelung ist kostentechnischer Art. Durch die Erstkonsultation des Allgemeinarztes, der den Patienten ohnehin kennt, soll zum einen die Inanspruchnahme mehrerer Ärzte und zum anderen das unnötige Einschalten von teureren Fachärzten vermieden werden. Auf diese Art wird nach einer Minimierung der Ausgaben getrachtet.
Da dem NHS nun die Darlegungslast obliegt, hat er darzutun, daß dieser Kosteneinsparungseffekt bei Inanspruchnahme ausländischer Leistungserbringer nach Wahl des Patienten nicht nur verloren geht, sondern auch Mehrkosten in einem Umfang auslöst, die die finanzielle Lage des Systems gefährden.

---

471 vgl. oben 4. Kapitel

472 Da diese Leistungen mit denen der Krankenversicherungssysteme vergleichbar sind, gilt das im Hinblick auf das Sachleistungsprinzip insoweit gewonnene Ergebnis auch für Gesundheitssysteme, die sich mit Hilfe eines staatlichen Gesundheitsdienstes organisieren.

Da es sich hier jedoch um Leistungen handelt, deren Preise auch im Inland feststehen, kann stets errechnet werden, welche Kosten die jeweilige Behandlung im Inland ausgelöst hätte. Aufgrund dessen, daß diese Kosten den Höchsterstattungsbetrag bilden, kommt eine überhöhte finanzielle Belastung infolge der Behandlung im Ausland nicht in Betracht.
Deshalb kann aus dieser Eigenheit des britischen Systems keine Rechtfertigung abgeleitet werden.

(4) Dasselbe gilt im Ergebnis für das Ziel, den Wohnbürgern eine ausreichende medizinische Versorgung, unabhängig von ihrer finanziellen Situation, zukommen zu lassen.
Wie schon beim Sachleistungsprinzip[473] können die Patienten versuchen, mit den ausländischen Anbietern Stundungsabreden zu vereinbaren. Sollte dies nicht gelingen, bleibt ihnen jedenfalls die Option, im Wohnstaat zu verbleiben oder dorthin zurückzukehren und sodann, wie üblich, Leistungen nach den britischen Bestimmungen ohne Gegenleistung entgegenzunehmen. Die bezweckte Grundversorgung bleibt folglich bestehen. Hierzu werden die ausländischen Leistungserbringer nicht benötigt.

In Bezug auf die Leistungen mit Einzelpreisvergütung kann somit keine Rechtfertigung festgestellt werden.
Die Wohnbürger des Vereinigten Königreichs haben daher für im Ausland konsumierte Gesundheitsleistungen insoweit Anspruch auf Kostenersatz bis zur Höhe der britischen Tarife.

c) Soweit nach nationalem Recht für Gesundheitsleistungen keine Einzelvergütung erfolgt, mit der Folge, daß die Kosten, die bei deren Anwendung im Inland anfallen, nicht feststellbar sind, ist zu beachten, daß es den Mitgliedern des NHS in diesen Fällen nicht möglich ist, einen konkreten Betrag zu beziffern. Infolge dessen kann ein britischer Einwohner, der im Ausland eine Leistung in Anspruch genommen und diese sogleich vor Ort bezahlt hat, mangels Kenntnis von den entsprechenden inländischen Kosten einen Erstattungsanspruch gegen den NHS dann nicht erheben, wenn es sich um eine Leistung handelt, die im Inland ohne Einzelvergütung erbracht wird.

Aus diesem Grund steht dem Anspruch bereits die kostenmäßige Unbestimmtheit entgegen. Insoweit ist für das Kostenerstattungsprinzip kein Raum. Dabei ist zu beachten, daß es sich bei den vorstehend beschriebenen Bestimmtheitsschwierigkeiten nicht lediglich um rechtlich irrelevante „praktische Abwicklungsprobleme" handelt. Vielmehr stellt das Erfordernis der Bestimmbarkeit der Inlandskosten eine Voraussetzung für die Anwendbarkeit des Kostenerstattungssystems und damit eine Anspruchsvoraussetzung dar.

---

[473] vgl. oben 4. Kapitel, IV.

Deshalb kommt es nicht mehr auf die Frage der Rechtfertigung des Leistungsausschlusses an. Ein Verstoß gegen das Gemeinschaftsrecht ist mithin nicht feststellbar.
Folglich bestehen hier keine Erstattungsansprüche.

2. Harmonisierender Lösungsansatz bezüglich Leistungen, deren Kosten nicht festgesetzt sind

Bei diesen Leistungen scheitert die Begründung eines Verstoßes gegen das Gemeinschaftsrecht, und damit der Erstattungsanspruch allein an der fehlenden Bestimmtheit ihrer Preise[474].
Aus diesem Grund drängt sich die Frage auf, ob der britische Gesetzgeber, bzw. der NHS gehalten sein könnte, angesichts der Reichweite der europäischen Grundfreiheiten, sein System dahingehend zu modifizieren, daß die noch fehlenden Preisfestsetzungen vorgenommen werden. Sollte dies nicht freiwillig geschehen, ist an den Erlaß einer EG – Richtlinie zu denken, die alle Mitgliedstaaten verpflichtet, die Preise all ihrer Gesundheitsleistungen innerhalb eines bestimmten Zeitraums festzulegen.

a) Aus den Grundfreiheiten resultierende Pflicht zur Kostenfestsetzung ?

Im britischen Gesundheitswesen sind die Kosten einzelner Leistungen nur teilweise festgelegt und deshalb sind viele Gesundheitsleistungen kostenmäßig unbestimmt. Ein Kostenerstattungsanspruch der Mitglieder des NHS im Bezug auf im Ausland in Anspruch genommene Waren– und Dienstleistungen, deren Inlandspreise mangels Festsetzung nicht bestimmbar sind, scheitert ausschließlich an der fehlenden betragsmäßigen Bezifferbarkeit des Anspruchs.
Wären die entsprechenden Inlandskosten bekannt, so wäre der Anspruch auf die Kostenerstattung in Höhe dieser Inlandspreise wegen des Verstosses der nationalen territorialen Beschränkungen der Leistungserbringung gegen die Warenverkehrs– und Dienstleistungsfreiheit gegeben. Da grundsätzlich nicht erkennbar ist, daß die noch fehlenden preislichen Festsetzungen nicht möglich sein sollten[475], stellt sich die Frage, ob die Grundfreiheiten den Mitgliedstaaten unmittelbar eine diesbezügliche Handlungspflicht auferlegen.

---

[474] Um daraus resultierende Abrechnungs – und Abwicklungsschwierigkeiten bei der Anwendung der VO (EG) Nr. 1408/71 zu vermeiden, haben das Vereinigte Königreich und die Bundesrepublik am 29.4.1977 ein gegenseitiges Erstattungsverzichtsabkommen unterzeichnet, BGBl. II Nr. 46 vom 25.11.1977, S. 1223

[475] Wobei zu beachten ist, daß auch der NHS i.d.R. in der Lage ist, im Falle einer einem britischen Einwohner im Ausland gewährten Notfallbehandlung zur Kostenerstattung eine Wertberechnung der in Anspruch genommenen Leistungen nach Inlandskonditionen zu erstellen, vgl. *Langer*, „Grenzüberschreitende Behandlungsleistungen – Reformbedarf für die Verordnung Nr. 1408/71 ?“, in: NZS 1999,538 m.w.N.

(1) Zur unmittelbaren Anwendbarkeit des europäischen Primärrechts gegenüber den Mitgliedstaaten hat der EuGH bereits festgestellt, daß das Gemeinschaftsrecht selbst bestimmt, ob seine Rechtssätze unmittelbar gelten[476]. Wesentliche Voraussetzung hierfür ist die Eignung einer Vorschrift, unmittelbare Wirkung zu entfalten[477].
In der Rechtssache van Gend & Loos[478] hat der Gerichtshof anerkannt, daß Unterlassungspflichten, die der EG – Vertrag normiert, unter gewissen Voraussetzungen unmittelbare Wirkungen entfalten können. Wie er in nachfolgenden Urteilen entschied, können auch Vorschriften, die den Mitgliedstaaten eine ausreichend präzise Handlungspflicht auferlegen, ebenfalls unmittelbar gelten[479]. Davon kann dann ausgegangen werden, wenn die betreffende Regelung klar und uneingeschränkt formuliert ist[480], den Mitgliedstaaten kein Entscheidungs– oder Ermessensspielraum verbleibt[481] und es sich nicht um eine Pflicht des Gesetzgebers der Mitgliedstaaten zum Gesetzeserlaß handelt, da ein Mitgliedstaat hierzu auch nicht von einem nationalen Gericht verurteilt werden kann[482].

Zu diesen Anforderungen an eine unmittelbar geltende Handlungspflicht ist in Bezug auf eine angedachte Pflicht der Mitgliedstaaten zur Bestimmung der Preise ihrer Gesundheitsleistungen auszuführen, daß das Gemeinschaftsrecht und insbesondere die Grundfreiheiten des EG – Vertrages eine derartige explizite Verpflichtung nicht enthalten. Darüber hinaus ist in Abhängigkeit der jeweiligen Verfassungen der Mitgliedstaaten nicht auszuschließen, daß die Preisfestsetzungen durch den Gesetzgeber zu erfolgen haben.
Infolge dessen ist hier eine unmittelbare Handlungspflicht nicht zu erkennen.

(2) Eine unmittelbare Handlungspflicht folgt nach der Rechtsprechung des EuGH auch nicht aus den Zielsetzungen der Grundfreiheiten.
Zwar hat der Gerichtshof wiederholt einzelnen Vertragsartikeln eine unmittelbare Geltung zuerkannt, wenn er der Auffassung war, daß deren Ergebnis eindeutig bestimmt war und sie ausdrücklich einen bis zum Ende der Übergangszeit umzusetzenden Auftrag enthielten[483]. Dabei hat er jedoch stets gleichzeitig zum Ausdruck gebracht, daß die in den Grundfreiheiten enthaltene Verpflichtung zur Erleichterung von deren Gebrauchmachung noch einer durch zu erlassende

---

[476] EuGH Rs. 26/62 (van Gend & Loos/ Niederländische Finanzverwaltung) Slg. 1963, 1; Rs. 28/67 (Molkereizentrale Westfalen/ Hauptzollamt Paderborn) Slg. 1968, 216
[477] *Beutler/ Bieber/ Pipkorn/ Streil*, Anm. 6.3.1
[478] EuGH Rs. 26/62 (van Gend & Loos) Slg. 1963, 1
[479] EuGH Rs. 57/ 65 (Lütticke) Slg. 1966, 257
[480] EuGH Rs. 33/ 70 (SACE/ Finanzministerium Italien) Slg. 1970, 1213
[481] EuGH Rs. 43/ 71 (Hein) Slg. 1971, 729
[482] EuGH Rs. 26/62 (van Gend & Loos) Slg. 1963, 1
[483] EuGH Rs. 45/75 (Rewe) Slg. 1976, 181 für Art. 37 I EGV a.F. und Rs. 2/74 (Reyners) Slg. 1974, 631 sowie Rs. 33/74 (van Binsbergen) Slg. 1997, 1299 für Art. 52 und 59 EGV a.F. ; vgl. auch *Schwarze*, EU – Kommentar, Art. 49, Rdnr. 13

Richtlinien vorzunehmenden Konkretisierung bedarf und daher keine unmittelbare Geltung erlangt.

Mitgliedstaaten wie Großbritannien obliegt daher im Ergebnis nicht bereits aus den Grundfreiheiten die Verpflichtung, die Preise all ihrer Gesundheitsleistungen zu bestimmen.
Zwar gelten die Grundfreiheiten auch im Bereich der sozialen Sicherheit, dies geht jedoch nicht soweit, daß sie die Mitgliedstaaten unmittelbar zur Vornahme inhaltlicher Veränderungen ihrer Sozialsysteme zwingen. Lediglich schon vorgenommene inhaltliche Regelungen unterliegen einer Konformitätsüberprüfung. Die tatsächliche inhaltliche Ausgestaltung obliegt jedoch – im Rahmen der Vorgaben der Grundfreiheiten – weiterhin den Mitgliedstaaten.
Soweit sie an dem bestehenden System Veränderungen vornehmen, unterliegen sie in diesem Rahmen der „Pflicht zur gemeinschaftsfreundlichen Ausgestaltung"[484].

b) Möglichkeiten einer Verpflichtung durch Richtlinienerlaß

Fraglich ist, ob den Gemeinschaftsorganen das Recht zusteht, die oben genannte Verpflichtung durch Sekundärrecht zu statuieren[485].

(1) Entwicklung der sozialpolitischen Kompetenzen der Gemeinschaftsorgane

Am Beginn dieser Entwicklung stand der Vertrag über die Gründung der Europäischen Gemeinschaft für Kohle und Stahl vom 18. April 1951 (EGKS).
Darin spielte die Gesundheitspolitik noch eine sehr untergeordnete Rolle. Vorrang hatten in erster Linie wirtschaftliche Erwägungen. Sozialpolitische Kompetenzen wurden nicht zugeteilt[486].
So bestimmt Art. 69 § 4 EGKS auch nur lapidar, daß die Mitgliedstaaten alle erforderlichen Vereinbarungen anzustreben haben, um zu erreichen, daß die Bestimmungen über die Sozialversicherung den Wechsel der Arbeitsplätze nicht behindern.

---

[484] Diese Verpflichtung basiert neben der grundsätzlichen Anwendbarkeit der Grundfreiheiten auch auf der aus Art. 10 EGV abzuleitenden Pflicht zur Gemeinschaftstreue, vgl. hierzu *Schweitzer/ Hummer*, Europarecht, Rdnr. 1045 ff. Diese Pflicht führt mangels einer entsprechenden ausdrücklichen Handlungspflicht nicht dazu, daß die Mitgliedstaaten einzelne Rechtsvorschriften im Bereich der sozialen Sicherheit einfügen müssen, sondern sie stellt eine Unterlassungsverpflichtung in Bezug auf neue, dem Gemeinschaftsrecht widersprechende Gesetzesvorhaben dar.

[485] dazu Anmerkungen von *Sodann*, in: JZ 1998, 1168

[486] *Pitschas*, „Inhalt und Reichweite des Mandats der Europäischen Gemeinschaft auf dem Gebiet der Gesundheitspolitik", in: ZSR, 1993, 468, 471 f.

Obwohl mit dem Vertrag zur Gründung der Europäischen Gemeinschaft vom 25. März 1957 u.a. auch die Art. 48 - 51, 117 f. EGV a.F. (Art. 39 – 42,136 f. EGV n.F.) zustande kamen, auf die noch zurückzukommen sein wird, fanden die sozialrechtlichen Regelungsmöglichkeiten anfangs kaum Beachtung. Zu sehr dominierten auch hier Überlegungen ökonomischer Art, die insbesondere auf die Realisierung der Freizügigkeit abzielten.
Immerhin wurden die genannten Vorschriften des EG - Vertrages als Instrumente angesehen, um Beschränkungen des Rechts auf volle Freizügigkeit abzubauen[487]. Infolge dessen wurden auch Regelungen zur Angleichung des Krankenversicherungsschutzes der Wanderarbeitnehmer und Selbständigen an denjenigen, den die Gesundheitssysteme der Aufenthaltsstaaten für ihre Mitglieder vorsehen, getroffen[488].

Erstmals wurde auf gesundheitspolitischer Basis eine Schutzpflicht und ein Angleichungsauftrag in Sachen Gesundheit der Arbeitnehmer mit Art. 118a EGV a.F. (Art. 138 EGV n.F.) konstituiert[489].
Dieser wurde im Zuge der Verabschiedung der Einheitlichen Europäischen Akte vom 28. Februar 1986 (EEA) in den EG - Vertrag aufgenommen. Damit sollte neben dem wirtschaftlichen auch ein sozialer Zusammenhalt erreicht werden. Auf dieser Grundlage i.V.m. Art. 100, 100a EGV a.F. (Art. 94, 95 EGV n.F.) kam es zu zahlreichen Richtlinien zum Zwecke der Rechtsangleichung[490]. Echte Kompetenzen, mit denen die Gemeinschaftsorgane die Mitgliedstaaten unmittelbar bindende Rechtsänderungen im Bereich der sozialen Sicherheit hätten herbeiführen können, standen ihnen jedoch nach wie vor nicht zu[491].

Ein weiterer Schub erfolgte mit der „Gemeinschaftscharta der sozialen Grundrechte“ . Diese wurde im Dezember 1989 auf der Tagung des Europäischen Rates in Straßburg – jedoch ohne die Zustimmung Großbritanniens – verabschiedet und erlangte deshalb keine Rechtsverbindlichkeit. Aus diesem Grund lag ihre Bedeutung vielmehr in den Bekundungen der Unterzeichnerstaaten, den in der Gemeinschaftscharta niedergelegten Zielsetzungen gerecht werden zu wollen[492].

---

[487] *Bieback*, „EG – Sozialrecht: Grundlagen und Geltung sowie die Wirkung des EG– Gleichbehandlungsrechts auf das nationale Sozialrecht“, in: DRV 1994, 20 ff.

[488] VO Nr.3 und Nr.4, sowie ablösend die VO (EWG) Nr. 1408/71 über die Anwendung der Systeme der sozialen Sicherheit auf Arbeitnehmer und Selbständige sowie deren Familienangehörige, die innerhalb der Gemeinschaft zu - und abwandern v. 14.6.1971und die VO (EWG) Nr. 574/72 über die Durchführung der VO (EWG) Nr. 1408/71 v. 21.4.1972

[489] *Rehfeld/Lankes/Grütz*, „Die Europäische Wirtschafts – und Währungsunion – Auswirkungen auf die Rentenversicherung – “ in: DRV 1996, 799, 811

[490] vgl. das Jahresgutachten des Sachverständigenrats für die konzertierte Aktion im Gesundheitswesen 1992, S. 140

[491] *Oldiges*, in: Festschrift für Franke, S. 501, 505 ; a.A. *Hauff/ Pfister Gaspary*, Internationale Sozialpolitik, S. 48, wonach Art. 100 EGV a.F. eine Generalklausel zur Angleichung von Rechtsvorschriften sein soll.

[492] *v. Maydell*, Soziale Rechte in der EG, S. 122 ff.

Dennoch wurde sie teilweise durch Erlaß von Richtlinien, Empfehlungen und Stellungnahmen umgesetzt.
Obschon die Gesundheitspolitik weiterhin im wesentlichen bei den nationalen Legislativorganen verblieb, konnte die EG, auch aufgrund der bereits ergangenen Maßnahmen, eine aus Einzelgebilden bestehende Regelungskompetenz aufweisen[493]. Deren Ausprägung war jedoch noch sehr zurückhaltend gestaltet, da nach wie vor angenommen wurde, daß von der zunehmenden wirtschaftlichen Freizügigkeit automatisch auch die soziale Sicherheit profitieren würde[494].

Mit dem Vertrag von Maastricht über die Europäische Union[495] wurde die Gesundheitspolitik auf eine neue Rechtsgrundlage gestellt. In dem neu eingefügten Art. 129 IV des Vertrages i.V.m. dem Protokoll zum Maastrichter Vertrag über die Sozialpolitik[496] vereinbarten die damaligen Mitgliedstaaten, mit Ausnahme von Großbritannien[497], daß auf der Ebene des Gesundheitswesens Beschlüsse nicht mehr einstimmig zu ergehen haben, sondern auch durch qualifizierte Mehrheiten zustande kommen können[498]. Zwar wurden für die Rechtsnatur dieses Sozialprotokolls verschiedene Theorien entwickelt, nach herrschender Auffassung stellt es jedoch ebenfalls einen Teil des europäischen Primärrechts dar[499]. In der Folgezeit griffen die Parteien dieses Vertrages auch wiederholt auf diese Möglichkeit zurück, wenn auf der Basis des EG - Vertrages eine einstimmige Einigung nicht erzielt werden konnte[500].
Der mit dem Maastrichter - Vertrag durch Art. 129 EGV a.F. (Art. 152 EGV n.F.) neu geschaffene Titel X - Gesundheitswesen gestattet der Gemeinschaft ausdrücklich koordinierende Maßnahmen zu treffen, wobei jegliche Harmonisierung explizit ausgeschlossen ist.
Er enthält somit keine Kompetenzen, die einen Zugriff auf die nationalen Gesundheitssysteme der einzelnen Mitgliedstaaten eröffnen könnten[501].

Diese Vorschrift erlangte mit dem durch den Vertrag von Amsterdam vom 2.10.1997 neu gefaßten Art. 152 EGV ihre aktuelle Version.

---

[493] *v. Schwanenflügel*, Die Entwicklung der Kompetenzen der Europäischen Union im Gesundheitswesen, S. 60 ; *Pitschas*, Jahrbuch des Sozialrechts der Gegenwart, S. 318
[494] *Mäder*, „Soziale Bürgerschaft in der Europäischen Union" , in: ZfSH/SGB 1994, 113 ; *Junker*, „Arbeits - und Sozialrecht in der Europäischen Union" , in: JZ 1994, 277 ff.
[495] Maastricht - Vertrag v. 7.2.1992, BGBl. II S. 1947
[496] ABl. EG 1992 Nr. C 191/90
[497] deshalb zuweilen auch als der „Vertrag der Elf" bezeichnet
[498] *Venturini*, in: Festschrift für Franke, S. 339, 345 f.
[499] vgl. hierzu *Ringler*, Die Europäische Sozialunion, S. 185 ff.
[500] dazu und zu den rechtlichen Problemen des Nebeneinanders von Abkommen und EG - Vertrag vgl. *Schuster*, „Rechtsfragen der Maastrichter Vereinbarungen über die Sozialpolitik" , in: EuZW 1992, 178 ff.
[501] *Neumann - Duesberg*, „Der Einfluß der EG auf die nationale Krankenversicherung" , in: BKK 1993, 642 ff. ; Stellungnahme der *BReg*, in: BT - Ds. 12/3255, Zif. 264 ; *Burger*, „Europäische Gesundheitspolitik", in: BKK 1999, 5, 6

Art. 152 EGV übernimmt und erweitert inhaltlich Art. 129 EGV a.F. Demnach bleibt es dabei, daß die Gemeinschaft weiterhin koordinierend und nicht harmonisierend tätig ist. Unter Betonung des Subsidiaritätsprinzips[502] werden die koordinierenden Kompetenzen der Organe ausgebaut und zielen auf eine Ergänzung der Maßnahmen der Mitgliedstaaten ab[503]. Auch Art. 152 EGV berührt im Ergebnis jedoch nicht die Zuständigkeit der Mitgliedstaaten für deren nationale Gesundheitspolitik und für die inhaltliche Ausgestaltung ihrer Gesundheitssysteme[504].

(2) Kompetenz zur Schaffung einheitlicher Mindeststandarde

Da der EG – Vertrag den Gemeinschaftsorganen Normsetzungskompetenzen nur im Wege enumerativer Einzelermächtigungen zuteilt, darf die Gemeinschaft mangels Kompetenz dann nicht tätig werden, wenn ihr eine explizite Handlungsermächtigung nicht zugewiesen wurde[505].

(a) Eine Befugnis der Gemeinschaft zum Erlaß von Maßnahmen zur inhaltlichen Angleichung der Sozialordnungen wurde von deren Befürwortern vor der Vereinbarung des Vertrages von Amsterdam maßgeblich aus Art. 117 ff. EGV a.F. abgeleitet.
Dies wurde insbesondere damit begründet, daß in Art. 117 Unterabs. 1 EGV a.F. von einer Angleichung der Lebens- und Arbeitsbedingungen die Rede ist und Art. 118a EGV a.F. eine Harmonisierung als Zielsetzung erwähnt.

Hierbei wird jedoch verkannt, daß die Art. 117 - 122 EGV a.F. die Harmonisierung nur im Sinne einer Zweckbestimmung ansprachen[506]. Die Realisierung dieses Ziels blieb der Sozialpolitik der Mitgliedstaaten überlassen[507].
Für Art. 117 EGV a.F. ergab sich das schon aus dessen Wortlaut. Während Abs. 1 dieser Vorschrift lediglich von der Einigkeit der Mitgliedstaaten dahingehend spricht, daß die Lebens– und Arbeitsbedingungen verbessert werden müssen, stellt Abs. 2 u.a. auf die sonstigen „in diesem Vertrag vorgesehenen Verfahren" ab. Dies macht deutlich, daß Art. 117 EGV a.F. lediglich Absichtserklärungen und Zielvorgaben beinhaltet[508] und ansonsten hinsichtlich der Verwirklichung

---

[502] vgl. Art. 3b EGV ; *Hakenberg*, „Europarechtliche Perspektiven der ärztlichen Berufsausübung", in: MedR 2000, 55, 61
[503] *Stein*, „Gesundheitspolitik in der Europäischen Gemeinschaft auf der Grundlage des Vertrages über die Europäische Union und nach der Vollendung des Binnenmarktes", in: ZSR 1993, 486 ff.
[504] *Hanika*, in: MedR 1998, 193, 195
[505] *Heinz*, „Die soziale Dimension der EG: Unterschiedliche nationale Schutzsysteme zwischen Rechtsangleichung und Arbeitnehmerfreizügigkeit", in: DVBl. 1990, 1386 f.
[506] *Willms*, Soziale Sicherung durch Europäische Integration, S. 31
[507] EuGH Rs 126/86 (Zaera/ Instituto Natcional de la Saguridad Social) Slg. 1987, 3712
[508] zu dieser Problematik vgl. *Ringler*, Die Europäische Sozialunion, S. 54 ff.

dieser Ziele auf die sonstigen durch den EG – Vertrag geschaffenen Möglichkeiten verweist[509]. Eigene Angleichungsmöglichkeiten statuiert diese Regelung infolge dessen nicht.
Auch Art. 118 EGV a.F. konnte nicht als Ermächtigungsnorm für den Erlaß harmonisierender Maßnahmen seitens der Gemeinschaftsorgane herangezogen werden. Dies scheiterte bereits am rein programmatischen Charakter der Vorschrift[510]. Der Kommission wurden lediglich auf dem Gebiet des Sozialrechts Aufgaben zugewiesen, mit denen die einzelnen Mitgliedstaaten bei ihren Bemühungen zur Verbesserung ihrer innerstaatlichen sozialen Situation unterstützt werden sollten. Kompetenzen mußten daher weiterhin anderorts gesucht werden[511].

Einem Recht zur Harmonisierung stehen darüber hinaus weitere Normen des EG - Vertrages entgegen.
Wie schon erwähnt, schloß Art. 129 EGV a.F., wie es jetzt Art. 152 EGV n.F. tut, eine Harmonisierung ausdrücklich aus[512]. Da diese Vorschriften den Art. 117 ff. EGV a.F. zeitlich nachgehen, ist schon daraus ersichtlich, daß nach dem Willen des gemeinschaftlichen Normgebers, der Gemeinschaft lediglich ein Recht und eine Pflicht zur Koordinierung auferlegt werden soll[513].
Auch das in Art. 3b EGV a.F. (Art. 5 EGV n.F.) geregelte Subsidiaritätsprinzip steht konträr zu allen Harmonisierungsbestrebungen. Diesem zufolge wird die Gemeinschaft nur dann tätig, wenn die Maßnahmen der Mitgliedstaaten zum Erreichen ihrer Ziele, hier also zur Beseitigung der sozialen Barrieren der Freizügigkeit, nicht ausreichen. Auch dann müssen sich aber die Aktivitäten der Gemeinschaft im Rahmen des Erforderlichen halten. Hierzu wurde bereits ausgeführt[514], daß eine Koordinierung der Sozialleistungen voll ausreichend ist. Deshalb kommt eine weitergehende Harmonisierung nicht mehr in Betracht[515].

Aufgrund ihrer zurückhaltenden Ausformung war den Art. 117 ff. EGV a.F. folglich nur programmatischer Charakter zuzugestehen, so daß ihnen keine Kompetenzen für eine Harmonisierung zu entnehmen sind[516].

---

[509] zu diesen Möglichkeiten vgl. *GTE/ Pipkorn*, Vorb. Art. 117, Rdnr. 13 ff. ; *Beyer*, Rechtsnormanerkennung im Binnenmarkt, S. 96 ff. ; *v. Meibom*, „Lückenfüllung bei den Europäischen Gemeinschaftsverträgen – Zur Anwendung des Art. 235 EWGV", in: NJW 1968, 2165 ff. ; *Rolf*, in: v. Maydell/ Schnapp, S. 63 ff. ; *Dorn*, Art. 235 EWGV – Prinzipien der Auslegung, S. 39 ff. , 59 ff. , 143

[510] EuGH Rs. 149/ 77 (Defrenne) Slg. 1978, 1365

[511] EuGH verb. Rs. 281, 282, 283, 284, 285/ 85 (Bundesrepublik Deutschland, Frankreich, Niederlande, Dänemark und Vereinigtes Königreich/ Kommission) Slg. 1987, 3203

[512] *Hirsch*, „Einfluß der EG auf nationale Gesundheitssysteme", in: MedR 2000, 586 ff.

[513] *Schulz – Weidner*, in: Schulte/ Barwig, S. 327

[514] vgl. oben 1. Kapitel, III.2.

[515] *Tittelbach*, „Europäische Sozialpolitik" , in: DOK 1994, 341, 343

[516] *Rabanser*, Soziale Sicherheit in EG und EWR, S. 5 ; EuGH v. 15.4.1978, RS 149/77, Slg. 1978, 1365,1378 ; *Schulte*, in: Lenz, EG - Handbuch - Recht im Binnenmarkt, S. 340 ; *Zakker/ Wernicke*, Examinatorium Europarecht, S. 264 f.

Somit kommt nach den bisherigen Feststellungen ein generell harmonisierender Weg zu europaweit einheitlichen Ansprüchen nicht in Betracht.

(b) In diesem Zusammenhang wird jedoch seit geraumer Zeit darüber diskutiert, ob die Gemeinschaftsorgane berechtigt sind, zumindest einen Mindeststandard durch Richtlinien vorzugeben.

Einen ersten normativen Niederschlag fanden diese Bestrebungen in Art. 118 a EGV a.F. Diese Vorschrift wurde im Zuge der Einheitlichen Europäischen Akte (EEA) [517] in den EG – Vertrag aufgenommen. Auf Initiative Dänemarks wurde eine Regelung hinzugefügt, durch die der Rat ermächtigt wurde, mit qualifiziertem Mehrheitsbeschluß (Art. 189 c EGV a.F.) durch Richtlinien Mindestvorschriften zu erlassen. Diese sollten den Zweck haben, „die Arbeitsumwelt zu fördern, um die Sicherheit und die Gesundheit der Arbeitnehmer zu schützen". Zwar stellte Art. 118 a I EGV a.F. die Harmonisierung der in diesem Bereich bestehenden Bedingungen als Ziel der Mitgliedstaaten und nicht der Gemeinschaft auf, dennoch war durch Abs. 2 dieser Vorschrift nun unter bestimmten Voraussetzungen eine Kompetenz zum Erlaß von Mindeststandarden geschaffen worden[518].
Strittig blieb jedoch die Reichweite des Anwendungsbereichs dieser Kompetenzzuweisung. Insbesondere war unklar, inwieweit davon die soziale Sicherheit als solche umfaßt war[519].

Dies änderte sich jedoch mit der Neufassung des Art. 118 EGV a.F. und der modifizierten Übernahme des Art. 118 a EGV a.F. in Art. 137 EGV n.F. im Rahmen des Amsterdamer Vertrages[520].
In dieser Vorschrift wird die Normierung einer Kompetenz zu Mindeststandard – Richtlinien gesehen. Ihr zufolge beschließt der Europäische Rat, u.a. im Be-

---

[517] Einheitliche Europäische Akte vom 17.1./ 28.2.1986, ABl. EG 1987, Nr. L 169/ 1
[518] *Streinz*, in: Everling/ Roth, Mindestharmonisierung im Europäischen Binnenmarkt, S. 26 f.
[519] dazu *Schmidt*, in: Blanpain/ Schmidt/ Schweibert, Europäisches Arbeitsrecht, S. 303 f. ; *Ringler*, S. 130 ff. ; *Bleckmann*, Rdnr. 250, der unter Abstellen auf das dänische Verständnis des Begriffs des Arbeitsumfelds Art. 118 a EGV a.F. in erster Linie auf den Arbeitsschutz als anwendbar erachtet.
Dementsprechend wurden vor allem auf dem Gebiet des Arbeitsschutzes Richtlinien zum Zwecke der Schaffung von Mindeststandards auf Grundlage des Art. 118 a EGV a.F. erlassen : RL 91/ 383/ EWG vom 25.6.1991 zur Verbesserung der Sicherheit und des Gesundheitsschutzes von Arbeitnehmern mit befristetem Arbeitsverhältnis oder Leiharbeitsverhältnis, ABl. EG 1991, Nr. L 206 ; RL 93/ 104/ EG vom 23.11.1993 über bestimmte Aspekte der Arbeitszeitgestaltung, ABl. EG 1993, Nr. L 307
[520] *Huster*, „Grundfragen der Exportpflicht im europäischen Sozialrecht", in: NZS 1999, 10 f. ; *Bergmann/ Lenz*, Der Amsterdamer Vertrag, Kapitel 4, Rdnr. 14 ff. ; zustimmend *Langer*, „Grenzüberschreitende Behandlungsleistungen – Reformbedarf für die Verordnung 1408/71 ?", in: NZS 1999, 537, 539, mit konkreten Vorschlägen zur Mindestharmonisierung ; a.A. : *Hirsch*, „Die Auswirkungen der Europäischen Verträge", in: BKK 1999, 11, 13, demzufolge auch der Amsterdamer Vertrag kein Recht zur Harmonisierung statuiert.

reich der sozialen Sicherheit und des sozialen Schutzes der Arbeitnehmer, durch Richtlinien Mindestvorschriften. Diese sollen die Tätigkeiten der Mitgliedstaaten auch auf dem Gebiet der Verbesserung der Arbeitsumwelt zum Schutz der Gesundheit und der Sicherheit der Arbeitnehmer unterstützen und ergänzen.
Während nun nach Art. 137 I, II EGV – wie schon zuvor in Art. 118 a I, II EGV a.F. – zum Zwecke der Verbesserung der Arbeitsumwelt, sowie zum Schutze der Gesundheit und der Sicherheit der Arbeitnehmer, durch Richtlinien Mindestvorschriften im Wege des Mitentscheidungsverfahrens möglich sind, bestimmt Art. 137 III EGV ausdrücklich, daß u.a. auf dem Gebiet der sozialen Sicherheit und des sozialen Schutzes der Arbeitnehmer für solche Richtlinien ein einstimmiger Beschluß notwendig ist. Durch die explizite Benennung der sozialen Sicherheit bei gleichzeitiger Erhöhung der Anforderungen an eine diesbezügliche Richtlinie ist auch klargestellt, daß die Kompetenz zur Schaffung von Mindestregelungen auf diesem Gebiet jetzt erstmals besteht.

Damit ist es dem Rat nun unter den Voraussetzungen des Art. 137 EGV in der Tat möglich, Richtlinien zu erlassen, die den Bereich der sozialen Sicherheit durch Mindestvorschriften europaweit einheitlich regeln[521]. Folglich wird den Gemeinschaftsorganen durch besagte Norm erstmals eine – wenn auch eingeschränkte – Kompetenz zur Harmonisierung dieses Bereiches in die Hand gegeben. Insoweit besteht nun die Möglichkeit, an der Ausgestaltung der Sozialordnungen der Mitgliedstaaten durch gemeinschaftsrechtliche Legislatur mitzuwirken[522].

Daraus wird deutlich, daß die inhaltliche Ausformung der Systeme der sozialen Sicherheit zwar immer noch weitgehend, aber nicht mehr vollumfänglich der alleinigen Regelungsbefugnis der Mitgliedstaaten unterliegt. Auch dies spricht gegen die eingangs erörterte Auffassung, wonach eine umfassende Kompetenz der Mitgliedstaaten in diesem Bereich der Anwendbarkeit der Grundfreiheiten entgegenstehen soll.
Mithin zeichnet sich auch im Bereich der sozialen Sicherheit eine Entwicklung zur Mehrung der Eingriffsmöglichkeiten der Gemeinschaftsorgane bei gleichzeitigen entsprechenden Verlusten ausschließlicher Regelungsbefugnisse seitens der Mitgliedstaaten ab.

(c) Eine Mindestharmonisierung, wie sie nun durch Art. 137 III EGV auch im Bereich der sozialen Sicherheit ermöglicht wird, ist bereits aus anderen Sachgebieten bekannt und kommt immer nur dann zum Zuge, wenn sie erforderlich ist, um dadurch ein von der Ermächtigungsgrundlage vorgegebenes Ziel zu erreichen[523].
Die Harmonisierung ist daher stets zweckgebunden.

---

[521] *Streinz*, Europarecht. Rdnr. 926
[522] *Haverkate/ Huster*, Europäisches Sozialrecht, Rdnr. 40
[523] *Everling/ Roth*, Mindestharmonisierung im Europäischen Binnenmarkt, S. 21 f.

Diese Anforderung ist auch explizit der Vorschrift des Art. 137 EGV zu entnehmen. Abs. 2 dieser Bestimmung besagt, daß der Rat die Mindestvorschriften nur zu den in Abs.1 benannten Zwecken erlassen darf. Abs. 3 modifiziert das durchzuführende Beschlußverfahren für den Bereich der sozialen Sicherheit dahingehend, daß der Beschluß des Rates einstimmig auf Vorschlag der Kommission und nach Anhörung des Europäischen Parlaments, sowie diverser Ausschüsse zu erfolgen hat.
Daraus ergibt sich zum einen, daß harmonisierende Richtlinien im Bereich der sozialen Sicherheit an verschärfte Verfahrensvoraussetzungen geknüpft sind und zum anderen, daß auch hier nur Maßnahmen zur Verwirklichung der Ziele des Art. 137 I EGV in Betracht kommen.

Wie bereits angesprochen ist hier maßgeblich auf das Schutzziel der Verbesserung der Arbeitsumwelt zum Schutz der Gesundheit und der Sicherheit der Arbeitnehmer abzustellen, wobei zu beachten ist, daß der europäische Normgeber durch die Formulierung in Art. 137 I, 1. Spiegelstrich EGV „insbesondere der Arbeitsumwelt" zum Ausdruck gebracht hat, daß die Vorschrift auch Förderungsmaßnahmen des Gesundheitsschutzes der Arbeitnehmer in sonstigen Bereichen erfaßt.
Eine harmonisierende Richtlinie, durch die die Mitgliedstaaten verpflichtet werden, die Preise ihrer Gesundheitsleistungen zu bestimmen, müßte zur Erreichung dieses Zieles notwendig sein. Nur unter diesen Umständen ist der Eingriff in die nationalen Sozialsysteme zu rechtfertigen.
Darüber hinaus ist ein weiterer Aspekt zu beachten. Der Erlaß einer derartigen Richtlinie ist gem. Art. 137 II EGV nur unter Berücksichtigung der in den einzelnen Mitgliedstaaten bestehenden Bedingungen und technischen Regelungen möglich. Dies ist Ausfluß des geltenden Subsidiaritätsprinzips[524].

Die Auswirkungen einer preislichen Festlegung aller Gesundheitsleistungen wären vorrangig in der Anwendbarkeit des Kostenerstattungsprinzips auf im Ausland erbrachte Leistungen zu sehen, mit der Folge, daß nationale Rechtsvorschriften, die diesbezügliche territoriale Beschränkungen vorsehen, allesamt gemeinschaftswidrig wären[525]. Dies wiederum hätte zur Folge, daß auch Wohnbürger Großbritanniens im Krankheitsfall ins Ausland reisen, dort ohne Genehmigung medizinische Erzeugnisse und Dienstleistungen in Anspruch nehmen könnten und anschließend Anspruch auf Kostenerstattung bis zur Höhe der britischen Tarife gegen den NHS hätten.

Nun müßte als Harmonisierungsvoraussetzung dieses Ergebnis erforderlich sein, um die Gesundheit und die Sicherheit der Arbeitnehmer zu schützen.
Gegen diese Annahme spricht jedoch, daß die Mitglieder im Inland vollumfänglich kostenlos medizinisch versorgt werden. Handelt es sich um Grenzgänger,

[524] *Haverkate/ Huster*, a.a.O., Rdnr. 43
[525] vgl. oben III. 1.

ins Ausland entsandte Arbeitnehmer oder sind im Inland die erforderlichen Behandlungen nicht möglich oder werden im Ausland während eines vorübergehenden Aufenthalts Leistungen notwendig, so gewährleistet die VO (EG) Nr. 1408/71 den erforderlichen Gesundheitsschutz.
Bei den hier in Rede stehenden Kostenerstattungsansprüchen geht es daher nicht um die für den Gesundheitsschutz zwingend notwendigen Leistungen, sondern um darüber hinausgehende Behandlungen, die der jeweilige Patient aus unterschiedlichen Motivationen lieber im Ausland konsumieren möchte. In diesem Sinne kann getrost von „Luxus – Leistungen" gesprochen werden.
Der Umstand, daß deren Inanspruchnahme mit den Freizügigkeitsrechten in Einklang stehen würde, macht sie nicht zum Schutz der Gesundheit erforderlich oder gar unerläßlich. Der Gesundheitsschutz ist auch ohne sie gewährleistet.

Folglich liegen in diesem Fall die Voraussetzungen für eine harmonisierende Richtlinie nicht vor, so daß es bei dem fehlenden Verstoß gegen die Grundfreiheiten bleibt. Die Mitgliedstaaten können nicht zur Festsetzung der Preise ihrer Gesundheitsleistungen angehalten werden.
Infolge dessen besteht bei Leistungen, deren Preise der inländische Leistungskatalog nicht festschreibt, im Falle der Inanspruchnahme im Ausland kein Erstattungsanspruch.

Teil B : Weitergehende Ansprüche ?

6. Kapitel : Die Wanderarbeitnehmerverordnung

Wie die Untersuchung in Teil A ergeben hat, können sich Versicherte der deutschen GKV im Ausland wie im Inland behandeln lassen und medizinische Erzeugnisse erwerben. Gegen ihren Krankenversicherungsträger haben sie Anspruch auf Kostenersatz bis zu der Höhe, in der die Aufwendungen auch bei entsprechender Inlandsbehandlung entstanden wären.
Der Anspruch resultiert aus § 11 SGB V. Die diesbezüglichen nationalen territorialen Beschränkungen verstoßen gegen europäisches Primärrecht.

Die VO (EG) Nr. 1408/71 ist bei einem Anspruchsbegehren, das auf Kostenerstattung nach dem Inlandskatalog gerichtet ist, nicht einschlägig[526]. Sie sieht ausschließlich eine Sachleistungsaushilfe vor, was zur Folge hat, daß nach dem Leistungsrecht des Aufenthaltsstaates zu verfahren ist[527].

Da die Wanderarbeitnehmerverordnung die Kostenübernahme bei der hier interessierenden Fallkonstellation, nämlich dem nur vorübergehenden Auslandsaufenthalt, davon abhängig macht, ob die Leistung im Ausland unverzüglich erforderlich war oder eine bereits erteilte Genehmigung vorlag, könnte den Versicherten ein Anspruch auf volle Kostenübernahme dann zustehen, wenn diese beiden Voraussetzungen ihrerseits gegen höherrangiges Recht verstoßen.

---

[526] vgl. oben 1. Kapitel, III.4.

[527] *Neumann – Duesberg*, in: Schmähl, S. 111

I. Die Stellung im gesetzlichen Rangfolgensystem

1. Das Verhältnis zum nationalen Krankenversicherungsrecht

Abgesehen von „Leistungen bei Beschäftigung im Ausland" nach § 17 SGB V sieht das deutsche Krankenversicherungsrecht eine Übernahme von Kosten nur in zwei Fällen vor.
Zum einen kann die Krankenkasse gem. § 18 I SGB V die Behandlungskosten ganz oder teilweise übernehmen, wenn sie nach dem allgemein anerkannten Stand der medizinischen Erkenntnisse nur im Ausland möglich ist. Zum anderen regelt § 18 III 1, 2 SGB V, daß Kosten für im Ausland unverzüglich erforderlich werdende Leistungen nur getragen werden, wenn sich der Versicherte wegen einer Vorerkrankung oder seines Lebensalters nachweislich nicht versichern konnte und die Krankenkasse dies vor Beginn des Auslandsaufenthalts festgestellt hat. Hier ist die Kostenübernahme limitiert durch die Höhe der entsprechenden Inlandskosten.

Nun ist daran zu denken, diese nationalen Rechtsvorschriften auch hier einer Prüfung anhand der europäischen Freizügigkeitsrechte zu unterziehen und zu untersuchen, ob die Grundfreiheiten das nationale Recht dahingehend modifizieren, daß die in § 11 SGB V begründeten Ansprüche zur Übernahme der Kosten von Auslandsbehandlungen in voller Höhe verpflichten.
Da jedoch auch die VO (EG) Nr. 1408/71 Regelungen dahingehend enthält, wann die Kosten von Auslandsbehandlungen vollumfänglich vom zuständigen Krankenversicherungsträger zu tragen sind, gilt es zunächst festzustellen, welches dieser beiden Regelungswerke bei einem auf volle Kostenübernahme gerichteten Anspruchsbegehren anzuwenden ist.

Gem. Art. 22 I a) VO 1408/71 werden Personen, deren Zustand während eines vorübergehenden Aufenthalts im Gebiet eines anderen als des zuständigen Mitgliedstaates unverzüglich eine Leistung erfordert, im Wege der Sachleistungsaushilfe versorgt.
Diese Regelung deckt vor allem die häufigen Fälle der Besuche und Urlaubsreisen ins Ausland ab.
Hier bereitet zuweilen die Auslegung des Begriffs „unverzüglich" Schwierigkeiten. Das wird in der Praxis vor allem dann relevant, wenn der aushelfende Träger die Leistung erbracht hat und die Kosten vom zuständigen Träger erstattet verlangt[528]. Bemerkenswert ist in diesem Zusammenhang die Feststellung des EuGH, wonach ein deutscher Versicherungsträger an das Attest eines im EG – Ausland niedergelassenen Arztes gebunden ist[529].

---

[528] dazu *Bieback*, „Krankheit und Mutterschaft" , in: Eichenhofer, Reform des europäischen koordinierten Sozialrechts, S. 64 ; *Neumann – Duesberg*, in: Schulte/ Zacher, S. 91
[529] EuGH Rs. C – 45/ 90 (Paletta) Slg. 1992, I - 3423

Jedenfalls verpflichtet die VO (EG) Nr. 1408/71 auch die deutschen Krankenkassen im Ausland erbrachte Notfalleistungen kostenmäßig vollumfänglich zu übernehmen.
Gleiches gilt nach Art. 22 I c) VO 1408/71 für die Kosten solcher Auslandsbehandlungen, zu denen die Kassen bereits vorab ihre Genehmigung erteilt haben. Dabei haben die Krankenversicherungsträger – anders als nach § 18 I SGB V – unter bestimmten Voraussetzungen auch solche Leistungen zu genehmigen, die im Inland ebenfalls erhältlich sind[530].

Damit hinken die nationalen Regelungen denen der VO (EG) Nr. 1408/71 deutlich hinterher. Diese stellen die Versicherten erkennbar besser, indem sie ihnen Ansprüche auf Kostenübernahme in voller Höhe zusprechen, die an geringere Voraussetzungen geknüpft sind.
Da die Normen der Verordnung insoweit auf dasselbe Anspruchsbegehren abzielen, werden die nationalen Rechtsvorschriften verdrängt[531].
Eine Rechtmäßigkeitsprüfung dieser Regelungen anhand des Primärrechts erübrigt sich infolge dessen.
Damit ist bei auf volle Kostenerstattung gerichteten Ansprüchen zunächst das Anspruchssystem der VO (EG) Nr. 1408/71 einschlägig.

2. Das Verhältnis zu den Freizügigkeitsrechten

Die VO (EG) Nr. 1408/71 stellt die Ansprüche auf Übernahme aller im Ausland angefallenen Behandlungskosten bei nur vorübergehendem Aufenthalt unter den Vorbehalt der unverzüglichen Erforderlichkeit, bzw. unter Genehmigungsvorbehalt. Daher stellt sich die Frage, wie diese Vorbehalte im Lichte der europäischen Grundfreiheiten zu beurteilen sind.

a) Wie sich aus dem Wortlaut des Art. 42 EGV ergibt, verfolgen die in dessen Rahmen getroffenen Maßnahmen, zu denen maßgeblich die Verordnungen Nr. 1408/71 und Nr. 574/72 zählen, den Zweck, die Freizügigkeit der Arbeitnehmer herzustellen. Deshalb sind alle Koordinierungshandlungen stets unter der Prämisse und Zielsetzung der Arbeitnehmerfreizügigkeit zu sehen und auszulegen[532]. Sie sollen dazu beitragen, die aus den unterschiedlichen Sozialsystemen resultierenden Hindernisse im Hinblick auf die Freizügigkeitsrechte aus dem Weg zu schaffen[533]. Ausgangspunkt bleiben daher wirtschaftliche Erwägungen.

---

[530] vgl. oben 1. Kapitel, I.2.
[531] vgl. oben 1. Kapitel, III. 3.
[532] EuGH Rs. 41/ 84 (Pinna I) Slg. 1986, 1
[533] Nur vereinzelt wird dabei die Auffassung vertreten, die VO (EG) Nr. 1408/71 würde dem Koordinierungsauftrag nicht in ausreichendem Maße nachkommen, vgl. *Steinmeyer*, „Europäische Rechtsprechung und Gesetzgebung“ , in: Festschrift für Krasney, S. 567 ff.

Diesen dienen die Art. 39 ff. EGV dergestalt, daß Hindernisse, die eben auch sozialer Art sein können, zu beseitigen sind[534].

Auch wenn sich zuweilen der Eindruck aufdrängt, die gemeinschaftlichen Bestimmungen zur sozialen Sicherheit vermögen kaum einen Arbeitnehmer dazu zu motivieren, seine Arbeitskraft dauerhaft in einem anderen Mitgliedstaat anzubieten, sondern vielmehr versuchen, Reibungsverluste sozialer Art zu vermindern, wenn der Arbeitnehmer sich aufgrund seiner wirtschaftlichen Lage zur Abwanderung ins Ausland gezwungen sieht[535], ist wegen der freizügigkeitsspezifischen Grundlage des Koordinierungsauftrags auch gesondert auf die Beurteilung der Inanspruchnahme ausländischer Gesundheitsleistungen anhand der einschlägigen Grundfreiheiten einzugehen[536].

b) Noch bevor der EG – Vertrag mit dessen Art. 42 EGV in Kraft trat, bestimmte Art. 69 § 4 EGKS[537], daß die Mitgliedstaaten „alle etwa noch erforderlichen Vereinbarungen anzustreben (haben), um zu erreichen, daß die Bestimmungen über die Sozialversicherung den Wechsel der Arbeitsplätze nicht behindern".
Schon der EGKS sah also eine Verpflichtung der Mitgliedstaaten zum Erlaß von koordinierenden Maßnahmen vor.

Um dieser Verpflichtung nachzukommen, wurde am 09.12.1957 das Europäische Abkommen über die Soziale Sicherheit der Wanderarbeitnehmer geschlossen[538]. Zur Ratifizierung dieses Abkommens kam es jedoch nicht. Den nationalen Parlamenten kam das Inkrafttreten des EG – Vertrages zuvor. Da dieser selbst einen entsprechenden Koordinierungsauftrag enthält, war es ausreichend, diesen zu erfüllen[539].
Mit Art. 42 EGV und den auf dessen Grundlage ergangenen Verordnungen versuchen die Mitgliedstaaten die Arbeitnehmer vor den Nachteilen zu bewahren, die daraus entstehen, daß ihre Wanderbewegungen Unklarheiten hinsichtlich der geltenden Sozialordnung oder ein Unterfallen unter mehrere hervorrufen könnten[540].
Aufgelöst werden müssen auch Ungereimtheiten, die in den meisten Ausgestaltungen der europäischen Sozialsysteme festzustellen sind, und die darauf basieren, daß Leistungen in der Regel nur im Inland erbracht werden und als maßgebliche Versicherungszeiten lediglich die im Inland erworbenen gelten[541].

---

[534] *Kuhn*, Die soziale Dimension der Europäischen Union, S. 352
[535] *Kleinhenz*, in: Lichtenberg, Sozialpolitik in der EG, S. 25
[536] in diesem Sinne wohl auch *v. Maydell*, in: Maydell/ Schnapp, S. 29
[537] Vertrag über die Gründung der Europäischen Gemeinschaft für Kohle und Stahl vom 18.04.1951, BGBl. II Nr.7 vom 6.5.1952, S. 447
[538] BArbBl. 1958, 101
[539] *Kuhn*, S. 96
[540] *Geiger*, EG – Vertrag, Art. 51, Rdnr. 1
[541] *Bleckmann*, Grundgesetz und Völkerrecht, S. 130

Dazu sollen die nationalen Sozialsysteme nicht inhaltlich verändert werden, sondern es soll eine Entscheidung darüber getroffen werden, welches nach welcher Maßgabe zur Anwendung gelangt[542]. Mangels Kompetenz zur Harmonisierung[543] kann das Gemeinschaftsrecht auch keine neuen Sozialansprüche, die in den nationalen Regelungen nicht vorgesehen sind, zur Entstehung bringen. Nach wie vor ist es Sache der nationalen Gesetzgeber, die Voraussetzungen für einen Anspruch auf eine Sozialleistung zu bestimmen oder solchen Ansprüche zu kürzen[544]. Das Koordinierungsrecht hat daher lediglich die Befugnis festzusetzen, inwieweit ausländische Sachverhalte zum Schutz der Wanderarbeitnehmer von den Sozialordnungen der Mitgliedstaaten berücksichtigt werden müssen[545].

Diese Befugnis wird im Wege des Sachleistungsaushilfeverfahrens ausgeübt[546]. In diesem Zusammenhang wird vereinzelt die Vereinbarkeit der in der Wanderarbeitnehmerverordnung manifestierten Anordnung der Anwendung des Leistungsrechts eines anderen Mitgliedstaates mit dem Koordinierungsgebot in Zweifel gezogen. Insbesondere unter Bezugnahme auf die frühere Rechtsprechung des EuGH zu Art. 22 VO 1408/71, wonach die dort vorgesehene Genehmigung zu erteilen war, wenn die begehrte Auslandsbehandlung als erforderlich und wirksam anzusehen war[547], wird darauf verwiesen, daß die Mitgliedstaaten gezwungen seien, nach dem Leistungskatalog anderer Mitgliedstaaten abzurechnen[548]. Diese Regelung soll bereits eine Harmonisierung darstellen[549].
Dieser Auffassung kann nicht gefolgt werden.
Daß es bei Anwendung der Sachleistungsaushilfe zur Kostenübernahme nach ausländischen Tarifen kommt, ist koordinationsimmanent. Diese Rechtsfolge ist zwingend im Koordinierungsauftrag des Art. 42 EGV enthalten. Die Kostentragungspflicht kann bei koordinationsbedingter Anwendung des Leistungsrechts eines anderen Mitgliedstaates nicht auf den ausländischen Krankenversicherungsträger übergehen. Dennoch bleibt es dabei, daß jeder Staat die nach seinem Leistungsrecht zu erbringenden Leistungen selbst festlegt[550]. Diese werden nach der VO (EG) Nr. 1408/71 auch ausschließlich von ihm als aushelfendem Staat erbracht. Es erfolgt lediglich eine Kostenübernahme durch den zuständigen Krankenversicherungsträger.

---

542 *Klang*, Soziale Sicherheit und Freizügigkeit im EWG – Vertrag, S.191
543 vgl. oben 5. Kapitel, III. 2.b)
544 *Willms*, S. 33
545 *Bokeloh*, „Koordinierung der Sozialrechtssysteme in der Europäischen Gemeinschaft unter dem Gesichtspunkt der Freizügigkeit“, in: NZS 1995, 100, 105
546 vgl. oben I. 1.
547 EuGH Rs. 182/ 78 (Pierik II) Slg. 1979, 1977
548 *Schulte*, in: v. Maydell/ Ruland, Anm. D. 32, Rdnr. 63
549 Freilich relativiert Schulte seinen Standpunkt mit dem Hinweis auf die Neufassung des Art. 22 II 2 VO 1408/71, wonach die Genehmigung nur noch erteilt werden muß, wenn die Behandlung im Wohnstaat nicht innerhalb des dort üblichen Zeitraums vorgenommen werden kann.
550 *Huster*, in: NZS 1999, 10 f.

Ein Eingriff in das Recht der Mitgliedstaaten auf autonome Ausgestaltung ihrer Sozialordnungen liegt infolge dessen nicht vor. Diese bleiben als solche unberührt.

c) In Anbetracht der Vorgaben des Art. 42 EGV ergingen 1958 die Verordnungen Nr. 3[551] und Nr. 4[552].
Diese wurden dann abgelöst durch die heute noch – wenn auch in geänderter Fassung – geltende VO (EG) Nr. 1408/71 des Rates vom 14. Juni 1971 zur Anwendung der Systeme sozialer Sicherheit auf Arbeitnehmer und deren Familienangehörige, die innerhalb der Gemeinschaft zu– und abwandern[553] und die VO (EG) Nr. 574/72 des Rates vom 21. März 1972 über die Durchführung der VO (EG) Nr. 1408/71[554].
Die Selbständigen wurden erst durch die VO (EG) Nr. 1390/81[555] in die VO (EG) Nr. 1408/71 aufgenommen.

Wie der EuGH schon bald zur Verordnung Nr. 3 feststellte, bildeten die Art. 39–42 EGV deren Grundlage, Rahmen und Grenze[556].
Die Gründe für die Revision dieser Verordnung liegen in den aus ihrer Anwendung gewonnenen Erfahrungen, der Änderung der innerstaatlichen Rechtsvorschriften, dem Ziel einer Erweiterung, Verbesserung und zugleich Vereinfachung der Koordinierungsregeln und der Zusammenfassung aller Grundregelungen zur Durchführung des Art. 42 EGV in einen einzigen Rechtsakt[557].

d) Wie schon vormals erwähnt, dient die Wanderarbeitnehmerverordnung der Erfüllung des Koordinierungsauftrags des Art. 42 EGV. Demnach hat der Rat auf dem Gebiet der sozialen Sicherheit die für die Herstellung der Freizügigkeit der Arbeitnehmer notwendigen Maßnahmen zu treffen.
Damit ist klargestellt, daß das Ziel in der Herstellung der Freizügigkeit liegt[558].
Darauf basieren auch die bisherigen Erläuterungen zu den wirtschaftlichen Erwägungen, in deren Licht das Koordinierungsrecht zu sehen ist.
Dementsprechend besteht in der Literatur und Rechtsprechung weitgehende Einigkeit darüber, daß koordinierende Regeln erforderlich sind, um die Freizügigkeit auch faktisch zu gewährleisten[559]. Bestünde nämlich die Gefahr, daß Arbeitnehmer aufgrund ihrer Wanderbewegungen bereits erworbene sozialversicherungsrechtliche Ansprüche wieder verlieren oder die Aussichten auf den Erwerb solcher Ansprüche geschmälert werden, so würde dies freizügigkeitshem-

---

[551] ABl. EG 1958, S. 561
[552] ABl. EG 1958, S. 597
[553] ABl. EG 1971 L 149
[554] ABl. EG 1972 L 74
[555] ABl. EG 1981 L 143
[556] EuGH Rs. 14/ 72 (Heinze) Slg. 1972, 1105
[557] so die Präambel der VO (EG) Nr. 1408/71 ; *Kuhn*, S. 98
[558] EuGH Rs. 22/ 86 (Rindone/ AOK Bad Urach – Münsingen) Slg. 1987, 1359
[559] *Schuler*, S. 125 ; *Klang*, S. 95 ; EuGH Rs. 87/ 76 (Bozone) Slg. 1977, 687

mend wirken und könnte dazu führen, daß die Unionsbürger von der Grenzüberschreitung absehen[560].
Daher ist für die Realisierung der Freizügigkeit nun entscheidend, daß der Schritt in einen anderen Mitgliedstaat für den Arbeitnehmer auch in sozialversicherungsrechtlicher Hinsicht nicht mit Nachteilen verbunden ist[561]. Wie sich auch aus den zitierten Entscheidungen des EuGH ergibt, haben die erlassenen Verordnungen im Bereich der sozialen Sicherheit primär die Freizügigkeit vor Augen. Die Verbesserung der sozialen Situation der Marktbürger ist mithin nur Begleiterscheinung[562].

Aus alledem folgt, daß auch die VO (EG) Nr. 1408/71 Teil der Freizügigkeit[563] und der Koordinierungsauftrag vor dem Hintergrund der Grundfreiheiten zu betrachten ist. Wie das gesamte Gemeinschaftsrecht sind daher auch Art. 42 EGV und dessen Folgenormen an den Zielen des Vertrages auszurichten. Erst wenn diese Ziele erreicht oder die Voraussetzungen dazu auch in sozialer Hinsicht in ausreichendem Maße geschaffen sind, ist der Koordinierungsauftrag in vollem Umfang erfüllt worden.
Folglich enthalten die Freizügigkeitsrechte, die von den übrigen Grundfreiheiten wie die Warenverkehrs – und Dienstleistungsfreiheit flankiert werden, die Vorgaben für das zu erlassenden Sekundärrecht[564]. Diese bestimmen den Rahmen und den Grad der erforderlichen Koordinierung[565]. Das gilt auch dann, wenn bereits erlassene Verordnungen insoweit einen eindeutigen Wortlaut aufweisen, so daß kaum mehr ein Auslegungsspielraum besteht[566]. Im Gegenteil ist es den gemeinschaftsrechtlichen Legislativorganen nicht gestattet, das Sekundärrecht so auszugestalten, daß es eine Behinderung der Grundfreiheiten darstellt[567].

---

560 *Schulte*, „Auf dem Weg zu einem europäischen Sozialrecht ? – Der Beitrag des EuGH zur Entwicklung des Sozialrechts in der Gemeinschaft", in: EuR 1982, 357 ; *ders.*, in: v. Maydell/ Ruland, Sozialrechtshandbuch, S. 1524 ; *Schuler*, „Zwischenstaatliche und gemeinschaftliche Sozialrechtsinterpretation im Vergleich", in: EuR 1985, 113 ; *Wanders*, „Freizügigkeit statt Sozialunion", in: EuR 1985, 156

561 Dieser Koordinierungsbedarf entsteht nicht nur bei Wanderungsbewegungen von Arbeitnehmern aus wirtschaftlichen Motiven, sondern auch dann, wenn sich Unionsbürger in Ausübung ihrer passiven Dienstleistungsfreiheit etwa als Touristen in einen anderen Staat begeben und dann dort touristische und gesundheitsbezogene Dienstleistungen in Anspruch nehmen ; dazu *Bieback*, „Krankheit und Mutterschaft", in: Eichenhofer, Reform des europäischen koordinierten Sozialrechts, S. 56

562 *Rabanser*, S.12 ; *v. Maydell*, in: Schulin, § 64, Rdnr. 34 ; *Wanders*, in: Lichtenberg, S.82

563 *Süssmuth*, „Perspektiven der Sozialpolitik in Deutschland und Europa", in: Festschrift für Franke, S. 390

564 *Willms*, S. 37 f. ; *Bokeloh*, in: DAngVers 1995, 100, 107

565 EuGH Rs. 62/76 (Strehl/ Nationaal Pensioenenfonds voor Mijnwerkers) Slg. 1977, 211 ; Rs. 14/72 (Heinze) Slg. 1972, 1105

566 *Novak*, in: EuZW 1998, 366

567 EuGH Rs. 41/84 (Pinna I) Slg.1986, 1

Zusammenfassend ist an dieser Stelle festzuhalten, daß die Freizügigkeitsrechte gemeinsam mit den freizügigkeitsspezifischen Grundfreiheiten, mithin auch die Rechte auf freien Waren– und Dienstleistungsverkehr bestimmen, wie weit die für die Koordinierung zu erlassenden Maßnahmen zu gehen haben und wann dieser Auftrag zufriedenstellend ausgeführt ist. Sollten sie eine weitergehende Entterritorialisierung erfordern, dann ist dem Koordinierungsauftrag schlichtweg noch nicht genüge getan worden[568].
Damit bilden die Grundfreiheiten den Maßstab für die Koordinierung.

Sollte das Genehmigungserfordernis (Art. 22 I c) VO 1408/71) und der Vorbehalt der unverzüglichen Erforderlichkeit (Art. 22 I a) VO 1408/71) gegen die Warenverkehrs– oder die Dienstleistungsfreiheit verstoßen, so sind die nach Art. 42 EGV notwendigen Koordinierungsmaßnahmen in der Weise zu ergänzen, daß die sekundärrechtlichen Vorbehalte außer acht zu lassen sind.
In diesem Fall hätten die Versicherten aus § 11 SGB V i.V.m. Art. 22 I VO 1408/71 Anspruch auf volle Kostenübernahme bei Leistungen ausländischer Leistungserbringer im Rahmen eines vorübergehenden Auslandsaufenthalts.

---

[568] *Willms*, S. 45, 49

II. Ansprüche der Versicherten wegen Verstosses gegen den freien Waren - / Dienstleistungsverkehr ?

1. Anspruchsgegner

Bevor die materielle Rechtslage untersucht wird, gilt es zunächst festzustellen, welche Besonderheiten bei dem hier zu untersuchenden Anspruchsbegehren in verfahrensrechtlicher Hinsicht zu beachten sind.
Betreffend der prozeßualen Situation ist im Verhältnis zu den Erstattungsansprüchen in Höhe der inländischen Tarife[569] zu beachten, daß sich die Ansprüche bei letzterem Begehren aufgrund des eingeforderten Leistungsexports unmittelbar gegen den zuständigen Krankenversicherungsträger richten. Da sich die Anspruchsgrundlage im nationalen Krankenversicherungsrecht findet, bestehen die rechtlichen Beziehungen insoweit in erster Linie zwischen dem Versicherten und seiner Krankenkasse.
Anders dagegen sieht es im Prinzip bei den hier zu untersuchenden Ansprüchen aus der VO (EG) Nr. 1408/71 aus. Nach dieser Norm werden die Leistungen im Wege der Sachleistungsaushilfe und damit unmittelbar vom Träger des Aufenthaltsstaates erbracht. Folglich richten sich hier die Ansprüche des Versicherten grundsätzlich gegen diesen Träger. Nach der Konzeption der Wanderarbeitnehmerverordnung soll der Patient aus der internen Abrechnung zwischen den beiden beteiligten Krankenversicherungsträgern herausgehalten werden.

In der Rechtswirklichkeit sind jedoch zweierlei Aspekte zu beachten:

a) Der erste betrifft die Abwicklung des durch das koordinierende Sekundärrecht vorgesehenen Verfahrens.
Das Verfahren zur Inanspruchnahme EG – ausländischer Leistungserbringer und zur Erstattung der verauslagten Kosten zwischen dem aushelfenden und zuständigen Träger gestaltet sich nämlich langwierig und wenig praxistauglich[570]. Der Berechtigte hat sich vorab vom zuständigen Träger einen Vordruck, den sogenannten E 111, erteilen zu lassen. Dieses Formular weist ihn dann als zum Bezug von Leistungen nach der VO (EG) Nr. 1408/71 berechtigt aus. Damit kann er dann, so ist es vorgesehen, in manchen Mitgliedstaaten unmittelbar unter Vorlage des E 111 Gesundheitsleistungen in Anspruch nehmen, während in anderen Mitgliedstaaten zuvor beim Träger des Aufenthaltsstaates dieser in einen national gültigen Krankenschein umgetauscht werden muß.

Schon dieser grobe Abriß läßt erkennen, daß bereits die verfahrensbedingten Realisierungsschwierigkeiten des Anspruchs auf grenzüberschreitende Leistungserbringung manches Versicherungsmitglied von der Gebrauchmachung

---

[569] vgl. oben 1. Kapitel, II.
[570] dazu *Neumann – Duesberg*, in: Schulte/Zacher, S. 94 ff.; *ders.*, in: Schmähl, S. 114 f.

abhält. Darüber hinaus ist immer öfters festzustellen, daß ausländische Leistungserbringer den E 111 nicht akzeptieren und auf sofortige Bezahlung seitens des Versicherten bestehen[571], weil sie nicht das umständliche Abrechnungs– und Erstattungsverfahren in Kauf nehmen möchten[572]. Durch diese Begleitumstände werden die Regelungen der VO (EG) Nr. 1408/71, insbesondere die, die den vorübergehenden Aufenthalt betreffen, wieder entwertet.
Um dieser Problematik zu entgehen, wird bereits die Einführung einer europäisch einheitlichen Krankenversicherungskarte diskutiert[573].

Umstritten ist auch nicht zuletzt das Kostenerstattungsverfahren für die Sachleistungsaushilfe durch den zuständigen Träger.
Dieses stellt sich so dar, daß die Leistungserbringer ihre Tätigkeit ihrem für Ausländerbehandlungen zuständigen Krankenversicherungsträger – in Deutschland ist das die AOK – in Rechnung stellen als handele es sich um die Behandlung eines seiner Mitglieder. Dieser wiederum ist Sammelstelle für alle Kostenansprüche gegen Versicherte aus anderen Mitgliedstaaten bzw. gegen deren Versicherungsträger. Er zahlt daher die Leistungserbringer aus und legt die entsprechenden Rechnungen über zentrale Sammelstellen der beteiligten Staaten dem zuständigen Träger im anderen Mitgliedstaat zur Erstattung vor. Kosten für die Verwaltungstätigkeit werden dabei nicht erhoben. Der zuständige Träger prüft sodann die Rechnungen und hat sie zu begleichen.
Dieser gesamte Vorgang dauert mitunter über ein Jahr, was automatisch auch zu erheblichen Zinsausfällen beim aushelfenden Träger führt.

Aufgrund dieser Schwierigkeiten verweigern die ausländischen Leistungserbringer oftmals trotz Vorliegens der Voraussetzungen der VO (EG) Nr. 1408/71 ihre Leistungen, wenn nicht der Patient die Behandlungskosten sofort selbst bezahlt.

---

571 Zur Abhilfe dieser mißlichen Situation trägt auch Art. 34 VO 574/72 wenig bei. Nach dieser Vorschrift hat der zuständige Träger dem Versicherten auch dann die entstandenen Kosten nach den Sätzen zu erstatten, die für den aushelfenden Träger gelten, wenn das Verfahren nach den Art. 21, 23 VO 574/72 nicht eingehalten werden konnte.
Der Erstattungsanspruch soll auch dann bestehen, wenn der Versicherte – unabhängig von der Frage nach seinem Verschulden – den Vordruck E 111 vergessen hat, es unterlies, ihn vor Ort umzutauschen oder wenn die Leistungserbringer im Aufenthaltsstaat den E 111 nicht akzeptieren und den Versicherten nur als Privatpatienten zu behandeln bereit sind, vgl. *Bieback*, in: NKES, Anm. I. 22, Rdnr. 23 ff. ; *Stachl*, in: Schulte/ Barwig, S. 123.
Es ist jedoch zu beachten, daß einerseits diese Erstattungsvorschrift kaum bekannt ist und andererseits sich viele Versicherungsmitglieder angesichts der für sie unsicheren Rechtslage scheuen, die Behandlungskosten vorzustrecken.

572 zu dieser Problematik anschaulich *Wicke*, in: Europäisches Sozialrecht, SDSRV 36, S. 76 f. ; vgl. auch *Cornelissen*, „Wechselwirkungen zwischen dem europäischen Sozialrecht und dem Sozialrecht der Bundesrepublik Deutschland“, in: ZSR 1991, 465, 478

573 zu den Anforderungen an die europäische Krankenversicherungskarte vgl. *Kaula*, „ Europas Zukunft – Herausforderung für die Krankenversicherung “, in: Festschrift für Franke, S. 452 ; weitere Vorschläge zur Abhilfe bei *Schulte*, „Zur Kritik des europäischen koordinierten Sozialrechts“, in: ZfSH/ SGB 1999, 653, 655 ; vgl. auch oben 4. Kapitel, II. 2.

Somit ist dieser darauf verwiesen, Kostenersatz bei dem für ihn zuständigen Träger zu suchen. In diesem Fall stellt sich die Prozeßlage nicht anders dar als wenn der Versicherte nur Ersatz der auch im Inland angefallenen hypothetischen Kosten begehrt, mit der Maßgabe, daß er das Vorliegen der Voraussetzungen des Art. 22 VO 1408/71 darzulegen und gegebenenfalls zu beweisen hat.

b) Liegen diese Anforderungen nicht vor und beruft sich der Versicherte auf einen Verstoß derselben gegen die Grundfreiheiten, so kommt als zweiter Aspekt hinzu, daß die ausländischen Leistungserbringer unter diesen Umständen erst recht sofortige Bezahlung verlangen. Ansonsten hätten sie zu befürchten, daß aufgrund der ungewissen Rechtslage eine Vergütung über die beteiligten Krankenversicherungsträger nicht erfolgen wird.

Infolge dessen wird dem Versicherungsmitglied auch hier nichts anderes übrig bleiben, als seine behaupteten Erstattungsansprüche bei seiner heimischen Krankenkasse geltend zu machen.
Die nationale Krankenkasse, die die Zahlung mit Verweis auf die nicht erfüllten Voraussetzungen des Art. 22 VO 1408/71 verweigert, wird vor den Sozialgerichten verklagt. Da sich der Versicherte darauf beruft, daß die Anforderungen der unverzüglichen Erforderlichkeit und der Genehmigungsvorbehalt gegen höherrangiges Primärrecht verstoßen, ist diese Frage dem EuGH zur Klärung vorzulegen.
Dieser hat unter Beachtung der geltenden Verfahrensregeln zu entscheiden.

2. Beeinträchtigung der Grundfreiheiten ?

a) Die Beschränkung

Die beschriebenen Vorbehalte der VO (EG) Nr. 1408/71 müßten zunächst Beschränkungen der Freizügigkeitsrechte darstellen.
Auch insoweit ist auf die Ausführungen in Teil A[574] und auf die Feststellungen des EuGH in den Rechtssachen Decker und Kohll zu verweisen. Demnach stellt jede Maßnahme der Mitgliedstaaten, die geeignet ist, „den innergemeinschaftlichen Handel unmittelbar oder mittelbar, tatsächlich oder potentiell zu behindern" oder „die Leistung von Diensten zwischen Mitgliedstaaten im Ergebnis gegenüber der Leistung von Diensten im Innern eines Mitgliedstaates" zu erschweren, eine Beschränkung dar.
Erhalten nun Versicherte die vollen Kosten für Auslandsleistungen nur im Falle der unverzüglichen Erforderlichkeit oder einer vorab erteilten Genehmigung erstattet, während sie im Inland stets in den Genuß der vollen Kostenübernahme gelangen, so kann dies dazu führen, daß sie von der Reise ins Ausland absehen, weil sie Nachteile in sozialversicherungsrechtlicher Hinsicht befürchten. Folg-

---

[574] vgl. oben 2. Kapitel, II. ; 3. Kapitel, II.

lich besteht bei der Leistungsinanspruchnahme im Ausland weiterhin eine Schlechterstellung im Vergleich zum Inland. Wie schon bei den Ansprüchen nach den inländischen Tarifen können die Vorbehalte auch hier zu Erschwernissen bei der Erbringung von Dienstleistungen und zu Behinderungen des Handels mit Gesundheitswaren zwischen den Mitgliedstaaten führen.
Folglich stellen sie Beschränkungen der Rechte auf freien Waren– und Dienstleistungsverkehr dar.

b) Die Rechtfertigung

Die anspruchsbegründenden Tatsachen sind einmal mehr dargetan. Aufgrund der Beschränkung der Grundfreiheiten sind wiederum Rechtfertigungsgründe erforderlich, um die Vorbehalte des Art. 22 VO 1408/71 nicht als unvereinbar mit dem Primärrecht erscheinen zu lassen.
Dies gilt unabhängig davon, ob die betreffende Leistung im Inland nach dem Kostenerstattungs– oder Sachleistungsprinzip erbracht wird, zumal die VO (EG) Nr. 1408/ 71 bei der Anordnung der Sachleistungsaushilfe insoweit keine differenzierende Betrachtungsweise kennt.

Es obliegt nun auch hier dem beklagten Krankenversicherungsträger, die Beschränkungen rechtfertigende und damit anspruchshindernde Einwendungen vorzutragen und die sie stützenden Tatsachen darzulegen und unter Beweis zu stellen.
Die einzelnen in Betracht kommenden Rechtfertigungsgründe sind identisch mit denen, die zur Rechtfertigung der Beschränkungen durch die nationalen Vorbehalte ins Felde geführt wurden[575].

(1) Die Gefährdung des finanziellen Gleichgewichts

Der wesentliche Unterschied der schrankenlosen Erweiterung der Sachleistungsaushilfe nach der VO (EG) Nr. 1408/71 zur grenzübergreifenden, unbeschränkten Leistungsinanspruchnahme mit Kostenerstattung nach den inländischen Sätzen ist darin zu finden, daß in ersterem Fall nicht bekannt ist, mit welchen Kosten der zuständige Krankenversicherungsträger zu rechnen hat.
Er hat keine Kenntnis darüber, welche Leistungserbringer aus welchen Mitgliedstaaten in welchem Umfang in Anspruch genommen werden. Zwar können sich die Kassen allgemein über die Tarife der anderen Mitgliedstaaten informieren, dadurch werden sie aber lediglich in die Lage versetzt, zu beurteilen, in welchem Land höhere oder niedrigere Kosten für eine bestimmte Leistung anfallen. Auf das Konsumverhalten ihrer Mitglieder haben sie jedoch keinen Einfluß.

---

[575] vgl. oben 2. Kapitel, III. 2. ; 3. Kapitel, III. 2.

Ein Wegfall der Vorbehalte des Art. 22 VO 1408/71 würde die theoretische Möglichkeit eröffnen, daß ausschließlich Leistungserbringer in Mitgliedstaaten konsultiert werden, in denen sich die Tarife über denen in Deutschland bewegen[576]. Da auch in diesem Fall die deutschen Krankenversicherungsträger die dadurch entstandenen Kosten in voller Höhe zu tragen hätten, könnte dies vor dem Hintergrund der stetig steigenden Mobilität der Unionsbürger und dem dadurch bedingten Anstieg der im Ausland in Anspruch genommenen Gesundheitsleistungen zu einer erheblichen Ausgabensteigerung auf Seiten der Krankenkassen führen.
Dies wird bislang durch den Genehmigungsvorbehalt des Art. 22 I c) VO 1408/71 verhindert. Da der zuständige Träger selbst die einzelnen Genehmigungen erteilt, kann er ohne weiteres ermitteln, mit welcher Kostenbelastung er im Falle des Gebrauchmachens von der Genehmigung zu rechnen hat.

Zwar können die Krankenversicherungsträger auch bei der unbegrenzten Inanspruchnahme ausländischer Leistungerbringer, mit gleichzeitiger Erstattungspflicht nach den inländischen Tarifen, nicht konkret abschätzen, wieviele und welche Leistungserbringer von den Versicherten aufgesucht werden, da aber in jedem Fall die Erstattung durch die inländischen Sätze gekappt ist, erleiden die Kassen keine weitergehende finanzielle Beeinträchtigung als bei einer Leistungserbringung im Inland.
Da dies bei der Abwicklung im Wege der Sachleistungsaushilfe gerade nicht der Fall ist, ist der Genehmigungsvorbehalt zur Vermeidung von Gefährdungen des finanziellen Gleichgewichts notwendig[577].

Eine genehmigungsfreie Ausdehnung der Sachleistungsaushilfe hätte auch Auswirkungen auf nationale Kostendämpfungsmaßnahmen, wie z.B. die Selbstbeteiligungen, Negativlisten o.ä.
All diese Maßnahmen bewirken, daß gewisse Leistungen von den zuständigen Trägern nicht oder nur teilweise übernommen werden. Gelangen jedoch nicht diese Regelungen, sondern diejenigen anderer Mitgliedstaaten zur Anwendung, die insoweit keine Ausschlüsse beinhalten, so sind die vollen Beträge zu ersetzen.
Auch wenn es im europäischen Ausland genug Staaten mit eigenen Zuzahlungsbestimmungen gibt, so würde ein Entfallen der Genehmigungspflicht jedenfalls zu dem nicht berechenbaren Risiko führen, daß in erster Linie die für den zu-

---

[576] *Neumann - Duesberg*, in: Schmähl, S. 113
[577] a.A.: *Kröck*, S. 158 f. , der einen Verstoß gegen das Primärrecht darin sieht, daß nach Art. 22 UAbs.2 VO 1408/71 die Genehmigung dann zu erteilen ist, wenn eine angemessene Behandlung im Inland nicht im erforderlichen Zeitrahmen erfolgen kann. Er verkennt, daß die insoweit im Ausland in Anspruch genommene Leistung zum einen nicht zwingend im Katalog des zuständigen Trägers enthalten sein muß und zum anderen, daß im Ausland auf dieselbe Leistung erheblich höhere Selbstbeteiligungsbeträge festgesetzt sein können. Deshalb besteht entgegen Kröck doch die Gefahr finanzieller Nachteile.

ständigen Krankenversicherungsträger ungünstigeren Regelungen einschlägig wären.
Auch aus diesem Grund wäre eine Gefährdung des finanziellen Gleichgewichts nicht von der Hand zu weisen.

Letztlich ist auch in Bezug auf die Kontrollmöglichkeit der ausländischen Leistungserbringer darauf hinzuweisen, daß im Falle von nicht erkannten unnötigen und unwirtschaftlichen Leistungen keine vergleichbaren Schutzmöglichkeiten bestehen, wie wenn lediglich nach dem inländischen Leistungsrecht abzurechnen wäre[578].
Es bleibt jedoch dabei, daß ein solches standeswidriges Verhalten nicht darzulegen, geschweige denn zu beweisen ist[579].

Jedenfalls ist der sekundärgemeinschaftsrechtliche Genehmigungsvorbehalt notwendig, um der Gefahr einer Gefährdung des finanziellen Gleichgewichts des nationalen Krankenversicherungswesens zu begegnen[580].
Folglich sind die Beschränkungen der Warenverkehrs– und Dienstleistungsfreiheit aus diesem Gesichtspunkt gerechtfertigt.

Infolge dessen hat auch die Leistungsgewährung wegen unverzüglicher Erforderlichkeit einer Auslandsleistung neben dem Genehmigungserfordernis weiter Bestand.
Angesichts der Rechtfertigung des Art. 22 I c) VO 1408/71 kann die Bestimmung des Art. 22 I a) VO 1408/71 als milderes Mittel schon nicht als Beschränkung angesehen werden. Sie bietet den Arbeitnehmern eine weitere Möglichkeit, in den Genuß der Sachleistungsaushilfe zu gelangen. Damit ist sie der Verwirklichung der Grundfreiheiten nur förderlich.

(2) Die Qualitätsfrage und das Erfordernis einer flächendeckenden Versorgung

Hier gelten die Ausführungen zur Kostenerstattung nach den inländischen Tarifen entsprechend[581].
Insoweit führt eine Erweiterung der Sachleistungsaushilfe nicht zu unterschiedlichen Rahmenbedingungen und Ergebnissen.

---

578 dazu *v. Maydell*, in: v. Maydell/ Schnapp, S. 35 f.

579 vgl. oben 2. Kapitel, III. 2.c)

580 Aus diesem Grund ist auch insoweit der Vorschlag von *Eichenhofer*, in: Schulte/ Barwig, S. 419 ff. zur Neufassung der VO (EG) Nr. 1408/71 zurückzuweisen. Nach Art. 15 seines Entwurfs haben Versicherte einen Anspruch gegen die ausländischen Leistungserbringer auf Behandlung. Diese sollen direkt mit dem zuständigen Krankenversicherungsträger abrechnen. Die Kosten sollen nach dem Recht des Behandlungsstaates erstattet werden. Dies würde jedoch den Wegfall des Genehmigungserfordernisses bedeuten und zu einer nicht absehbahren Kostenbelastung führen.

581 vgl. oben 2. Kapitel, III. 2.d), e)

Auch hier dürfte es den Krankenversicherungsträgern nicht gelingen, darzulegen, daß ein ausgewogener Gesundheitsschutz durch die ausländischen Leistungserbringer nicht gewährleistet werden kann und daß eine Kontrolle bezüglich der Qualität nicht möglich sein soll.
Genauso ungünstig beurteilen sich die Erfolgsaussichten des Versuchs, eine Gefährdung der ausgewogenen Gesundheitsversorgung darzulegen.

Im Ergebnis entsprechen die Regelungen der Wanderarbeitnehmerverordnung dem gemeinschaftlichen Primärrecht[582]. Deshalb sind daraus keine weitergehenden Ansprüche abzuleiten[583].
Folglich können sich die Versicherten bei unverzüglich erforderlichen oder genehmigten Auslandsleistungen entweder für die in der VO (EG) Nr. 1408/71 vorgesehene Vorgehensweise oder für eine Leistungsinanspruchnahme mit sofortiger Bezahlung und anschließender Kostenerstattung nach dem Leistungskatalog ihres zuständigen Staates entscheiden.
Bei weitergehenden Leistungen kommt nur letzteres in Betracht.
Dieses partielle Nebeneinander der beiden Systeme ist sachgerecht um die Versicherten bei Leistungen, auf sie er keinen Einfluß haben, weil es sich um eine Notfallbehandlung handelt, nicht zwingend dem Risiko auszusetzen, daß sie im Ergebnis „draufzahlen" müssen. Das könnte geschehen, wenn die Kosten für die Leistungen im Ausland die entsprechenden Inlandspreise übersteigen. Dies wäre dann für einen Versicherten im Verhältnis zur Sachleistungsaushilfe keine mildere Maßnahme, so daß es dann wiederum für die unbeschränkte Leistungsinanspruchnahme nach dem Katalog des Versicherungsstaates zu Rechtfertigungsproblemen kommen würde. Gleiches gilt für den Fall, daß die Krankenkasse bereit oder verpflichtet ist, für höhere Behandlungskosten als im Inland anfallend aufzukommen.

---

[582] übereinstimmend *Willms*, S. 143 ; *v. Maydell*, in : Schulin, §64, Rdnr. 77 ff. ; *Kröck*, S. 159 m.w.N. ; kritisch *Bieback*, in: SDSRV 36, S. 59 f. ; *Lichtenberg*, „Ärztliche Tätigkeiten, klinische Leistungen und freier Dienstleistungsverkehr im Gemeinsamen Markt", in: VSSR 1978, 125 ff.

[583] vgl. *Zechel*, S. 69, 76, der aber einen Verstoß gegen Art. 59 EGV a.F. (Art. 49 EGV n.F.) darin erkennt, daß ausländische Leistungserbringer durch Nichtübertragung des deutschen Sachleistungsprinzips weiterhin diskriminiert würden.

7. Kapitel : Die Freizügigkeitsverordnung

Beanspruchen die in der GKV Versicherten die Erstattung der von ihnen für Auslandskrankenbehandlungen aufgewendeten Kosten in voller Höhe, so ist die VO (EG) Nr. 1408/71 anwendbar. Sie gewährt jedoch bei nur vorübergehendem Aufenthalt im Ausland die Kostenübernahme durch den zuständigen Träger im wesentlichen nur im Falle einer vorherigen Genehmigung oder wenn die erbrachten Leistungen unverzüglich erforderlich waren. Weitergehende Erstattungsansprüche bestehen nicht.
Diese eingeschränkte Anordnung der Sachleistungsaushilfe geht mit den primärrechtlichen Freizügigkeitsrechten konform. Diesbezügliche Beschränkungen sind gerechtfertigt. Der Koordinierungsauftrag ist erfüllt.
Infolge dessen gewährt das koordinierende Freizügigkeits – Sozialrecht keine über die Wanderarbeitnehmerverordnung hinausgehenden Ansprüche.

Insbesondere aufgrund neuerer Entscheidungen des EuGH drängt sich jedoch die Frage auf, ob aus einem anderen Blickwinkel den Versicherungsmitgliedern Ansprüche auf eine volle Kostenerstattung erwachsen können.
Hier ist die VO (EG) Nr. 1612/68[584], insbesondere dessen Art. 7 II, in das Blickfeld zu rücken und zu prüfen, ob sich aus dessen Diskriminierungsver– und Gleichbehandlungsgebot die begehrten Ansprüche ableiten lassen.

[584] Verordnung (EWG) Nr. 1612/68 des Rates vom 15. Oktober 1968 über die Freizügigkeit der Arbeitnehmer innerhalb der Gemeinschaft, ABl. EG 1968 Nr. L 257/2

I. Grundgedanke und neuere Rechtsprechung

1. Ausgangslage

Entzündet hat sich die Frage der Exportpflicht von Leistungen der sozialen Sicherheit auf Grundlage der Freizügigkeitsverordnung an den Leistungen der deutschen Pflegeversicherung.
Nach Art. 7 II VO 1612/68 genießt ein Arbeitnehmer, der Staatsangehöriger eines Mitgliedstaates ist, im Hoheitsgebiet der anderen Mitgliedstaaten die gleichen sozialen und steuerlichen Vergünstigungen wie die inländischen Arbeitnehmer. Den Mitgliedstaaten ist damit jede Diskriminierung von Arbeitnehmern aus anderen Mitgliedstaaten, in Bezug auf soziale Vergünstigungen aufgrund der Staatsangehörigkeit, untersagt[585].
Verboten sind demnach auch mittelbare Diskriminierungen. Solche sind in verschiedenen Erscheinungsformen bekannt[586]. Zu denken ist an eine Maßnahme, die sich nicht unmittelbar an den Diskriminierten richtet, aber in mittelbarer Konsequenz diesen benachteiligt[587]. Weiter ist der Fall zu beachten, bei dem sich eine Maßnahme sowohl an In– und Ausländer richtet, faktisch jedoch die ausländischen Staatsbürger deutlich überwiegend von ihr betroffen sind[588].

Letztere Konstellation wird bei der Pflegeversicherung zur Begründung einer Exportpflicht herangezogen[589].
Gem. § 34 I Nr. 1 SGB XI ruht der Anspruch auf Leistungen der Pflegeversicherung, solange sich der Versicherte im Ausland aufhält. Damit sind Leistungen bei Wohnsitz im Ausland ausgeschlossen. Da es nun aber überwiegend ausländische Unionsbürger sind, die sich in einem Beschäftigungsverhältnis im Inland befinden und die – sei es als Grenzgänger oder sei es, weil sie sich nach Beendigung ihres Arbeitsverhältnisses wieder in ihren Heimatstaat begeben – bei Eintritt des Pflegefalls ihren Wohnsitz im Ausland haben, stelle die Leistungsbeschränkung eine mittelbare Diskriminierung aufgrund der Staatsangehörigkeit dar.
Daraus soll eine Pflicht zum Leistungsexport aufgrund des Art. 7 II VO1612/68 resultieren, vorausgesetzt die Leistungen der Pflegeversicherung fallen überhaupt unter diese Verordnung[590].

---

585 zur Frage der Drittwirkung der gemeinschaftsrechtlichen Diskriminierungsverbote vgl. *Hintersteininger*, Binnenmarkt und Diskriminierungsverbot, S. 77 ff.
586 vgl. *GTE/ Wölker*, Art. 48 EGV, Rdnr. 13
587 *Reindl*, Inländerdiskriminierungen, S. 128
588 *Hackspiel*, „Opferentschädigung und Europäisches Gemeinschaftsrecht“ ,in: NJW 1989, 2166 f.
589 *Schirp*, „Pflegeversicherung und Freizügigkeit der Arbeitnehmer“ , in: NJW 1996, 1582, der eine Exportpflicht aus Art. 7 II VO 1612/68 jedenfalls für den Fall annimmt, daß eine solche nicht bereits aus der VO (EG) Nr. 1408/71 abzuleiten ist.
590 *Gassner*, „Pflegeversicherung und Arbeitnehmerfreizügigkeit“, in: NZS 1998, 313, 315

Nun hat der EuGH zwar in der Rechtssache Molenaar[591] entschieden, daß das Pflegegeld als Geldleistung bereits nach der VO (EG) Nr. 1408/71 zu exportieren ist, es bleibt jedoch das Problem, ob die Kosten sonstiger als Sach– und Dienstleistungen erbrachter Auslandsbehandlungen wegen mittelbarer Diskriminierung nach Art. 7 II VO 1612/68 zu erstatten sind.
Eine Diskriminierung könnte darin zu sehen sein, daß ausländische Staatsangehörige aufgrund höherer Frequentierung des Auslands, vermehrt ausländische Leistungserbringer in Anspruch nehmen und gegebenenfalls – anders als bei der Leistungsinanspruchnahme im Inland – einen Teil der Kosten selbst tragen müssen.

2. Der Standpunkt des EuGH

a) Neben dem Erfordernis einer Diskriminierung aufgrund der Staatsangehörigkeit als Voraussetzung für einen Gleichstellungsanspruch bleiben noch zwei weitere Punkte zu klären.

Erstens: Werden die Leistungen der sozialen Sicherheit und insbesondere die der GKV von der Freizügigkeitsverordnung erfaßt ?
Hier geht es also vor allem um das Verhältnis dieser Verordnung zur VO (EG) Nr. 1408/71.

Zweitens: Statuiert die VO (EG) Nr. 1612/68 ein Exportgebot für diese Leistungen ?

Beiden Fragen stand die Rechtsprechung ursprünglich verneinend gegenüber. Neuere Entscheidungen geben jedoch Anlaß, die Haltung des EuGH zu überdenken und nach den Konsequenzen für die hier zu untersuchende Problematik zu suchen[592].

b) Bislang war das Rangverhältnis der beiden Verordnungen eindeutig. Die Wanderarbeitnehmerverordnung galt als speziellere Regelung, mit der Folge, daß vorab bei jeder Leistung zu prüfen war, ob sie zur sozialen Sicherheit zu zählen ist und lediglich, wenn die VO (EG) Nr. 1408/71 nicht einschlägig war, konnten Untersuchungen dahingehend angestellt werden, ob eine soziale Vergünstigung i.S.d. Freizügigkeitsverordnung gegeben war[593].
Demnach waren Leistungen der Krankenversicherung, die unstreitig im Rahmen der sozialen Sicherheit erbracht werden, vom Anwendungsbereich der VO (EG) Nr. 1612/68 ausgeschlossen[594].

---

591 EuGH Rs. C – 160/96 (Molenaar) Slg. 1998, I – 843 ; vgl. oben 1.Kapitel, III. 3.

592 dazu eingehend *Huster*, „Grundfragen der Exportpflicht im europäischen Sozialrecht“ , in: NZS 1999, 10 ff.

593 EuGH Rs. 122/84 (Scrivner) Slg. 1985, 1027 ; Rs. 1/72 (Frilli) Slg. 1972, 457

594 Gleiches gilt für die Leistungen der Pflegeversicherung, nachdem der EuGH in der Rechtssache Molenaar festgestellt hat, daß auch sie solche der sozialen Sicherheit sind.

Nunmehr scheint der Gerichtshof augenscheinlich von dieser Auffassung abzurücken. Wiederholt hat er in der Vergangenheit festgestellt, daß es sich bei einzelnen Leistungen auch dann um soziale Vergünstigungen handeln kann, wenn diese bereits in den Anwendungsbereich der VO (EG) Nr. 1408/71 fallen[595]. Als Begründung wird auf die allgemeine Bedeutung der VO (EG) Nr. 1612/68 für die Freizügigkeit der Arbeitnehmer verwiesen.
Dies könnte dafür sprechen, daß nunmehr diese Verordnung auch auf die Leistungen der sozialen Sicherheit Anwendung findet.

c) Nach der bisherigen Rechtsprechung hatte der EuGH Staatsangehörigen anderer Mitgliedstaaten aufgrund des Art. 7 II VO 1612/68 lediglich Gleichstellungsansprüche bei Leistungsbezügen im Inland zugestanden[596]. Davon stellt auch die Entscheidung in der Rechtssache Matteusi keine Abweichung dar[597]. Dort hatte der EuGH festgestellt, daß eine Ausbildungsförderung auch dann gewährt werden muß, wenn die Ausbildung im Ausland erfolgt. Dadurch wurde jedoch keine Exportpflicht statuiert, sondern einmal mehr eine Gleichstellung zu inländischen Arbeitnehmern erreicht, da auch diese Anspruch auf Ausbildungsförderung im Ausland hatten[598].

Erstmals gewährte der Gerichtshof mit einem Urteil im Jahre 1997 einen Anspruch auf Export einer sozialen Vergünstigung[599]. Diese betraf eine einmalige Leistung, die in den Niederlanden anläßlich des Eintritts der Arbeitslosigkeit im Bereich der Landwirtschaft erbracht wird und die einem deutschen Grenzgänger verweigert wurde als er seinen Arbeitsplatz in den Niederlanden verlor.
Wie der EuGH feststellte, stellt das holländische Wohnsitzerfordernis eine mittelbare Diskriminierung aufgrund der Staatsangehörigkeit dar, da deutlich mehr ausländische Arbeitnehmer ihren Wohnsitz im Ausland haben. Deshalb war nach Ansicht des EuGH die streitgegenständliche Leistung auch an den in Deutschland wohnhaften Herrn Meints zu bezahlen.

Im Ergebnis liegen nun Entscheidungen vor, die besagen, daß auch Leistungen der sozialen Sicherheit soziale Vergünstigungen i.S.d. Art. 7 II VO 1612/68 sein können und ein Urteil, das den Export einer sozialen Vergünstigung anordnet.

---

[595] EuGH Rs. C – 310/91 (Schmidt) Slg. 1993, I – 3011 ; Rs. C – 111/91 (Kommission/ Luxemburg) Slg. 1993, I - 817

[596] EuGH Rs. C – 326/90 (Kommission/ Belgien) Slg. 1992, I - 5517

[597] EuGH Rs. 235/87 (Matteusi) Slg. 1988, 5589

[598] vgl. hierzu *Hailbronner*, „Die soziale Dimension der EG – Freizügigkeit", in: JZ 1991, 171, 175

[599] EuGH Rs. C – 57/96 (Meints) Slg. 1997, I - 6689

Aus diesem Grunde führt kein Weg an der Prüfung einer möglichen Exportpflicht von Leistungen der GKV aufgrund der Freizügigkeitsverordnung vorbei[600].

[600] Die Untersuchung beschränkt sich weiterhin auf die Fallgruppe des vorübergehenden Aufenthalts im Ausland. Die im Ausland beschäftigten Arbeitnehmer und auch die Grenzgänger genießen durch die VO (EG) Nr. 1408/71 bereits ausreichenden Schutz.

II. Anwendbarkeit der VO (EG) Nr. 1612/68 ?

1. Der persönliche Anwendungsbereich

Anders als die VO (EG) Nr. 1408/71, die Arbeitnehmer und Selbständige[601] umfaßt, gilt die VO (EG) Nr. 1612/68 nur für Arbeitnehmer[602]. Arbeitslosen stehen die Rechte aus Art. 7 II VO 1612/68 nur zu, soweit sie eine (neue) Beschäftigung suchen. Grund hierfür ist gem. Art. 3 und 5 VO 1612/68 die insoweit ausschließliche Gleichstellung betreffend des Zugangs zur Beschäftigung[603].

Stellt man allein auf den Wortlaut ab, so gehören Familienangehörige der Arbeitnehmer nicht zum Kreis der Begünstigten, jedoch läßt der EuGH auch ihnen die sozialen Vergünstigungen des Art. 7 II VO 1612/68 zukommen[604]. Da diese Erweiterung aber immer noch anläßlich der Arbeitnehmerfreizügigkeit erfolgt, wird erforderlich sein, daß sich die Verweigerung von sozialen Vergünstigungen an Familienangehörige negativ auf die Mobilität des Arbeitnehmers auswirken würde[605]. In diesem Fall wird die Sozialleistung an den Angehörigen als soziale Vergünstigung des Arbeitnehmers erachtet[606].

2. Der sachliche Anwendungsbereich

Hier ist insbesondere zu klären, ob die VO (EG) Nr. 1612/68 auf Leistungen im Krankheitsfall angewendet werden kann, diese mithin als soziale Vergünstigungen i.S.d. Art. 7 II VO 1612/68 angesehen werden können. Damit ist das Verhältnis dieser Verordnung zur Wanderarbeitnehmerverordnung angesprochen.

a) Unstreitig ist der Begriff der sozialen Vergünstigung der umfassendere und beinhaltet auch Leistungen der sozialen Sicherheit[607].
Nach gefestigter Rechtsprechung ist Art. 7 II VO 1612/68 auf alle sozialen Vergünstigungen anwendbar, die den inländischen Arbeitnehmern in erster Linie aufgrund ihrer objektiven Arbeitnehmereigenschaft oder wegen ihres Wohnsit-

---

[601] Diese wurden durch die VO (EG) Nr. 1390/81 in das Regelungswerk aufgenommen.
[602] zum Arbeitnehmerbegriff vgl. u.a. EuGH Rs. C – 85/96 (Martinez Sala) Slg. 1998, I - 2691
[603] EuGH Rs. 316/85 (Lebon) Slg. 1987, 2811 ; nach *Reindl*, S. 207, gilt gem. Art. 6 EGV a.F. gleiches auch allgemein für Dienstleistungsempfänger.
[534] EuGH Rs. 157/84 (Frascogna I) Slg. 1985, 1739 ; Rs. 256/86 (Frascogna II) Slg. 1987, 3431 ; vgl. jedoch den Entwurf der Europäischen Kommission zur Änderung der VO (EG) Nr. 1612/ 68, ABl. EG, Nr. C 344/ 07 und dessen Besprechung von *Albin*, „Die Reform des europäischen Freizügigkeitsrechts“, in: ZfSH/ SGB 1999, 387 ff.[604]
[605] EuGH Rs. 63/ 76 (Inzirillo) Slg. 1976, 2057 ; Rs. 94/ 84 (Deak) Slg. 1985, 1873
[606] *Steinmeyer*, in: Magiera, S. 72 f. ; EuGH Rs. 32/ 75 (Christini) Slg. 1975, 1085 ; kritisch *Hailbronner*, „Die soziale Dimension der EG – Freizügigkeit“, in: EuZW 1991, 171 ff.
[607] *Steinmeyer*, in: NKES, Anm. III., Rdnr. 4

zes im Inland gewährt werden und deren Ausdehnung auf Arbeitnehmer, die Staatsangehörige eines anderen Mitgliedstaats sind, deshalb als geeignet erscheint, deren Mobilität innerhalb der Gemeinschaft zu erleichtern[608].
Damit sind in sozialer Hinsicht mobilitätshemmende Diskriminierungen aufgrund der Staatsangehörigkeit nicht erlaubt. Sie führen zu einem Gleichstellungsanspruch.

Wie eingangs ausgeführt, bestand in Rechtsprechung und Schrifttum stets Einigkeit darüber, daß die sozialen Vergünstigungen als generelles Merkmal zwar die Leistungen der sozialen Sicherheit einschließen, diese jedoch spezieller sind, mit der Wirkung, daß Art. 7 II VO 1612/68 als Auffangtatbestand nur dann zur Anwendung gelangt, wenn die VO (EG) Nr. 1408/71 nicht einschlägig sein sollte[609].
Dies mit guten Gründen.
Für das Bestehen des Exklusivitätsverhältnisses zu Gunsten der Wanderarbeitnehmerverordnung streiten neben ihrer ohnehin deutlich detaillierteren Bestimmungen vor allem zwei Erwägungen :

(1) Der erste Gedanke betrifft die Entstehungsgeschichte der beiden Verordnungen.
Zwar wurde die VO (EG) Nr. 1612/68 einige Jahre vor der VO (EG) Nr. 1408/71 beschlossen, es ist jedoch zu beachten, daß es sich bei der letztgenannten um die Nachfolgeverordnung der VO Nr. 3 von 1958[610] handelt. Diese wurde in Anbetracht der Vorgaben des Art. 42 EGV erlassen und im weiteren Verlauf durch die VO (EG) Nr. 1408/71 abgelöst.
Infolge dessen stellen die Regelungen der Wanderarbeitnehmerverordnung die älteren Bestimmungen dar. Es ist nicht anzunehmen, daß der gemeinschaftsrechtliche Normgeber die Verordnung Nr. 3 durch die VO (EG) Nr. 1612/68 ablösen wollte und deren Regelungen dennoch durch Erlaß der VO (EG) Nr. 1408/71 wieder bestätigte. Vielmehr ist davon auszugehen, daß durch die Freizügigkeitsverordnung – sozusagen als „Lückenfüller“ – noch nicht erfaßte Leistungen dem Diskriminierungsverbot unterworfen werden sollten[611].

(2) Als zweites sind die primärrechtlichen Verfahrensvoraussetzungen für den Erlaß der beiden Verordnungen zu beachten.
Voraussetzung für die VO (EG) Nr. 1408/71, die unstreitig die Leistungen im Krankheitsfall beinhaltet, war gem. Art. 42 EGV ein einstimmiger Beschluß.

---

[608] EuGH Rs. 39/86 (Lair) Slg. 1988, 3161 ; Rs. 249/83 (Hoeckx) Slg. 1985, 973 ; Rs. 122/84 (Scrivner) Slg. 1985, 1027
[609] *Steinmeyer*, in: NKES, Anm. III.., Rdnr. 5 ; *GTE/ Willms*, Art. 51, Rdnr. 10 ; *Stahlberg*, Europäisches Sozialrecht, Rdnr. 226 f.
[610] ABl. EG 1958, S. 561
[611] *Gassner*, „Pflegeversicherung und Arbeitnehmerfreizügigkeit“, in: NZS 1998, 313 f. ; Generalanwalt *Cosmas* in seinen Schlußanträgen in der Rechtssache Molenaar, a.a.O., Rdnr. 97

Demgegenüber erforderte Art. 40 EGV für die VO (EG) Nr. 1612/68 lediglich eine qualifizierte Mehrheit.
Auch daran ist ersichtlich, daß die Gegenstände, die durch die Wanderarbeitnehmerverordnung geregelt werden, nicht der Freizügigkeitsverordnung unterfallen können[612].

Zu Recht ging man daher bislang von der Vorrangigkeit der VO (EG) Nr. 1408/71 aus[613].

b) Welche Auswirkungen haben nun die Entscheidungen aus 1993 in den Rechtssachen Schmid und Kommission/ Luxemburg ?

Zum Verständnis dieser Urteile ist nochmals der Blick auf die persönlichen Anwendungsbereiche der beiden fraglichen Verordnungen zu wenden. In beiden Fällen stehen, nach dem jeweiligen Wortlaut, den Angehörigen der Arbeitnehmer keine eigenen Ansprüche zu. Dies hat der EuGH hinsichtlich der VO (EG) Nr. 1612/68 dahingehend geändert, daß eigene Ansprüche möglich sind, wenn dies die Freizügigkeit des Arbeitnehmers gebietet[614]. Bei der VO (EG) Nr. 1408/71 blieb es für die Angehörigen bei bloßen abgeleiteten Ansprüchen[615].
Nun ist interessant, daß die Entscheidungen, nach denen auch Leistungen der sozialen Sicherheit unter die Freizügigkeitsverordnung fallen können, durchweg solche Leistungen betrafen, die Angehörige von Arbeitnehmern als eigene Ansprüche einforderten.
Da solche Ansprüche von der VO (EG) Nr. 1408/71 gerade nicht erfaßt werden und sie deshalb mangels Einschlägigkeit des persönlichen Anwendungsbereichs nicht zum Zuge kommt, war der Rückgriff auf die VO (EG) Nr. 1612/68 nur konsequent. Er deckte sich mit der bisherigen Rechtsprechung, wonach zuerst zu prüfen ist, ob die Wanderarbeitnehmerverordnung Anwendung findet, und erst wenn dies nicht der Fall ist, die Freizügigkeitsverordnung herangezogen werden kann.

Dafür, daß durch die besagten Urteile hinsichtlich des Verhältnisses der beiden Verordnungen zueinander kein Rechtsprechungswandel eingetreten ist, sprechen auch die späteren Entscheidungen in den Rechtssachen Molenaar und Meints.
Im Fall Molenaar hat der EuGH den Exportanspruch lediglich anhand der VO (EG) Nr. 1408/71 geprüft und Art. 7 II VO 1612/68 völlig außer acht gelassen.
In der Rechtssache Meints, in der der Gerichtshof erstmals ein Exportgebot aufgrund der Freizügigkeitsverordnung – wenn auch nicht für eine Leistung der sozialen Sicherheit – bejaht hat, hat er auch erst nach Prüfung der Anwendbarkeit der VO (EG) Nr. 1408/71 auf die VO (EG) Nr. 1612/68 abgestellt.

---

612 *Peters – Lange*, „Export des Pflegegeldes ?“ , in: ZfSH/SGB 1996, 624, 627 ; *Haverkate/ Huster*, Europäisches Sozialrecht, Rdnr. 101
613 *Zacker/ Wernicke*, Examinatorium Europarecht, S. 177 f.
614 vgl. oben II. 1.
615 EuGH Rs. 40/76 (Kermaschek) Slg. 1976, 1669 ; Rs. 94/84 (Deak) Slg. 1985, 1873

Weiter sind nach den Urteilen von 1993 keine neuen, diese bestätigenden Entscheidungen ersichtlich. Dies wohl nicht zuletzt deshalb, weil der EuGH dazu überzugehen scheint, nunmehr Familienangehörigen auch nach der Wanderarbeitnehmerverordnung eigene Ansprüche zuzubilligen[616].

Somit bleibt es dabei, daß vorrangig die Einschlägigkeit der VO (EG) Nr. 1408/71 zu prüfen und erst wenn deren persönlicher oder sachlicher Anwendungsbereich nicht eröffnet ist, auf die VO (EG) Nr. 1612/68 abgestellt werden kann[617]. Da Auslandsleistungen im Krankheitsfall von der VO (EG) Nr. 1408/71 geregelt werden, ist der Rückgriff auf die Freizügigkeitsverordnung verwehrt[618]. Sie ist folglich nicht anwendbar.

---

[616] EuGH Rs. C – 308/93 (Cabanis – Issarte) Slg. 1996, I - 2097

[617] *Haverkate/ Huster*, Europäisches Sozialrecht, Rdnr. 360 ; a.A. wohl *Altrock*, in: Haverkate/Weiss/Huster/Schmidt, Casebook zum Arbeits —und Sozialrecht der EU, Fall 7, Fn. 27, wonach die Einordnung von Leistungen der sozialen Sicherheit zur VO (EG) Nr. 1612/68 zur Folge haben soll, daß nur noch die Rechtsfolgen dieser Verordnung und nicht der VO (EG) Nr. 1408/71 anwendbar seien. Damit wird der Wanderarbeitnehmerverordnung nicht nur die Spezialität hinsichtlich des Anwendungsbereichs ab -, sondern nun auch erstmals der Freizügigkeitsverordnung der Vorrang betreffend den Rechtsfolgen zugesprochen.

[618] Gleiches hätte im übrigen auch im Fall Molenaar gegolten, falls der EuGH zur Auffassung gelangt wäre, das Pflegegeld stelle keine Geld -, sondern eine Sachleistung dar. Da jedenfalls feststand, daß es sich um eine Leistung der sozialen Sicherheit handelt, hätte die VO (EG) Nr. 1612/68 nicht mehr herangezogen werden können.

III. Exportgebot ?

Wie sich gezeigt hat, stehen den Versicherten der GKV, mangels Anwendbarkeit der VO (EG) Nr. 1612/68, aus deren Art. 7 Abs.2 keine weitergehenden Kostenerstattungsansprüche zu.
Dennoch soll an dieser Stelle ergänzend auf die Problematik der Pflicht zum Leistungsexport bei unterstellter Anwendbarkeit dieser Vorschrift eingegangen werden.

1. Diskriminierung ausländischer Staatsangehöriger ?

a) Voraussetzung eines Gleichstellungsanspruchs ist nach Art. 7 II VO 1612/68 eine Diskriminierung aufgrund der Staatsangehörigkeit. Hierzu gehören auch mittelbare Diskriminierungen, die in unterschiedlichen Erscheinungsformen auftreten können[619]. Erfaßt sind alle Arten solcher unmittelbarer und mittelbarer Diskriminierungen[620].
Ein Wohnsitzerfordernis, wie z.B. in § 34 I SGB XI vorgesehen, ist regelmäßig als mittelbare Diskriminierung anzusehen, weil es überwiegend die ausländischen Arbeitnehmer sind, die ihren Wohnsitz im Ausland haben oder nehmen. Deshalb enthält das Wohnsitzerfordernis betreffend dem Anspruch auf Pflegegeld eine mittelbare Diskriminierung[621].

b) Im Falle des Bestehens von Gleichstellungsansprüchen ausländischer Staatsangehöriger, können Inländer, deren Ansprüche ebenfalls am Wohnsitzerfordernis scheitern, dieselben Ansprüche erheben wie die Arbeitnehmer anderer Mitgliedstaaten[622]. Jede andere Bewertung würde dazu führen, daß inländische Staatsangehörige mit Wohnsitz im Ausland zum einen gegenüber den inländischen Staatsangehörigen mit Wohnsitz im Inland und auch gleichzeitig gegenüber den ausländischen Arbeitnehmern, die im Ausland wohnen, benachteiligt würden. Die Ungleichbehandlung gegenüber letzteren würde allein auf die Staatsangehörigkeit zurückzuführen sein.
Da genau dies durch Art. 7 II VO 1612/68 vermieden werden soll und die im Ausland wohnenden inländischen Arbeitnehmer ansonsten ebenfalls in ihrer Mobilität behindert würden, ist der Freizügigkeitsschutz auch auf sie zu erstrek-

[619] vgl. oben I. 1.
[620] EuGH Rs. 33/88 (Allue und Coonan/Universität Venedig) Slg. 1989, 1591
[621] Generalanwalt *Cosmas* in seinen Schlußanträgen in der Rechtssache Molenaar, a.a.O., Rdnr. 102
[622] eingehend und anschaulich zur Frage der Inländerdiskriminierung am Maßstab des Art. 6 EGV a.F. (Art. 12 EGV n.F.) *Reitmaier*, Inländerdiskriminierungen nach dem EG – Vertrag, 2. Abschnitt, S. 12 ff., 122 ff. m.w.N. ; *Hintersteininger*, Binnenmarkt und Diskriminierungsverbot, S. 59 ff.

ken. Solange das Gemeinschaftsrecht nichts anderes bestimmt, genießen alle Bürger der Mitgliedstaaten dieselben Schutzrechte[623].

c) Nun müßte im vorliegenden Fall zumindest eine mittelbare Diskriminierung darin zu sehen sein, daß bei der Inanspruchnahme von Leistungen der Krankenbehandlung im Inland die Kosten dafür bis auf die Zuzahlungsbeträge voll übernommen werden, während nach den bisherigen Ergebnissen im Ausland ebenfalls nur, aber auch immerhin die inländischen Tarife zur Anwendung gelangen. Dies kann im Einzelfall dazu führen, daß der Versicherte etwaige, die nationalen Sätze übersteigende Kosten selbst zu tragen hat.
Eine mittelbare Diskriminierung aufgrund der Staatsangehörigkeit könnte folglich nur dann angenommen werden, wenn dies überwiegend Arbeitnehmer aus anderen Mitgliedstaaten treffen würde. Weiter ist zu beachten, daß hier nur Behandlungen während eines vorübergehenden Aufenthalts im Ausland in Betracht kommen. Grenzgänger und Arbeitnehmer, die im Ausland beschäftigt sind, kommen über die VO (EG) Nr. 1408/71 bereits in den Genuß der vollen Sachleistungsaushilfe. Es geht daher nur noch um Reisen, die anläßlich der Behandlung und/oder aus sonstigen Gründen durchgeführt werden.

Nun müßte seitens der möglicherweise diskriminierten und daher anspruchsberechtigten Arbeitnehmer dargelegt und nachgewiesen werden, daß sie es sind, die überwiegend Leistungen ausländischer Anbieter in Anspruch nehmen, bei denen über die deutschen Tarife hinaus Zahlungen zu leisten sind[624].
Hierzu müßte einerseits nachgewiesen werden, daß sie öfters ins Ausland reisen und sich dort behandeln lassen und andererseits, daß sie dabei überwiegend solche Leistungserbringer konsultieren, deren Tarife über den deutschen liegen.
Keine dieser Behauptungen wird jedoch durch statistische Untersuchungen gestützt[625]. Nachweise für vermehrte Reisen ins Ausland durch ausländische Versicherte gibt es nicht. Selbst wenn dies unterstellt würde, fehlte es an Feststellungen, wonach sie dabei überwiegend teurere Leistungen in Anspruch nehmen. Dabei ist zum einen zu beachten, daß die Gesundheitsleistungen in Deutschland zu den teuersten überhaupt gehören[626] und daß zum anderen auch die diesbezüglichen Wanderungsbewegungen der deutschen Versicherungsmitglieder zu berücksichtigen sind. Die VO (EG) Nr. 1612/68 schützt nämlich nur vor Ungleichbehandlungen aufgrund der Staatsangehörigkeit, nicht aber vor solchen wegen des Ortes der Leistungsinanspruchnahme. Ein allgemeines Verbot von Wettbewerbsverzerrungen durch unterschiedlich ausgestaltete Sozialsysteme enthält Art. 7 II VO 1612/68 nicht[627].

---

[623] *Reitmaier*, S. 25
[624] zur Darlegungs – und Beweislast im Prozeß vgl. oben 2. Kapitel, III. 2.b)
[625] Solche Untersuchungen wären jedoch als Beweismittel erforderlich, um diesen Nachweis zu erbringen, vgl. *Zacker/ Wernicke*, S. 272
[626] vgl. oben 2. Kapitel, III. 2.c)
[627] EuGH Rs. 155/80 (Oebel – Nachtbackverbot) Slg. 1981, 1193 ; vgl. zum wettbewerbsspezifischen Sozialrecht *Haverkate/ Huster*, Europäisches Sozialrecht, Rdnr. 285 ff.

Im Ergebnis scheitert die Darlegung einer Diskriminierung daran, daß keine Ungleichbehandlung aufgrund der Staatsangehörigkeit, sondern wegen des Ortes der Inanspruchnahme der Leistung, den sowohl die ausländischen, wie auch die inländischen Arbeitnehmer frei bestimmen können, vorgenommen wird.

2. Exportpflicht bei Leistungsinanspruchnahme im Ausland ?

Abgesehen davon, daß Sach- und Dienstleistungen über Einzelfälle hinaus[628] nicht exportfähig sind und deshalb prinzipiell in Anlehnung an die VO (EG) Nr. 1408/71 allenfalls im Wege der Sachleistungsaushilfe bzw. als Surrogat der Sachleistung über die Kostenerstattung erbracht werden könnten, bleibt die grundsätzliche Frage nach der Möglichkeit eines Leistungsexports aus Art. 7 II VO 1612/68 zu klären[629].
Obwohl der Gerichtshof seine anfangs bemerkenswert restriktive Auslegung des Begriffs der sozialen Vergünstigung, wonach nur Leistungen erfaßt waren, die mit dem Beschäftigungsverhältnis verbunden sind[630], alsbald aufgegeben und auch Leistungen wie Fahrpreisermäßigungen für kinderreiche Familien[631], zinslose Geburtsdarlehen zur Familienförderung[632], BaföG[633] und Sozialhilfe[634] unter Art. 7 II VO 1612/68 subsumiert hat, ging man bis zum Urteil in der Rechtssache Meints lediglich bei Inlandsleistungen von sozialen Vergünstigungen i.S.d. Vorschrift aus.

Dabei ist dem EuGH bei dieser Entscheidung anzuerkennen, daß er sich gehalten sah, dem besonderen Schutzinteresse der Grenzgänger gerecht zu werden[635]. Andererseits erscheint jedoch fraglich, ob er sich mit der Bestimmung einer Exportpflicht noch in den vom Normgeber vorgesehenen Sachgrenzen und innerhalb seiner eigenen Rechtsprechung bewegt.

a) Vorab läßt sich für den Fall der Auslandskrankenbehandlungen festhalten, daß die Rechtssache Meints ausschließlich den Export einer Geldleistung zugunsten eines Grenzgängers betrifft. Damit ist folglich keine Aussage über den bisherigen allgemeinen Ausschluß jedes Sachleistungsexports getroffen.

---

[628] vgl. hierzu *Godry*, in: ZfSH/SGB 1997, 416
[629] verneinend *Igl*, „Probleme der europäischen Sozialrechtskoordinierung“ , in: Festschrift für Krasney, S. 219 ; *Voigt*, „Soziale Sicherheit innerhalb der Europäischen Union“, in: SdL 1996, 104, 119
[630] EuGH Rs. 76/72 (Michel) Slg. 1973, 457
[631] EuGH Rs. 32/75 (Christini) Slg. 1975, 1085
[632] EuGH Rs. 65/81 (Reina) Slg. 1982, 33
[633] EuGH Rs. 39/86 (Lair) Slg. 1988, 3161
[634] EuGH Rs. 316/85 (Lebon) Slg. 1987, 2811
[635] Die VO (EG) Nr. 1612/68 gilt gem. ihrer 4. Begründungserwägung auch für Grenzgänger

Weiter handelt es sich bei der dortigen Einmalzahlung wegen Ausscheidens aus der Landwirtschaft um eine Leistung, die nicht der sozialen Sicherheit unterfällt[636].

Somit bleibt es bei der Vorrangstellung der VO (EG) Nr. 1408/71. Die Entscheidung „Meints“ hat auf Leistungen der sozialen Sicherheit keinen Einfluß. Ein Export von medizinischen Sach– und Dienstleistungen kommt auch weiterhin nicht in Betracht. Da darüber hinaus die sozialen Vergünstigungen des Art. 7 II VO 1612/68 allein von dem Staat, in dem das Beschäftigungsverhältnis besteht, erbracht werden, entfällt auch die Möglichkeit einer Sachleistungsaushilfe als deren Substitut[637].
Infolge dessen können sich auch aus der VO (EG) Nr. 1612/68 keine weitergehenden Kostenerstattungsansprüche ergeben[638].

b) Aber auch für sonstige Sozialleistungen ist zu beachten, daß die Freizügigkeitsrechte, deren Umsetzung die Freizügigkeitsverordnung dient, kein Recht dahingehend beinhalten, sich in einen anderen Mitgliedstaat zu begeben, dort einer Beschäftigung nachzugehen, später wieder in den Heimatstaat zurückzukehren und dabei alle Vergünstigungen des Gaststaates mitzunehmen[639]. Durch die Freizügigkeit soll die volle Integration des Arbeitnehmers erreicht werden[640]. Diese ist jedoch nicht mehr betroffen, wenn er den Beschäftigungsstaat verläßt oder keine Beschäftigung mehr ausübt. In diesen Fällen sollen den (ehemaligen) Arbeitnehmern aus den Freizügigkeitsrechten keine weiteren Vorteile zuteil werden[641].
Folglich machen – auch Grenzgänger – nach Beendigung ihres Beschäftigungsverhältnisses und insbesondere bei ständigem oder nun verlegtem Wohnsitz ins Ausland nicht mehr von ihrer Freizügigkeit i.S.d. Art. 7 II VO 1612/68 Gebrauch[642]. Damit konform ging auch die bisherige Rechtsprechung, wonach Arbeitslose keinen Anspruch auf Gleichbehandlung nach Art. 7 II VO 1612/68 ha-

---

[636] Dies hat der EuGH explizit festgestellt bevor er sich der VO (EG) Nr. 1612/68 zuwandte.
[637] vgl. *GTE/ Wölker*, Art. 48 EGV, Rdnr. 49
[638] Dies entspricht dem Willen des gemeinschaftsrechtlichen Normgebers in Art. 4 II a, II b, 10 a VO 1408/71, dazu *Huster*, in: NZS 1999, 10, 14
[639] i.d.S. *GTE/ Wölker*, vor Art. 48 – 50 EGV, Rdnr. 1 ; vgl. auch *Haverkate/ Huster*, Europäisches Sozialrecht, Rdnr. 353 ; *Hailbronner*, „Die Einreise und der Aufenthalt von EG – Angehörigen“ , in: ZAR 1984, 176, 180
[640] EuGH Rs. 32/75 (Christini) Slg. 1975, 1085 ; Rs. 137/84 (Mutsch) Slg. 1985, 2681
[641] *Hailbronner*, in: ZAR 1984, 176, 184 ; a.A. : *Stahlberg*, Rdnr. 25 ff., der lediglich eine nachweisbar aktive Bemühung um Arbeit, wie die Arbeitslosmeldung im (ehemaligen) Beschäftigungsstaat, genügen läßt.
[642] So auch die Präambel der Freizügigkeitsverordnung, nach der auf die Bewegung innerhalb der Gemeinschaft „zur Ausübung einer Beschäftigung im Lohn – oder Gehaltsverhältnis“ abgestellt wird und sich der Gleichbehandlungsanspruch auf alles erstreckt, „was mit der eigentlichen Ausübung einer Tätigkeit im Lohn – oder Gehaltsverhältnis (...) im Zusammenhang steht“.

ben[643]. Gleiches galt für Arbeitssuchende und Personen, die im Rahmen von Arbeitsbeschaffungsmaßnahmen oder ähnlichen Zwecken dienenden Beschäftigungsformen tätig sind[644].

Zwar hat der EuGH im weiteren Verlauf seine Rechtsprechung dahingehend modifiziert, daß die Rechte aus der Freizügigkeitsverordnung nicht zwingend vom Bestand eines Arbeitsverhältnisses abhängig sind[645], jedoch bleibt es dabei, daß der ehemalige Beschäftigte seine Arbeitnehmereigenschaft verliert, sobald sein Anstellungsverhältnis beendet wird[646]. Eine Berufung auf die VO (EG) Nr. 1612/68 kommt in solchen Fällen ausnahmsweise lediglich noch dann in Betracht, wenn der Betroffene im bisherigen Beschäftigungsstaat aktiv eine neue Arbeit sucht[647].

Da somit Ansprüche während der Arbeitslosigkeit im Regelfall nicht bestehen, erscheint die Zuerkennung einer Exportpflicht bezüglich einer Geldzahlung wegen des Verlustes des Arbeitsplatzes als unkonsequent und systemwidrig. Der Gerichtshof ist in diesem Einzelfall in seinem Bestreben, die Grenzgänger vor Benachteiligungen zu schützen, über das Ziel hinausgeschossen.

c) Im übrigen ist vom Bestehen einer Exportpflicht aus Art. 7 II VO 1612/68 auch wegen seiner immanenten territorialen Einschränkungen nicht auszugehen. Nach Abs. 1 dieser Vorschrift darf ein Arbeitnehmer „im Hoheitsgebiet der anderen Mitgliedstaaten" nicht ungleich behandelt werden. Art. 7 II VO 1612/68 zufolge genießt er „dort" dieselben Vergünstigungen. Die Leistungsgewährung erfolgt also ausschließlich im Territorium des jeweiligen Mitgliedstaates[648]. Dafür spricht auch die Intension der Freizügigkeitsverordnung, die Arbeitnehmer in das inländische System zu integrieren[649]. Wenn nun das inländische System ein Wohnsitzerfordernis vorsieht, dann hat es – soweit diese Verordnung betroffen ist – auch für die Staatsangehörigen anderer Mitgliedstaaten Geltung. Sie können lediglich Gleichstellung innerhalb des Beschäftigungsstaates verlangen, nicht jedoch einen Leistungsexport.

---

[643] EuGH Rs. 316/85 (Lebon) Slg. 1987, 2811 ; so auch die Auslegungserklärung der Mitgliedstaaten, abgedruckt in EuGH Rs. 53/81 (Levin) Slg. 1982, 1043

[644] EuGH Rs. 344/ 87 (Bettray) Slg. 1989, 1621 ; *Hailbronner*, in: DÖV 1978, 857 f.; a.A. : *Schulte*, in: Schulte/ Barwig, S. 72

[645] EuGH Rs. C – 292/ 89 (Antonissen) Slg. 1991, I – 745

[646] EuGH Rs. C – 344/ 95 (Kommission/ Belgien) Slg. 1997, I - 1035

[647] EuGH Rs. C – 85/ 96 (Sala) Slg. 1998, I – 2691 ; vgl. auch den bereits erwähnten Entwurf zur Änderung der VO (EG) Nr. 1612/ 68, demzufolge auch Arbeitssuchende in den persönlichen Geltungsbereich der Verordnung aufgenommen werden sollen, wodurch auch gleichzeitig klargestellt ist, daß dies bislang nicht der Fall ist.

[648] *Peters Lange*, „Export des Pflegegeldes nach § 37 SGB XI in andere Mitgliedstaaten der EU ?", in: ZfSH/SGB 1996, 624, 627

[649] EuGH Rs. 65/81 (Reina) Slg. 1982, 33

Dies gilt insbesondere im Falle von grenzübergreifenden Dienstleistungen. Aufgrund deren nur vorübergehenden Charakters dienen sie weder der Integration des Leistungserbringers, noch des Empfängers in den jeweils anderen Staat[650].

Es bleibt festzuhalten, daß die VO (EG) Nr. 1612/68 Leistungen ausländischer Anbieter im Bereich der Krankenbehandlung nicht erfaßt. Deshalb sind aus ihr keine diesbezüglichen Erstattungsansprüche abzuleiten. Auch die neuere Rechtsprechung des EuGH führt zu keinem anderslautenden Ergebnis.
Ein Exportgebot betreffend anderer Sozialleistungen bleibt ebenfalls weiterhin abzulehnen.

---

[650] *Hailbronner*, in: ZAR 1984, 176 ff. ; *Reindl*, S. 210 ; a.A. insoweit *Streil*, in: Lichtenberg, S. 115

Zusammenfassung der Ergebnisse

1. Die Grundfreiheiten des EG – Vertrages sind auch im Bereich der sozialen Sicherheit anwendbar. Das Koordinierungsrecht des Art. 42 EGV i.V.m. der VO (EG) Nr. 1408/71 stellt insoweit keine abschließende Regelung dar.

2. Verlangt ein Versicherungsmitglied für von ihm bezahlte Auslandsleistungen von seinem zuständigen Krankenversicherungsträger lediglich eine Kostenerstattung in Höhe der Kosten, die auch bei einer entsprechenden Behandlung im Inland entstanden wären, so ist für die Beurteilung des Erstattungsanspruchs die Wanderarbeitnehmerverordnung nicht einschlägig. Nationale territoriale Beschränkungen sind ausschließlich an den primärrechtlichen Freizügigkeitsrechten zu messen.

3. Der nationale Leistungsausschluß betreffend Gesundheitswaren und -behandlungen, die im Inland nach dem Kostenerstattungsprinzip zur Verfügung gestellt werden, stellt eine Beschränkung des freien Warenverkehrs, bzw. der Dienstleistungsfreiheit dar.

4. Die objektive Beweislast im Bezug auf Rechtfertigungsgründe für Beschränkungen der Grundfreiheiten obliegt den Krankenversicherungsträgern.

5. Der Nachweis für das Vorliegen solcher Rechtfertigungsgründe ist nicht zu führen. Weder verbietet das finanzielle Gleichgewicht des deutschen Gesundheitswesens, noch Gesichtspunkte qualitativer oder versorgungstechnischer Art die Übernahme von Kosten für Auslandsleistungen in Höhe der inländischen Tarife.
   Den Versicherungsmitgliedern stehen daher entsprechende Erstattungsansprüche zu, soweit Leistungen betroffen sind, die im Inland im Wege der Kostenerstattung erbracht werden.

6. Das Sachleistungsprinzip steht der erweiterten Einbeziehung der ausländischen Leistungserbringer nicht entgegen. Insbesondere stellt es keinen Rechtfertigungsgrund für den Ausschluß von Leistungen, die im Inland nach diesem Verfahrensprinzip erbracht werden, dar.
   Weder werden die Wirkungen des Vertragssystems negiert, noch die Zielsetzungen des Sachleistungsprinzips in Mitleidenschaft gezogen.

7. Die Entscheidungen des EuGH in den Rechtssachen Decker und Kohll sind im Ergebnis vollumfänglich auf das deutsche Krankenversicherungsrecht übertragbar. Die in der GKV Versicherten haben Anspruch auf Erstattung der Kosten für Auslandsleistungen in Höhe der deutschen Tarife, limitiert durch die tatsächlich getätigten Aufwendungen.

8. Es ist davon auszugehen, daß das für das deutsche Gesundheitswesen erlangte Ergebnis für alle Mitgliedstaaten, die ihr System der sozialen Sicherheit mittels eines Krankenversicherungssystems organisieren, Geltung hat. Für Mitgliedstaaten, die sich eines nationalen Gesundheitsdienstes bedienen, gilt dies nur für Leistungen, deren Wert betragsmäßig bestimmbar ist.

9. Den europäischen Gemeinschaftsorganen steht zwar auch auf dem Gebiet der sozialen Sicherheit unter gewissen Voraussetzungen das Recht zu, per Richtlinienerlaß eine Mindestharmonisierung herbeizuführen. Die Voraussetzungen für eine Verpflichtung der Mitgliedstaaten zur wertmäßigen Festsetzung der Preise ihrer Gesundheitsleistungen sind jedoch nicht gegeben.

10. Soweit die Anwendbarkeit der gemeinschaftsrechtlichen Wettbewerbsvorschriften auf Krankenversicherungsträger unterstellt wird, sind Wettbewerbsverstöße durch den nationalstaatlichen Ausschluß der Kostenübernahme bei Auslandsleistungen in gleichem Maße anzunehmen wie dieser Ausschluß eine Verletzung der Grundfreiheiten darstellt.

11. Die Freizügigkeitsrechte stellen den Maßstab für die Koordinierung dar. An ihnen ist zu messen, ob der Koordinierungsauftrag des Art. 42 EGV durch das europäische Sekundärrecht in ausreichendem Maße umgesetzt worden ist.

12. Das Genehmigungserfordernis des Art. 22 I VO 1408/71 ist mit dem Primärrecht vereinbar. Aus dem Koordinierungsrecht sind daher keine Ansprüche zugunsten der Versicherungsmitglieder auf eine unbeschränkte Kostenübernahme in voller Höhe abzuleiten.

13. Auch die Freizügigkeitsverordnung begründet keine Ansprüche auf Erstattung von Kosten für Gesundheitsleistungen im Ausland.
Zum einen ist sie nicht auf Leistungen anwendbar, die bereits von der Wanderarbeitnehmerverordnung erfaßt werden und zum anderen beinhaltet sie kein Exportgebot.

LITERATURVERZEICHNIS

Alber, Jens/ Bernhardi – Schenkluhn, Brigitte: Westeuropäische Gesundheitssysteme im Vergleich, Frankfurt a.M. - New York 1992

Baugh, W.E.: Introduction to the Social Services, 2. Auflage, London 1975

Beratungsgesellschaft für angewandte Systemforschung mbH, Schneider, Markus / Biene – Dietrich, Peter/ Gabanyi, Monika/ Huber, Manfred/ Köse, Aynur/ Scholtes, Lea/ Sommer, Jürg H.: Gesundheitssysteme im internationalen Vergleich, Augsburg 1992

BASYS, Schneider, Markus / Biene – Dietrich, Peter/ Gabanyi, Monika/ Hofmann, Uwe/ Huber, Manfred/ Köse, Aynur/ Sommer, Jürg H.: Gesundheitssysteme im internationalen Vergleich, Augsburg 1994

BASYS, Schneider, Markus/ Beckmann, Michael/ Biene – Dietrich, Peter/ Gabanyi, Monika/ Hofmann, Uwe/ Köse, Aynur/ Mill, Doris/ Späth, Brigitta: Gesundheitssysteme im internationalen Vergleich, Augsburg 1997

Berchtold, Josef: Der räumliche Geltungs - und Anwendungsbereich der Vorschriften über die Gesetzliche Krankenversicherung, Frankfurt a.M. - Bonn - New York - Paris 1987

Bereiter - Hahn/ Mehrtens:	Unfallversicherung, Berlin 1965
Berg, Heinz:	Bilanz der Kostendämpfungspolitik im Gesundheitswesen 1977 - 1984, Sankt Augustin 1986 - 88
Bergmann, Jan/ Lenz, Christofer:	Der Amsterdamer Vertrag, Köln 1998
Beutler, Bengt/ Bieber, Roland/ Pipkorn, Jörn/ Streil, Jochen:	Die Europäische Union - Rechtsordnung und Politik, 4. Auflage, Baden - Baden 1993
Beyer, Thomas Carl Wilhelm:	Rechtsnormanerkennung im Binnenmarkt, Nürnberg 1996
Bielefeld, Franz:	Das soziale Verfahrensrecht des SGB X, Baden – Baden 1997
Blanpain, Roger/ Schmidt, Marlene, Schweibert, Ulrike:	Europäisches Arbeitsrecht, 2. Auflage, Baden– Baden 1992
Bleckmann, Albert:	Europarecht, 6. Auflage, Köln – Berlin – Bonn – München, 1997
ders.:	Grundgesetz und Völkerrecht, Köln – Berlin– Bonn – München 1975
Bley, Helmar:	Sozialrecht, 4. Auflage, Frankfurt a.M. 1982
Brackmann, Kurt/ Bress, Dieter/ Krasney, Otto Ernst:	Handbuch der Sozialversicherung, Loseblattsammlung, Sankt Augustin

Bye´, Maurice:	Soziale Aspekte der europäischen wirtschaft - lichen Zusammenarbeit, Genf 1956
Deppe, Hans – Ulrich: in	Gesundheitssysteme und Gesundheitspolitik Westeuropa, Frankfurt a.M. 1983
v. Ditfurth, Hoimar:	Die Einbeziehung subjektiv - öffentlicher Berechtigungen, insbesondere sozialversicher - ungsrechtlicher Positionen, in den Schutz der Eigentumsgarantie, Frankfurt a.M. 1994
Dorn, Dietrich – W.:	Art. 235 EWG – Prinzipien der Auslegung, Kehl - Straßburg – Arlington 1986
Eichenhofer, Eberhard:	Internationales Sozialrecht, München 1994
ders.:	Internationales Sozialrecht und Internationales Privatrecht, Baden - Baden 1987
ders.:	Reform des europäisch koordinierten Sozialrechts, Köln - Berlin - Bonn - München 1993
Europäische Gemeinschaft für Kohle und Stahl:	Die Systeme der Sozialen Sicherheit, Band 2 Großbritannien - Luxemburg 1961
Europäische Kommission (Hrsg.):	Soziale Sicherheit in Europa, Luxemburg 1996
Everling, Ulrich:	Das Vorabentscheidungsverfahren vor dem Gerichtshof der Europäischen Gemein - schaften, Baden – Baden 1986

Ewert, Holm A.: Der Beitrag des Gerichtshofs der Europäi - schen Gemeinschaften zur Entwicklung ein- es Europäischen Sozialrechts, München 1987

Faude, Michael: Selbstverantwortung und Solidarverant - wortung im Sozialrecht, Bonn 1983

Festschrift für Ulrich Everling, Baden – Baden 1995

Festschrift für Heinrich Franke, Stuttgart 1993

Festschrift für Hans – Peter Ipsen, Tübingen 1977

Festschrift für Otto Ernst Krasney, München 1997

Füller, Jens Thomas: Grundlagen und inhaltliche Reichweite der Warenverkehrsfreiheiten nach dem EG – Vertrag, Baden – Baden 2000

Fuß, Ernst – Werner: Der Beitrag des Gerichtshofs der Europäi - schen Gemeinschaft zur Verwirklichung des Gemeinsamen Marktes, Baden – Baden 1981

Geiger, Rudolf: EG – Vertrag, Kommentar zu dem Vertrag zur Gründung der Europäischen Gemein - schaft, 2. Auflage , München 1995

Generaldirektion Wissenschaft des Europäischen Parlaments (Hrsg.): Das Gesundheitswesen in den Mitglied - staaten der Europäischen Gemeinschaft - Eine vergleichende Analyse, 1993

Gesellschaft für Versicherungswissenschaft und - gestaltung e.V. (Hrsg.): Entwicklung der Systeme der sozialen Sich - cherheit im europäischen Binnenmarkt, 1990

Giesen, Richard: Sozialversicherungsmonopol und EG – Ver - trag, Baden - Baden 1995

v. d. Groeben, Hans/ Thiesing, Jochen/ Ehlermann, Claus – Dieter: Kommentar zum EU – / EG – Vertrag, 5. Auflage, Baden - Baden 1997

Hailbronner, Kay/ Klein, Eckart/ Magiera, Siegfried/ Müller – Graff, Peter – Christian: Handkommentar zum Vertrag über die Euro - päische Union, Köln – Berlin – Bonn – München, Loseblatt, Stand: Januar 1999

Halsbury's law of England, Hailskam of St. Marylebone: Vol. 33, National Health Service, 4. Auf - lage, London 1997

Hantrais, Linda: Social Policy in the European Union, Lon - don, 1996

v. Hauff, Michael/ Pfister – Gaspary, Brigitte: Internationale Sozialpolitik, Stuttgart – New York 1982

Haverkate, Görg/ Huster, Stefan: Europäisches Sozialrecht, Baden – Baden 1999

Haverkate, Görg/ Weiss, Manfred/ Huster, Stefan/ Schmidt, Marlene: Casebook zum Arbeits – und Sozialrecht der EU, Baden – Baden 1998

Heinemann, Andreas: Grenzen staatlicher Monopole im EGV, München 1996

Herdegen, Matthias: Europarecht, 2. Auflage, München 1999

Hintersteininger, Margit: Binnenmarkt und Diskriminierungsverbot, Berlin, 1999

Igl, Gerhard/ Schulte, Bernd/ Simons, Thomas: Einführung in das Recht der sozialen Sicherheit von Frankreich, Großbritannien und Italien, Berlin 1978

Jarass, Hans: Grundfragen der innerstaatlichen Bedeutung des EG – Rechts, Köln – Berlin – Bonn – München 1994

Kaim - Caudle, P.R.: Comparative Social Policy and Social Security, A Ten Country Study, London 1973

Kasseler Kommentar zum Sozialversicherungsrecht, SGB VII, München 1990

Klang, Klaus A.: Soziale Sicherheit und Freizügigkeit im EWG - Vertrag, Baden – Baden 1986

Klein, Rudolf: The new politics of the National Health Service, 3. Auflage, London 1995

Klinke, Ulrich: Der Gerichtshof der Europäischen Gemeinschaften, Aufbau und Arbeitsweise, Baden - Baden 1989

Krasney, Otto Ernst/ Udsching, Peter: Handbuch des sozialgerichtlichen Verfahrens, München 1991

Kröck, Alexander P.: Der Einfluß der europäischen Grundfreiheiten am Beispiel der Ärzte und Arzneimittel, Konstanz 1998

Kuhn, Heike: Die soziale Dimension der Europäischen Gemeinschaft, Berlin 1995

v. Langendonck, Josef: Prelude to Harmony on a Community Theme, London-New York-Toronto 1975

Lell, Hans – Joachim: Soziale Harmonisierung der Europäischen Wirtschaftsgemeinschaft und ihre wirtschaftlichen Auswirkungen, Berlin 1966

Lenz, Carl Otto: EG - Handbuch – Recht im Binnenmarkt, Berlin, 1991

Lichtenberg , Hagen (Hrsg.): Sozialpolitik in der EG, Baden – Baden 1986

Lueg, Heinz - Werner/ v. Maydell, Bernd/ Ruland, Franz: Gemeinschaftskommentar zum SGB – Gesetzliche Rentenversicherung, Neuwied - Kriftel - Berlin 1991

Magiera, Siegfried (Hrsg.): Das Europa der Bürger in einer Gemeinschaft ohne Binnengrenzen, Baden – Baden, 1990

v. Maydell, Bernd: Die Umwandlung der Arbeits - und Sozial - ordnung, Bericht 6 der Kommission für die Erforschung des sozialen und politischen Wandels in den neuen Bundesländern, Opladen 1996

ders.: Soziale Rechte in der EG. Bausteine einer künftigen europäischen Sozialunion, Berlin 1990

ders.: Gemeinschaftskommentar zum SGB – Ge - setzliche Krankenversicherung, Neuwied 1989

ders.: Lexikon des Rechts - Sozialrecht, 2. Auf - lage, Neuwied - Darmstadt 1994

ders.: Sach - und Kollisionsnormen im internatio - nalen Sozialversicherungsrecht, Berlin 1967

v. Maydell, Bernd/ Ruland, Franz: Sozialrechtshandbuch, 2. Auflage, Neu - wied, 1996

v. Maydell, Bernd/ Schnapp, Friedrich E. (Hrsg.): Die Auswirkungen des EG - Rechts auf das Arbeits - und Sozialrecht der Bundesrepublik, Berlin 1992

Metallinos, Alexander S.: Die europarechtskonforme Auslegung, Münster - Hamburg 1994

Meyer - Ladewig, Jens: Kommentar zum Sozialgerichtsgesetz, 5. Auflage, München 1993 v.Münch, Ingo: Besonderes Verwaltungsrecht, 9. Auflage, Berlin - New York 1992

Nelhaus, Joachim: Die Freizügigkeit der Arbeitnehmer in Europa, Baden - Baden 1975

Neubauer, Günter: Sozialökonomische Probleme eines staatlichen Gesundheitsdienstes, Heidelberg 1975

Niesel, Klaus: Der Sozialgerichtsprozeß, 2. Auflage, München 1993

Nomos Kommentar zum Europäischen Sozialrecht, Loseblattsammlung, Baden – Baden, Stand 1999

Oppermann, Thomas: Europarecht, München 1991

Pitschas, Rainer: Jahrbuch des Sozialrechts der Gegenwart, Berlin 1993

Plöger, Heinz/ Wortmann, Albrecht: Deutsche Sozialversicherungsabkommen mit ausländischen Staaten, Kommentar und Textsammlung, Loseblatt

Rabanser, Wolfgang: Soziale Sicherheit in EG und EWR, Innsbruck 1993

Reindl, Petra: Negative Dienstleistungsfreiheit im EWG – Vertrag, München 1992

Reitmaier, Marion – Angela: Inländerdiskriminierungen nach dem EG – Vertrag, Kehl am Rhein – Straßburg 1984

Rengeling, Hans - Werner/ Middeke, Andreas/ Gellermann, Martin: Rechtsschutz in der Europäischen Union, München 1994

Ringler, Jochen C.K.: Die Europäische Sozialunion, Berlin 1997

Rohwer – Kahlmann, Harry/ Ströer, Heinz: Kommentar zum Sozialgesetzbuch – Allge - meiner Teil, SGB I, München 1979

Schaaf, Michael: Das sozialrechtliche Verwaltungsverfahren, Baden – Baden 1998

Schmähl, Winfried: Soziale Sicherung im EG - Binnenmarkt, Ba - den - Baden 1990

Schmähl, Winfried: Europäische Sozialpolitik, Baden – Baden 1997

ders.: Internationalisierung von Wirtschaft und Po - litik – Handlungsspielräume der nationalen Sozialpolitik, Baden - Baden 1995

Schmidt, Manfred G.: Staatstätigkeit, Sonderheft 19 der Politi - schen Vierteljahresschrift, Opladen 1988

Schnichels, Dominik: Reichweite der Niederlassungsfreiheit, Ba - den - Baden 1995

Schnorr, Gerhard: Das Arbeitsrecht als Gegenstand internatio - naler Rechtsetzung, München 1960

v. d. Schulenburg, Johann – Matthias: Selbstbeteiligung, Tübingen 1987

Schuler, Rolf: Das Internationale Sozialrecht der Bundesre - publik Deutschland, Baden - Baden 1988

Schulin, Bertram: Handbuch des Sozialversicherungsrechts, Band 1, Krankenversicherungsrecht, Baden - Baden 1994

Schulte, Bernd: Soziale Sicherheit in der EG, 3. Auflage, München 1997

Schulte, Bernd/ Barwig, Klaus: Freizügigkeit und soziale Sicherheit. Die Durchführung der Verordnung (EWG) Nr. 1408/71 über die soziale Sicherheit der Wanderarbeitnehmer in Deutschland, Baden – Baden 1999

Schulte, Bernd/ Zacher, Hans F.: Wechselwirkungen zwischen dem Europäi - schen Sozialrecht und dem Sozialrecht der Bundesrepublik Deutschland, Berlin 1991

v. Schwanenflügel, Matthias: Die Entwicklung der Kompetenzen der Europäischen Union im Gesundheitswesen, Berlin 1996

Schwarze, Jürgen: EU – Kommentar, Baden – Baden 2000

Schweizer, Michael/ Hummer, Waldemar: Europarecht, 5. Auflage, Neuwied – Kriftel - Berlin 1996

Sieveking, Klaus: Soziale Sicherheit bei Pflegebedürftigkeit in der Europäischen Union, Baden – Baden 1998

Sommer, Jürg H./ Leu, Robert E.: Selbstbeteiligung in der Krankenversicherung als Kostenbremse ?, Diessenhofen 1984

Sozialrechtsprechung - Festschrift zum 25jährigen Bestehen des Bundessozialgerichts, Band 2, Köln - Berlin - Bonn - München 1979

Stahlberg, Jürgen: Europäisches Sozialrecht, St. Augustin 1997

Steinmeyer, Heinz – Dietrich: Die Einstrahlung im internationalen Sozial - versicherungsrecht, Berlin 1981

Streinz, Rudolf: Europarecht, Heidelberg 1999

Ule, Carl Hermann: Empfiehlt es sich, die Bestimmungen des europäischen Gemeinschaftsrechts über den Rechtsschutz zu ändern und zu ergänzen ? – Gutachten für den 46. Juristentag, München-Berlin 1966

Veillon/ Coppa/ Canella: Europäische Konferenz über die soziale Sicherheit, Brüssel 1962

Verdross, Alfred/ Sima, Bruno: Universelles Völkerrecht, Theorie und Praxis, 3. Auflage, 1984

Völker, Stefan: Passive Dienstleistungsfreiheit im Europäi - schen Gemeinschaftsrecht, Berlin 1990

Weber, Axel/ Leienbach, Volker/ Dohle, Anne: Soziale Sicherung in Europa, 2. Auflage Baden - Baden 1991

Wenner, Ulrich/ Terdenge, Franz/ Martin, Renate: Grundzüge der Sozialgerichtsbarkeit, 2. Auflage, Berlin 1999

Wiegand, Dietrich: Das europäische Gemeinschaftsrecht in der Sozialversicherung, Sankt Augustin 1993

Willms, Benno: Soziale Sicherung durch Europäische Integration, Baden - Baden 1990

Wohlfart, Ernst/ Everling, Ulrich/ Gläesner, Hans - Joachim/ Sprung, Rudolf: Die Europäische Wirtschaftsgemeinschaft - Kommentar zum Vertrag, Berlin 1960

Zacher, Hans F.: Abhandlungen zum Sozialrecht, Heidelberg 1993

Zacker, Christian/ Wernicke, Stephan: Examinatorium Europarecht, Köln – Berlin – Bonn – München 1998

Zechel, Stephan: Die territorial begrenzte Leistungserbringung der Krankenkassen im Lichte des EG – Vertrags, Berlin 1995

Peter Lang · Europäischer Verlag der Wissenschaften

Friedrich E. Schnapp (Hrsg.)

Begutachtungsseminar „Medizin und Recht"

Tagungsband zum 1. Begutachtungsseminar am 13. und 14.11.1998 in Bochum

Frankfurt/M., Berlin, Bern, Bruxelles, New York, Oxford, Wien, 2001.
161 S., 15 Abb., 8 Tab.
Bochumer Schriften zum Sozialrecht.
Herausgegeben von Friedrich E. Schnapp. Bd. 7
ISBN 3-631-36615-9 · br. DM 59.– / € 30.20*

Das erste Begutachtungsseminar „Medizin und Recht" bezweckt die Verdeutlichung der Begutachtungsproblematik in Wissenschaft und Praxis sowie die Optimierung der praktischen Begutachtung auf allen Fachgebieten. Im Vordergrund stehen thematisch äußere Einwirkungen aus Beruf und Umwelt.

Aus dem Inhalt: Die Gesundheit des Menschen in Umwelt und Beruf · Minderung der Erwerbsfähigkeit (MdE) und Grad der Behinderung · Beweisanforderung im Zivil- und Sozialrecht

Frankfurt/M · Berlin · Bern · Bruxelles · New York · Oxford · Wien
Auslieferung: Verlag Peter Lang AG
Jupiterstr. 15, CH-3000 Bern 15
Telefax (004131) 9402131

*inklusive der in Deutschland gültigen Mehrwertsteuer
Preisänderungen vorbehalten

Homepage http://www.peterlang.de